# 북핵, 그리고 그 이후

박건영 · 정욱식 지음

풀빛

북핵, 그리고 그 이후

초판 1쇄 발행 2007년 8월 13일
초판 2쇄 발행 2007년 12월 5일

지은이  박건영·정욱식
펴낸이  홍석
펴낸곳  도서출판 풀빛
등록 1979년 3월 6일 제8-24호
주소 120-818 서울특별시 서대문구 북아현3동 177-5
전화 02-363-5995(영업), 02-362-8900(편집)
팩스 02-393-3858
전자우편 editor@pulbit.co.kr
홈페이지 www.pulbit.co.kr

ⓒ 코리아연구원, 2007

ISBN 978-89-7474-143-3 94300
      978-89-7474-141-9 (세트)

*책값은 뒤표지에 표시되어 있습니다.

북핵, 그리고 그 이후

# 관점과 철학

한반도 주민이 모두 부담스러워하고 불안해하고 때로는 분노하는 이른바 '한반도 문제'라는 것이 있다. 여기서 한반도 문제가 구체적으로 무엇인지 설명할 필요는 없다. 이 책 자체가 이에 관한 토론이기 때문이다. 중요한 것은 이 문제가 어디서 왔으며, 어디까지 왔고, 앞으로 어디로 향할 것인지를 이해하는 일이다. 주지하듯, '한반도 문제'의 직접적 기원은 분단과 냉전, 남북한의 분단편의주의적 독재정치 등에서 찾을 수 있을 것이다.

현 단계에서 확실한 것은 세계 수준의 냉전은 종식됐고, 한반도의 남쪽에서는 민주주의가 공고화되고 있다는 사실이다. 그러나 분단 후 20~30년간 부각되지 않았던 새로운 변수들이 한반도 문제의 암상자 속에 침투하여 문제 해결의 전망을 어둡게 하는 측면이 있는 것도 부인할 수 없는 사실이다. 지금의 시점에서 문제의 핵심은 '북한의 핵'이다. 그리고 핵 문제에서 접점이 발견되면 핵 이후의 문제가 있다. 이 책에서 필자들은 이것을 포함하는 '한반도 문제'의 해결을 위한 정책대안을 제시하고자 한다.

'한반도 문제'가 완화 또는 해소되면 나와 내 이웃, 그리고 크게는 인류에게 큰 이익이 된다. 한반도의 개인과 사회와 국가는 평화배당금을 통해 고용·복지·경제성장 등에서 큰 편익을 기대할 수 있고, 이산(離散)이라는 부자연스러운 삶의 문제를 해소하고, 인적·물적 자원의 왜곡을 개선하여 경제·문화적 번영을 추구할 수 있으며, 나아가 강대국의 이한제한(以韓制韓: divide and rule) 전략의 대상에서 벗어날 수 있고, 안보불안, 군비경쟁 및 핵확산의 가능성을 낮춰 동북아의 안정과 세계 평화에 직접적으로 기여하며, 강단(剛斷) 있는 평화국가로서 세계를 매료할 수 있다는 말이다.

이러한 이익과 희망을 가져다주는 한반도 문제의 해법은 무엇이고, 이를 지도하는 철학은 무엇인가? 필자들의 한반도 문제 해법과 관련한 철학은 네 가지 관점으로 체계화된다.

첫째, 전략적·실용주의적 관점이다. 실용주의는 이익/비용의 분석이고 결과를 중시하는 확률의 계산이다. 국제정치에서의 전형적인 실용주의의 예는 국제정치이론가 한스 모겐소에서 발견된다. 특히 "성공적 외교의 관건은 '십자군 정신'에서 벗어나 실제와 호흡하고 외교정책의 목표를 '진정한 이익의 실속'의 관점에서 정의하는 것"이라는 그의 외교원칙은 실용주의 외교의 정수라 할 수 있다. 필자들의 관점은 이러한 모겐소의 실용주의를 적극적으로 수용하고 있다. 그러나 필자들의 관점이 '가치중립적'인 단기적 이익/비용 분석을 의미하지는 않는다. 필자들은 오히려 민주적 원칙과 인도주의적 가치가 모든 외교정책의 입안과 실행에 기초가 되고 지침이 되어야 한다고 믿는다. 그러나 동시에 필자들은 이슈의 서열화와 문제 해결 시차 분별의 중요성을 강조한다. 즉, 이슈를 중요한 것과 덜 중요한 것으로 구분하고, 또한 현재 이뤄질 수 있는 것과 미래까지 기다려야 할 것을 가려내는 일이 중요하다는 말이다. 현재 해결될 수 없는 것으로 보이는 문제들이라도 이전의 작은 성과들이 축적되어 결국 해결될 수 있다는 지혜를 터득하는 일이 특히 중요하다. 이와 같이 필자들의 관점은 실용주의적 성과의 축적이 장기적·포괄적으로 원칙과 가치의 실현/촉진에 기여한다는 차원에서 그러한 원칙과 가치에 밀접히 연관되어 있다. 이러한 의미에서 필자들의 관점은 실용주의적이면서도 '전략적'이다.

둘째, 세계적 관점이다. '한반도 문제'는 한반도에 국한된 문제가 아니며, 세계와 함께 풀어나갈 수밖에 없는 문제이다. 북한이 주장하는 '민족 공조'에만 입각한 해법은 현실이 아니다. 물론 같은 논리로 '한미 공조'도 아니다. 대안은 이들을 주체적으로 포괄하는 '세계적 관점'이다. 사실 '민족 공조'와 '한미 공조'는 충돌하는 것처럼 보인다. 이렇게 보이는 이유는 한국이 주체적 역할을 충분히 감당하고 있지 못하기 때문이다. 따라서 한국이 주체성을 충분히 확보하고, 어렵더라도 그에 상응하는 정책을 일관성 있게 펴나간다면 양자는 한국이라는 다리에서 만날 수 있다. 친북을 지적하고 친미를 비난할 필요가 없는 것이다. 한국이 중심에 서면 한국은 당연히 '민족 공조'와 '한미 공조'를 동시에 추구할 수 있다. 한국은 한국의 생명과 재산과 미래를 위해 '민족 공조'와 '한미 공조'를 정확히 50대50의 비율로 상호 친화적으로 추진해야 하고 또 할 수 있다. 한국과 북한과 미국 등은 모두 세계를 구성한다. 따라서 필자들은 세계적 관점에서 '한반도 문제'에 접근하는 것이 타당하고 현실적이라고 본다. 한편, 필자들은 이른바 '한반도 피해자의식'에 입각한 접근은 지양해야 한다고 주장한다. 한국의 적지 않은 지식인들은 오랫동안 '한반도의 문제'는 외적 강제에 기인했고, 따라서 피해자 한국인은 무엇이든 주장하고 요구할 권리를 갖는 것으로 착각해 왔다. 우리가 목도하는 국제정치의 현실은 이러한 시대착오적 요구를 '정당'하다고 보지 않는다. 게다가 세계 10대 경제 강국이 된 한국은 다른 나라의 주민과 사회에 이기적이고 부당한 행위와 요구를 하고 있지 않은지 살펴봐야 한다. 예를 들어, 우리는 한미 간 SOFA가 불평등하다고 개정을 요구하고 있지만, 한국이 동티모르나 아프가니스탄 등 한국군이 주둔하고 있는 나라와 체결한 SOFA는 한미 SOFA에 비해 너무도 이기적이고 '제국적'이지 않은가? 물론 한미 간 SOFA는 불공정하고 불평등하다. 개정되어야 한다. 그러나 이와는 별도로 문제의식이 중요하다. 한국은 피해자의식에 사로잡혀 그 시각에서 한반도 문제를 보고 있지 않은지 성찰할 필요가 있다. 이는 규범의 문제이기도 하지만 사실 국가상(國家象), 그리고 그에 따른 문제해결 능력의 측면에서 볼 때 지극히 현실적이고 실용주의적인 문제이다.

셋째, '한반도 문제'를 대증요법이 아닌 본원적인 방법으로 해결하기 위해서는 문제의 구조적 배경을 입체적으로 살펴볼 수 있어야 한다. 당연히 역사적 접근이 필수적이다. 역사를 봐야 문제가 어떤 맥락에서 무슨 이유로 발생했는지를 인과적으로 파악할 수 있기 때문이다. 인과적 연관을 모르면 해법을 찾을 수 없다. 일전에, 북핵 문제가 비화할 기미를 보이자 한국의 지식인 몇 명이 미국을 방문하고 미국인의 인식에 대한 직접적 이해(first-hand understanding)를 도모코자 했다. 한국에도 잘 알려진 미국의 진보적 지식인 한 사람은 고농축우라늄프로그램(HEUP)이 제2차 핵 위기의 배경이었지만 이미 시의성을 잃었고 그 문제에 주목하는 사람은 미국에는 없다고 단언하며, 여기에 초점을 맞춰서는 안 된다고 주장했다. 그러나 필자 중 한 사람은 이에 동의하지 않았다. 그의 논리는 "부시 대통령이 북핵 관련 책을 읽고 있다고 가정해 보자. 예를 들어, 그가 147쪽을 읽고 있기 때문에 147쪽에 실려 있는 내용과 관련한 논쟁을 하자는 말은 그들이 보여 주고 싶지 않은 내용, 즉 '부담스러운 진실'은 이미 지나쳐 왔기 때문에 되돌아가 볼 필요가 없다는 주장에 정당성을 부여하는, 다시 말해 부시 정부의 대북정책을 지지하는 것과 다르지 않다"였다. 그와 만난 이후 그 필자는 한 미국 하원 의원에게 이 같은 논리를 제시하며 HEUP와 관련한 모호성이 해소되지 않고 있다는 점을 강조했다. 캘리포니아 북부 출신인 그는 하원 정보위원회에 이 문제를 조사하도록 요구하겠다며 이라크 관련 정보의 왜곡과 오류를 같은 선상에 놓고 볼 수 있는지에 주목하겠다고 말했다. 현안에 집착하기보다는 그것이 발생하게 된 맥락과 배경에 의미를 둔 그는 일류 분석가인 셈이다. 필자들은 해법 제시에 못지않게 북핵을 포함한 한반도 문제의 약사(略史)를 사실적이고 체계적으로 제시하려고 애썼다.

넷째, '한반도 문제'의 해결을 효과적·효율적으로 보장하기 위해 선제적 예측과 착안, 체계적 정책체계를 구축해야 한다. 다시 말해, 한국의 의제설정(agenda setting) 능력과 설득력이 제고되어야 한다는 말이다. 한국은 권력정치 영역에서는 열강의 반열에 끼지 못한다. 그러나 권력이 아닌 한국의 지력(知力)과 순발력과 치밀함과 능동성과 친절함은 권력정치에 '들이밀 수 있는' 능력이 된다. 유감스럽게도 과거 한국과 한국인은 이러한 능력을 보여 주지 못했다. 오히려 그 반대로 인식되는 경우가 많았다. 고종이 신임했던 미국 공사 알렌은 하와이 주지사에게 "조선인은 인내심이 강하고 부지런하며 유순하다"면서 "그들이 갖고 있는 오랜 복종 습성으로 지배하기가 쉽다"고 소개했다. 미중관계 개선을 위해 저우언라이 중국 수상을 만난 닉슨 대통령은 "한국인은 감정적으로 충동적인 민족이며, 이러한 충동과 한국인의 호전성이 중국과 미국을 곤경에 몰아넣을 사건들을 일으키지 않도록 양국이 영향력을 행사해야 한다"고 말했다. 이들의 인종주의적 편견을 비판해야겠지만 거기서 머물러서는 안 된다. 한국이 현재 가지고 있는 그리고 미래에 가질 수 있는 지적·문화적·사회적 자원의 쓸모를 극대화해야 한다. 그리고 문제가 발생하기 전에, 문제가 발생했으면 비화하지 않도록 선제적으로 제압해야 할 것이다. 이것이 필자들의 네 번째 철학이다.

많은 양의 글을 읽고 적지 않은 인터뷰를 통해 '직접이해'를 구하고, 또 끊임없는 고민과 토론을 통해 반듯한 글을 쓰려고 노력했다. 그러나 필자들을 지원하고 독려했던 얼굴들을 떠올리면서 부끄러워짐을 숨길 수 없다. 그러나 확실한 것은 그들의 도움과 격려가 없었다면 이 책은 세상에 나오지 못했을 것이고, 필자들은 그들에게 마음으로 깊이 감사한다는 사실이다.


2007년 6월 18일
박건영

# 차례

# 서론

　한반도의 평화·번영·통일은 한국의 사활적 국익이자 비교할 수 없는 민족이익이다. 동시에 인간 삶의 조건을 황폐화했던 냉전을 청산하고 동북아와 세계의 안정과 친선에 기여함으로써 인류사회의 보편적 가치실현과 공동번영 및 평화에도 중요한 조건이다. 그러나 북한 핵 문제를 둘러싼 대결과 갈등은 공동선을 위한 역사적 대장정을 가로막고 있다. 2005년 9·19 공동성명과 2007년 2·13 합의는 초기 관문 통과로서 일정한 의미를 갖지만, 앞으로 많은 난관이 도사리고 있는 것 또한 사실이다.

　9·19 합의 당시 예기치 않았던 '대북 금융제재'를 둘러싼 대립으로 인해 9·19와 이것의 이행을 위한 초기 조치에 관한 합의인 2·13 사이에 1년 반이나 걸렸다는 사실, 합의 내용과 관련한 개념과 정의의 모호성, 제2차 핵 위기의 발단이자 그 존재 여부로 북미가 정면으로 충돌하는 '고농축 우라늄 프로그램(HEUP)' 문제, 나아가 아직도 뜨거운 감자로 남아 있는 경수로 문제 등은 북핵 문제의 평화적 해결 및 북미 간의 적대관계 해소가 얼마나 멀고도 험한

길인지를 명백히 보여 주고 있다. 이러한 맥락에서 이들 문제 해결에 6자회담 참가국 모두가 전력을 기울여야 한다는 것은 아무리 강조해도 지나치지 않을 것이다.

내다보건대, 2·13 합의 이행과정에서 가장 위험한 암초로 등장할 가능성이 있는 사안은 HEUP이다. 주지하듯, 2002년 10월 16일 미국은 HEUP에 대한 북한의 시인을 이유로 대북 중유공급을 중단하면서 제네바 북미기본합의를 사실상 폐기시켰지만, 북한은 시인한 적 없다며 기본합의체제 붕괴는 미국의 음모에 따른 것이라고 주장했다. 2003년 8월 당시 북한의 6자회담 수석대표인 김영일 외무성 부상은 1차 6자회담에서 미국이 "우리가 비밀 핵 계획을 인정했다고 사실을 오도"하고 있지만 "우리는 그 어떤 비밀 핵 계획도 없다는 것을 명백히 한다"고 발언했고, 또 최근 방한한 존 네그로폰테 미 국무부 부장관도 "북한이 HEUP를 보유해 왔다는 데 의심할 여지가 없다"고 했듯이, 북미 간 상반된 입장은 지금도 본질적으로 변하지 않았다. 아울러 한국 대표는 "9·19 성명에 명기된 모든 핵 프로그램의 목록을 6자회담 참가국들과 협의한다는 2·13 합의 문구는 북한의 HEUP를 포함한다"고 제시했지만, 북한은 '의혹 해소' 용의만을 표현하고 있어 HEUP를 포함한 목록 협의는 한미 등의 희망사항이 될 가능성이 크다.

그러나 정말 중요한 문제는 HEUP의 존재 여부와 실체를 북미가 결코 드러낼 수도 없고 드러낼 의지도 없다는 데 있다. 북미 어느 한쪽의 잘못이 입증되는 순간 제2차 핵 위기에 따른 모든 정치적·군사적·도덕적 책임을 떠맡아야 할 뿐 아니라 김정일 또는 부시 정권의 신뢰성이 근본적으로 도전받기 때문이다. 이 책은 이같이 위험스럽고 중대한 문제에 초점을 맞출 것이다. 즉, 제2차 핵 위기의 원인인 북한의 HEUP 문제의 기원과 전개과정, 그리고 문제 해결을 위한 전략과 방책을 제시할 것이다.

앞서 말했듯이, 6자회담 참가국들은 북핵 문제 해결에 역량을 집중해야 한다. 그러나 북핵 문제의 해결이 곧 한반도 문제의 해결을 보장하는 것은 아니다. 북핵 문제가 해결 가닥을 잡고 북미 관계 정상화 문제가 본격적으로 거론되면, 그동안 잠복해 있던 많은 문제들이 불거질 것이다. 이 문제와 관련해 4차 6자회담에서 채택된 공동성명은 북한과 미국이 "양자 간의 정책(their respective bilateral policies)에 따라 그들의 관계를 정상화하는 조치를 취하기로 했다"고 제시하고 있다. 이 문구에서 가장 중요한 부분은 '양자 간의 정책'이다. 잘 알려진 것처럼 미국은 대북 정책의 의제로 핵 문제 이외에도 미사일, 생화학무기, 재래식 군사력, 인권, 각종 불법행위 등의 해결도 포함시키고 있고, 핵 문제의 전개 양상에 따라 이들 문제를 제기하게 될 것이다.

이를 뒷받침하듯 스티븐 해들리 백악관 국가안보보좌관은 2005 년 10월 하순 모스크바 방문 중에 기자회견을 열어 "북한이 핵 프로그램을 포기하더라도 당분간 북한과는 외교관계를 수립할 계획을 갖고 있지 않다"고 밝혔다. 그는 북한과 외교관계를 가질 수 없는 이유에 대해 핵 문제 말고도 미국이나 국제사회가 우려하는 또 다른 문제들이 있기 때문이라고 지적하면서 "그 다른 문제 들 중에는 북한의 미사일 개발프로그램, 대규모 군사력, 북한 주 민에 대한 김정일 정권의 태도 등이 포함된다"1)고 설명했다. 해들 리 보좌관의 기자회견 다음 날 백악관 대변인도 "북한에 대한

---

1) 『연합뉴스』, 2005년 10월 24일.

우리의 우려가 해소될 때 관계정상화가 가능하다는 기존의 입장을 말한 것"이라며, 그의 발언이 부시 정부의 정책임을 확인해 주었다.[2]

부시 정부 내에서 미사일, 생화학무기, 재래식 군사력, 인권 문제, 각종 불법행위 등을 대북 정책의 의제로 삼아야 한다는 점에 대해 이견이 존재하는 것으로는 보이지 않는다. 그러나 이들 문제를 제기하는 시점에 대해서는 이견을 보이고 있다. 일부는 이들 문제를 조기에 제기해야 한다고 주장하고 있고, 다른 일부는 이러한 접근이 핵 협상을 위태롭게 할 수 있다며 우선 북핵 문제 해결에 집중해야 한다는 입장을 취하고 있다.[3] 그러나 미국이 북한과 수교를 하기 위해서는 북핵 문제 이외에도 여러 가지 우려 사항이 해소되어야 한다는 데에는 대체로 일치된 견해를 보이고 있고, 이는 1기 부시 정부 때부터의 일관된 흐름이기도 하다.

반면 북한은 미국이 이러한 문제들의 해결을 관계정상화의 조건으로 삼는 것에 대해 반발하면서 테러 지원국 및 경제제재 해제와 평화협정 체결, 그리고 관계 정상화 조치가 북핵 폐기에 선행되어야 한다고 맞설 공산이 크다. 이러한 맥락에서 북핵 문제가 해결된다고 해서 바로 북미관계가 정상화되고 한반도 평화체제가 구축될 것이라는 낙관론은 재검토를 요한다.

이와 관련해 2005년 12월 한국 정부는 핵 문제 이외에 미국의 대북 현안에는 6가지가 있는데, 이는 북미 양자 간 협의를 통해 풀어야 한다는 입장을 밝혔다. 이는 물론 6자회담 참가국들이 북핵 문제에 집중해야 한다는 취지에서 나온 것이다. 그러나 핵 이

---

2) White House Spokesman Scott McClellan, *Press Briefing*, October 24, 2005.

3) *Washington Post*, October 5, 2005.

외의 현안을 미국이 제기하고 있다는 것과 문제 해결의 주체가 북한과 미국이 되어야 한다는 것은 구분해서 이해되어야 한다.

정도의 차이는 있지만, 핵 문제 이외의 의제에서도 핵심적 당사자에서 한국을 배제할 수 없는 상황일 뿐만 아니라 이들 사안은 한반도 평화체제 구축에서 다뤄질 중요 사안들이다. 더구나 이들 문제는 하나같이 한국이 적절히 개입해 문제 해결에 영향력을 행사하지 않으면 해결되기 어려운 문제들이다. 한국 정부는 북핵 해결 이후의 낙관론을 펼치기보다 북핵 이외의 문제에 대해 미리 분석하고 대비책을 세우는 것이 바람직할 것이다.

이 책의 목적 중 하나는 이러한 문제의식을 바탕으로 북핵 문제 이외의 주요 문제를 선제적이고 체계적으로 검토함으로써 향후 한반도 문제에 대처하는 한국의 능력과 수준을 높이는 데 있다. 미사일, 생화학무기, 재래식 무력, 인권, 각종 불법행위 등은 그 자체로도 대단히 복잡한 문제일 뿐 아니라 이들 문제에 대한 북미 양측의 입장 차이를 좁히지 못하면 일종의 '역류 현상'이 벌어져 북핵 문제 해결에도 걸림돌로 작용할 수 있다. 이러한 맥락에서 북핵 이외의 문제들은 먼 미래의 문제도, 북미 간의 문제만도 아닌 바로 현재의 문제이자 한국의 문제라고 할 수 있다.

# 제1장
# 제1차 북핵 위기

## 1. 북핵 의도의 탐색: 1980년대

최근 비밀 해제된 미국 문서들에 따르면, 미국은 1980년대 초반부터 북한의 핵 프로그램을 추적해 왔다. 중앙정보국(CIA)이 1982년 12월 21일까지 수집한 정보를 바탕으로 1983년 5월에 작성한 보고서에 따르면, 미국은 당시 북한의 핵 프로그램에 대해 우려를 갖고 있으면서도 이것이 핵무기 개발용인지에 대해서는 확신을 갖고 있지 않은 것으로 드러났다.

이 보고서는 1990년대 초반까지 핵무기 개발에 나설 우려가 있는 국가들을 분석한 것으로서, 북한은 핵발전소를 건설하기 위해 외부 지원을 모색해 왔고 재정적·정치적 이유로 이러한 노력이 실패했으나, 1980년대에 걸쳐 지속적으로 핵발전소 건설을 추구할 것으로 보인다고 지적했다. 그러나 북한이 핵무기를 개발·실험하는 데 필요한 시설이나 물질을 갖고 있다고 믿을 수 있는 근거

는 없다고 분석했다.[1]

1984년 4월 20일에 작성된 CIA 비밀문서는 북한이 천연 우라늄을 원료로 사용하는 흑연감속로를 건설하고 있으며, 공사 완공까지 3년 정도 더 걸릴 것으로 예상했다. 특히 북한은 자체 기술로 연구용 원자로로 보이는 이 핵 시설을 건설할 수 있으나, 방사능 물질을 원거리에서 통제할 수 있는 기술을 개발하기 위해서는 선진 기술의 확보가 필요할 것이라고 강조했다.[2] 이러한 연유로 미국은 서유럽 국가는 물론 중국·러시아 등에게 압력을 가해 북한에 핵 관련 기술을 이전하지 못하도록 했다.

1985년 1월 5일자 미국 국무부의 북한 동향 분석 자료는 위성사진을 통해 플루토늄을 추출할 수 있는 북한의 원자로 건설이 포착되었다며, 유럽은 물론 소련과 중국에게도 민감한 핵 기술 및 부품을 북한에 수출하지 말 것을 요구해야 한다고 제시했다. 특히 이전에는 소련이 비협조적인 자세를 보였으나, 이번에는 미국에게 북핵 정보를 요청하는 등 진전된 자세를 보였다고 강조했다.[3]

1986년 4월 9일까지 수집된 정보를 바탕으로 9월에 CIA가 작성한 극비문서는 북한의 핵무장 잠재력을 자세히 분석했다. 이 문서에서 미국은 북한의 고폭장치 개발능력 등 핵무장에 필요한 기술력을 어느 정도 확보했는지 거의 알지 못한다고 밝혔다. 핵무기 운반수단과 관련해서는 미그-23(Mig-23)기에 주목한 반면, 미사일

---

1) CIA, A 10-Year Projection of Possible Events of Nuclear Proliferation Concern, May 1983, http://www.gwu.edu/~nsarchiv/NSAEBB/NSAEBB87/nk02.pdf.

2) CIA, East Asia Brief, April 20, 1984. http://www.gwu.edu/~nsarchiv/NSAEBB/NSAEBB87/nk04.pdf

3) Department of State Briefing Paper, ca. January 5, 1985. http://www.gwu.edu/~nsarchiv/NSAEBB/NSAEBB87/nk05.pdf.

등 다른 운반수단은 부적합하다고 분석했다. 아울러 북한이 핵확산금지조약(NPT)에 가입했으나, 그것만으로는 핵무기 개발을 막기에는 부족할뿐더러, NPT에는 90일 이전에 통보하고 탈퇴할 수 있는 권리가 명시되어 있다고 밝혔다. 그러나 북한이 NPT에 가입한데 이어 IAEA 안전조치협정에 서명할 경우, 핵무기 제조는 더욱 어려워질 것이라고 전망했다.[4)]

또한 이 문서는 "북한이 1985년 12월에 소련의 요구에 따라 NPT에 가입하고 핵폭발 장치를 획득하려는 노력을 취소하며 핵 활동에 대한 안전조치를 수용하기로 했다"[5)]고 설명했다. 또한 군사 기밀주의로 인해 북한의 핵 활동을 정확히 분석하기가 어렵다는 점도 언급했고, 핵 연구 프로그램이 요구하는 고폭장치 등 비핵 분야의 연구능력에 대해 거의 아는 바가 없다고 덧붙였다.

아울러 이 문서는 북한의 핵무장에 따른 북한의 득실관계도 분석했다. 핵무장에 따른 북한의 편익으로는 남한에 대한 강압적인 행동을 보다 자유롭게 할 수 있고, 군사 행동에 나설 경우 미국의 개입을 억지하며, 전면전 발발 시 핵무기를 사용할 수 있다는 점이 언급되었다. 반면에 북한이 감수해야 할 비용으로는 남한의 핵무장을 야기할 수 있고, 주한 미군 등 미국 억지력의 강화를 가져오며, 소련과의 관계가 악화될 수 있다는 점 등이 지적되었다.[6)]

---

4) CIA, North Korea: Potential for Nuclear Weapon Development, September 1986. http://www.gwu.edu/~nsarchiv/NSAEBB/NSAEBB87/nk07.pdf.

5) "In December 1985, at the urging of the USSR, North Korea acceded to the nuclear Non-proliferation Treaty(NPT), renouncing acquisition of nuclear explosives and accepting safeguards on its nuclear activities."

6) CIA, *North Korea: Potential for Nuclear Weapon Development*.

1987년 4월 28일자 CIA 비밀문서는 북한이 에너지난을 타개하기 위해 핵 개발을 계속하고 있다고 밝혀, 미국이 당시 북핵 프로그램을 '민수용'으로 판단하고 있었음을 보여 준다. 그러나 북한이 IAEA 안전조치협정에 서명하지 않는 것에 대해 "그 이유를 알 수 없다"며 의구심을 나타냈다. 아울러 북한의 원자로가 '연구용'인 동시에 "무기급 플루토늄을 생산할 수 있다"며, 북핵 프로그램이 군사용으로 전환될 수 있다는 우려도 나타냈다.

흥미로운 점은 이 보고서가 "북한이 새로운 원자로의 존재를 공표하지 않고 있는 이유는 정치적 선전을 극대화하려는 데 있다"고 분석한 대목이다. 즉, 최초로 독자적 기술로 원자로를 건설했다는 것을 대내외에 공표하는 시점을 자립형 주체국가로서의 이미지와 소련으로부터의 지원을 극대화할 수 있는 때에 맞추고 있다는 것이다.[7] CIA는 5월 28일 비밀문서에서도 북한이 핵무기 프로그램을 가동하고 있다는 징후는 없지만, 북한이 IAEA 안전조치협정에 서명하지 않고 있음에 주목했다.[8]

북한이 계속해서 IAEA 안전조치협정에 서명하지 않자,[9] 남한은 미국에게 강한 우려를 표명했던 것으로 보인다. 1988년 5월 3일과 26일 각각 작성된 비밀문서를 보면 CIA는 "남한이 북한의 의도에 대해 의심하고 있고, 남한은 공개적으로 북한이 수년 내에 핵무기

---

7) CIA, North Korea's Nuclear Efforts, April 28, 1987. http://www.gwu.edu/~nsarchiv/NSAEBB/NSAEBB87/nk08.pdf.

8) CIA, NORTH KOREA: Delaying Safeguards Agreement, May 28, 1987. http://www.gwu.edu/~nsarchiv/NSAEBB/NSAEBB87/nk09.pdf.

9) NPT 3조에는 NPT 가입 이후 18개월 이내에 IAEA 안전조치협정에 서명하고 이를 이행하도록 명시되어 있다. 그러나 북한은 안전조치협정을 미국의 남한 내 핵무기 철수와 연계시키면서, 핵무기 철수가 완료된 1992년 초에 이 협정에 서명하게 된다.

를 개발할 수 있다는 우려를 표명했다”고 되어 있다. 또한 CIA는 북한이 10-30MWe급의 흑연감속로를 1987년 10월부터 가동하기 시작했다고 보고했는데, 이는 5MWe 원자로 가동을 착각한 것으로 보인다. 북한 핵 프로그램의 목적에 대해 “우리의 관점으로는 새로운 에너지원을 개발하기 위한 것으로 보인다”고 분석했다. 그러나 “10-30MWe 원자로는 전력생산량이 많지 않아 북한의 에너지난 해소에 큰 도움이 되지 않는다”고 분석하면서, 북한의 의도에 의구심을 나타나기도 했다.[10] 미국의 의구심은 1989년 들어 더욱 커지는데, 여기에는 북한이 IAEA 안전조치협정에 서명하지 않은 것과 함께 재처리 시설 등 북한의 핵 프로그램 확장에 대한 우려가 반영되어 있었다.[11]

북한은 남한과 미국 등 국제사회의 점증하는 IAEA 안전조치협정 서명 요구에 대해 이 협정은 NPT의 일반적인 요구보다 북한의 주권을 침해할 소지가 있다고 거부했다. 한편 북한은 남한과 미국 내 일각에서 핵 프로그램이 핵무기 개발용이 아니냐는 의혹에 대해 1989년 8월 초 이를 부인하는 최초의 입장을 발표했다.[12]

1980년대 한반도 문제 및 미중관계, 그리고 북핵 문제와 관련해 주목할 점은 덩샤오핑 하의 중국과 레이건 정부의 온건파가 남북 교차승인을 통한 한반도의 안정과 평화 구축을 시도했으나, 미국 내 강경파의 반발로 무산되었다는 것이다. 1970년대 말부터 1980

---


10) CIA, North Korea's Expanding Nuclear Efforts, May 3, 1988. http://www. gwu.edu/~nsarchiv/NSAEBB/NSAEBB87/nk10.pdf.

11) CIA, NORTH KOREA: Nuclear Program of Proliferation Concern, March 22, 1989. http://www.gwu.edu/~nsarchiv/NSAEBB/NSAEBB87/nk13.pdf.

12) CIA, Trends, August 9, 1989. http://www.gwu.edu/~nsarchiv/NSAEBB/ NSAEBB87/ nk14.pdf.

년대 중반까지 미국의 주중 부공사를 지낸 찰스 프리먼에 따르면, 실제로 덩샤오핑은 와인버거 국방장관에게 중국이 주선하고 미국이 참관하는 남북회담을 베이징에서 개최할 것을 제안했다.

프리먼 등 베이징 주재 미국 대사관 관리들은 그런 내용의 전문을 보내고 난 후에야, 당시 슐츠 국무장관과 와인버거 국방장관 간의 갈등을 이용하여 '정치적 동맹'인 국방 부차관보 아미티지 및 국가안보회의 보좌관 개스턴 시거와 함께 미국의 대아시아정책을 주도했던 폴 울포위츠 미 국무성 동아시아 태평양 담당 차관보가 덩샤오핑과 와인버거 사이에 오고 간 대화내용을 편집·누락했다는 사실을 알게 되었다. 그들에 따르면, 울포위츠는 오히려 그러한 내용을 들은 적이 없다고 우겼다. 게다가 그러한 내용은 언급된 적도 없다며 완강하게 부인하고 마치 덩샤오핑이 그런 언급을 한 것 마냥 그들이 꾸며댔다고 비난했다.

당시 워싱턴은 한반도 문제에 중국이 주도권을 행사하려 한다는 대사관의 보고를 접하고 의아해했다. 프리먼에 따르면, 1984년 슐츠 국무장관이 레이건 대통령을 동반해서 중국을 방문했을 당시에도 중국은 또다시 남북한 및 미국이 참여하는 회담 문제를 꺼냈다. 슐츠 국무장관은 아트 허멜 대사를 통해 이 제안에 동의했다. 그러나 슐츠 국무장관이 베이징을 출발해 서울에 도착하는 사이 울포위츠 차관보는 또다시 그 내용을 번복했다.

프리먼은 당시 울포위츠가 4자회담에 반대한 이유로 두 가지를 들었는데, 하나는 그가 이념적으로 중국의 구상에 대해 의구심을 품고 있었고, 다른 하나는 그가 정치적으로 밀접히 연관되어 있는 공화당 우파의 반발을 의식했기 때문이다.[13] 만일 중국이 당시 제안한 4자회담이 성사되어 교차승인이 이루어졌다면 남한과 미

국 등이 북핵 문제나 북한 문제로 수십 년 동안 시달리지 않아도
됐을지 모를 일이다. 특히 북한이 요구해 온 것이 북핵 폐기와
북미관계 정상화라는 점을 고려할 때 더욱 그러하다.


## 2. 1차 북핵 위기의 폭발

### 1) 1990년대 초반

북한이 핵무기 개발을 시도하고 있다는 의혹이 본격적으로 제
기된 때는 프랑스의 상업위성인 SPOT가 1989년 9월 영변 핵 시설
을 촬영한 사진을 공개하면서부터이다. SPOT 위성사진에는 북한
이 1986년부터 운전·개시해 온 5MWe 원자로 외에도 당시 건설

---

13) 이는 남북 교차승인 등 한반도 냉전구조 해체의 기회가 미국 네오콘에 의해
무산되었음을 국무부 고위 관리가 증언하는 기록으로, 수십 년이 지난 현재
도 계속 유효하고 큰 시사점을 갖는다는 차원에서 원문을 싣는다. "Deng
Xiao- ping actually proposed to Weinberger a meeting in Beijing between the
South and North Koreans, with the U.S. in attendance, all hosted by the Chinese.
We sent off a cable saying that, only to discover that Paul Wolfowitz[assistant
secretary of state for East Asian and Pacific Affairs] had edited this comment out
of the conversation, alleging that he hadn't heard any such thing. Then he denied
adamantly that it had been said, and accused us of having put words in Deng's
mouth. Washington was mystified by our cable reporting a Chinese initiative in
Korea. During George Shultz's visit to China with President Reagan in the spring
of '84, the Chinese again raised the issue of meetings with South Korea, the U.S.,
and North Korea. Shultz agreed, talking to [Ambassador] Art Hummel. Between
Beijing and Shultz's arrival in Seoul, Paul Wolfowitz again reversed this." Interview
with Charles W. Freeman, excerpted from China Confidential: American Diplomats
and Sino-American Relations, 1945-1996, compiled and edited with introduction
and conclusion by Nancy Bernkopf Tucker (Columbia University Press, New York,
2001). http://www.gwu.edu/~nsarchiv/NSAEBB/NSAEBB87/nk03.pdf.

중인 50MWe 및 200MWe급 원자로와 핵 재처리 시설도 포착되었다. 미국을 비롯한 전 세계의 관심이 쏠리지 않을 수 없었다. 5MWe 원자로에서 사용한 핵연료를 재처리할 경우 원시적 수준의 핵무기를 제조할 수 있는 무기급 플루토늄을 소량 추출할 수 있을 뿐만 아니라, 영변과 태천에 각각 건설 중인 원자력발전소와 영변에 건설 중인 방사화학실험실(IAEA는 이 시설이 재처리 시설이라고 주장)을 완공할 경우 북한의 연간 플루토늄 생산량은 150kg에 달하고, 이는 핵무기 약 30개를 만들 수 있는 분량이라고 판단했기 때문이다.14)

이에 따라 미국은 북한에게 IAEA 안전조치협정 가입 및 IAEA 사찰 수용을 거듭 촉구하는 한편, 중국에게 북한에 대한 압박을 높여 달라고 요구했다. 미국은 국무부 차관인 레지날드 바솔로뮤의 중국 방문 직전인 1991년 5월 30일 중국 정부에 보낸 외교전문을 통해 북한의 핵 프로그램에 대해 강한 우려를 표명하면서 중국의 적극적 역할을 주문했다. 특히 IAEA 안전조치협정과 미국의 한반도 정책을 연계시키는 문제에 대해 "북한의 안전조치협정 서명은 NPT 가입에 따른 의무이기 때문에 다른 요구와 연계할 수 없다는 것"이 미국의 입장이라며, 북한의 NPT 의무 이행과 미국의 남한에 대한 안보 공약을 연계하는 것에 대해 반대 의사를 분명히 했다.15)

---

14) Joel Wit, Daniel B. Poneman, and Robert L. Gallucci, "Introduction," *Going Critical* (Brookings Institution Press, 2004).

15) Department of State Talking Points Paper for Under Secretary of State Bartholomew's China Trip, ca. 30 May 1991. Subject: North Korean Nuclear Program (For China) [FOIA-Declassified 2002] http://www.gwu.edu/~nsarchiv/NSAEBB/NSAEBB87/nk15.pdf.

그러나 북한은 이러한 연계전략을 포기하지 않았다. 북한은 1991년 여러 차례에 걸쳐 진행된 IAEA와의 접촉에서 핵보유국의 비핵국가에 대한 핵무기 사용 및 위협 금지, 한반도에서의 핵무기 완전 철수, 그리고 한·미 합동군사훈련인 팀스피리트 훈련 중단 등의 조건이 충족될 경우 IAEA의 요구사항을 수락할 수 있다고 밝혔다. 이에 대해 IAEA는 북한의 요구가 IAEA의 권한 밖의 일이라고 말했다.

이처럼 교착 상태를 벗어나지 못했던 북핵 문제는 1991년 가을 들어 돌파구가 열리기 시작했다. 1991년 9월 27일 부시 대통령이 소련과의 중거리전술핵무기 폐기협정에 따라 전술핵무기를 한반도에서 철수하고, 그해 11월 8일 당시 노태우 대통령이 한반도 비핵화 공동선언을 제안하고 12월 18일에는 핵 부재 선언을 했다. 그리고 12월 31일에는 북한이 노태우 정부가 제안한 한반도 비핵화 공동선언에 합의함으로써 북핵 문제를 풀 수 있는 안팎의 환경이 조성되었다. 특히 미국도 이 시점에 노태우 정부의 비핵화 구상 및 대북 정책을 적극 지지했다.

그러나 이 시점에 북핵 문제를 둘러싸고 한미 간의 미묘한 갈등이 있었다는 것도 확인된다. 1991년 11월 18일 제임스 베이커 국무장관이 한미연례안보회의(SCM)를 앞둔 딕 체니 국방장관에게 보낸 서신[16]에 따르면, 당시 노태우 정부는 북핵 문제 해결에서 미중 양국의 역할이 중요하다는 점을 인정하면서도 남한의 주도적

---

16) Department of State, Cable, Secretary of State James Baker to Secretary of Defense Richard Cheney, 18 November 1991. Subject: Dealing with the North Korean Nuclear Problem; Impressions from My Asia Trip. [FOIA-Declassified 1998] http://www.gwu.edu/~nsarchiv/NSAEBB/NSAEBB87/nk16.pdf.

역할을 원했다. 특히 노태우 정부는 일본과 소련이 북핵 문제에 개입하는 것을 꺼려했다. 그러나 베이커 국무장관은 "핵 확산 문제는 가장 우려되는 지역적·세계적 이슈 가운데 하나이고, 남한 독자적으로 북한의 핵 포기를 유도하는 데 한계가 있을 수밖에 없다"며, 이 점을 분명히 남한에 전달해 달라고 체니 국방장관에게 요구했다. 베이커는 또한 "우리가 남한의 우려에 대해 민감할 필요는 있지만, 남한은 우리의 안보공약 및 이익이 미국에게 큰 발언권을 주고 있다는 점을 인식할 필요가 있다"고 덧붙였다.

이는 당시 미국 정부가 남한 정부에게 압박을 가하는데, 주한 미군 감축 등 안보공약을 협상 지렛대로 삼았다는 것을 강하게 암시한다. 이를 뒷받침하듯 베이커는 체니에게 이러한 문제들을 남한과 협의하기를 바란다며, "우리는 북한에 대한 조율된 외교적 압력과 남한에 대한 방위 공약 사이의 병행 전략(parallel strategy)의 기초를 마련하기 시작했다"고 강조했다.

이 서신에는 북핵 문제에 대한 일본과 중국의 정책에 관한 미국의 평가 및 요구도 언급되었다. 일본과 관련, 북일관계 정상화 및 경제지원은 북한이 IAEA 안전조치협정에 서명하고 이행하는 것뿐만 아니라 재처리능력의 폐기까지 연계되지 않으면 안 된다는 것이 미국의 입장이라고 밝혔다. 특히 "일본의 일부 관리들이 이러한 미국의 입장을 경시하는 경향이 있다"며, "그들에게 우리의 입장을 분명히 해 두어야 한다"고 강조했다. 중국과 관련해서는, 중국이 북핵 문제 해결을 위해 남북 교차승인과 북미 고위급 대화를 제안했다고 소개하면서, 중국은 북핵 문제에 대해 우려를 공유하면서도 북한에 압력을 행사하는 것은 꺼려한다고 분석했다. 베이커는 중국의 제안 가운데 회담의 수준을 높이는 것은 찬

성할 수 있으나, 회담의 목적이 "(한반도) 평화 문제를 협상하는 것이 아니라 오로지 핵 문제에 대한 미국의 입장과 기대를 분명히 하기 위한 것"이라고 적었다.

남북관계가 개선되고 미국이 남한 내 핵무기를 철수하자, 북한은 1992년 1월 30일 IAEA 안전조치협정에 서명하고, 그해 5월부터 IAEA의 임시사찰을 수용했다. 이에 따라 북핵 문제는 해결 국면에 접어든 듯했다. 이를 반영하듯 국무부 한국 과장을 지낸 노엄 해이스팅즈는 "북한이 우리의 전제조건을 충족시킬 것으로 보인다"며, 미국 정부는 다음 단계로 북미관계 정상화와 한반도 통일을 염두에 두어야 한다고 강조했다. 또한 북미간의 접촉이 본격화되면 북한은 경수로사업을 제시할 것이라고 예측하기도 했다. 해이스팅즈의 후임자인 찰스 카트만은 이러한 내용을 앤더슨 동아태 담당 수석부차관보에게 보내면서 "남한과 일본 등은 북핵 문제 너머를 생각하고 있다"며, "노엄의 제안이 국무부가 정부에게 권고할 정책의 기초가 되기를 기대한다"[17]고 덧붙였다.

그러나 1992년 들어 북핵 문제는 또다시 악화되었다. 앞서 언급한 것처럼, 북한의 안전조치협정 서명과 임시사찰 수용으로 IAEA는 1992년 5월 25일부터 1993년 2월 6일까지 6차례에 걸쳐 임시사찰을 실시했다. 그러나 이 과정에서 북한이 IAEA에 제출한 최초 보고서(initial report)와 IAEA의 사찰 결과 사이에 중대한 불일치가 나타났다. 핵심 쟁점은 플루토늄 추출량과 시기, 2개의 미신고 시설의 성격 및 이에 대한 특별사찰 문제였다. 북한은 '손상된' 연료봉을 통해 실험적으로 1989~1990년 1회 추출한 플루토늄 양

---

17) Memorandum, Kartman to Anderson, Subject: Next Steps for North Korea, July 17, 1992. http://www.gwu.edu/~nsarchiv/NSAEBB/NSAEBB164/EBB%20Doc%201.pdf.

이 90g이고 미신고 시설은 군사시설이라고 주장했다. 그러나 IAEA
는 1989, 1990, 1991년 세 차례에 걸쳐 북한이 사용후 핵연료에서
수 킬로그램의 플루토늄을 추출했고, 2개의 미신고 시설 역시 핵
폐기물 저장소라고 주장했다.[18]

불일치 문제를 둘러싼 북한과 IAEA의 갈등은 2개의 미신고 시
설에 대한 특별사찰 문제로 귀결되었다. 북한은 2개의 미신고 시
설이 군사시설이기 때문에 특별사찰 수용불가 입장을 고수했다.
특히 북한은 IAEA의 추정치가 북한 핵 설비의 구체적 운영특성과
조건을 고려하지 않은 착오와 무성의에서 비롯된 것이라며, IAEA
의 편향성에 강한 불만을 토로했다. 이에 대해 IAEA는 이 시설을
핵 폐기물 저장소로 보고, 불일치 문제를 해소하기 위해서는 특별
사찰이 필요하다고 맞섰다. 결국 IAEA는 1993년 2월 이사국의 과
반수 결의를 통해 특별사찰을 촉구하는 서한을 북한에 발송했고,
북한은 핵 시설과 무관한 군사시설에 대한 특별사찰은 주권침해
라며 IAEA의 요구를 거부했다.

## 2) 파국과 타협 사이에서

북한의 플루토늄 추출량 및 2개의 미신고 시설을 둘러싼 갈등
이 해소되지 않으면서, 한반도 위기지수는 급격히 높아졌다. 미국
내에는 국방부를 중심으로 한 강경론이 득세했고, 이를 반영하듯
1993년 3월 초 한미연합사의 팀스피리트 훈련이 강행되었다. 뒤이
어 3월 12일에는 IAEA 이사회가 북한에게 특별사찰 수용을 촉구하

---

18) 국방부, 『대량파괴무기 문답백과』, 2001년 12월, 92쪽.

는 결의안을 통과시켰고, 북한은 IAEA의 결의안과 팀스피리트 훈련을 강력히 비난하면서 NPT 탈퇴를 선언했다. 북한 핵 문제가 전면적으로 대두되는 시점이었다. 당시 북한이 IAEA의 결의가 불공정하다고 주장한 근거는 IAEA가 제3자인 미국이 제공한 위성사진에 의거해 사찰을 실시함으로써 당사자 해결원칙을 위반했다는 것이다. 이에 대해 IAEA의 사찰관은 미국이 제공한 자료를 포함해 모든 가용한 정보를 이용할 권리를 갖고 있다고 반박했다. 또한 북한은 남한 내 핵무기 부재를 확인하기 위해 주한 미군기지 사찰을 요구하기도 했다.

이처럼 북한과 IAEA의 충돌로 북핵 문제가 악화 국면으로 접어들 때, CIA는 「북한의 눈을 통해 본 세계(The World Through Pyongyang's Eyes)」라는 문서19)를 통해 북한이 IAEA와 맞서고 있는 이유를 분석했다. 극비로 분류된 이 문서에서 CIA는 "북한은 IAEA 사찰과 남북 관계 개선을 통해 북한의 군사태세, 미사일 프로그램 및 수출, 핵 프로그램에 대한 국제사회의 우려 해소를 희망했지만, 이것이 실패하자 북한은 극적인 변화로 (문제 해결을 향해) 전진하거나 상황을 (위기 국면으로) 반전시키는 것 가운데 양자택일할 수밖에 없었다"며 북한은 후자를 택했다고 분석했다. CIA는 세 가지 이유를 들었는데, 국제사회에 대한 북한의 피(被)포위의식, 김일성-김정일의 통치 스타일, 김정일 후계 작업과의 연관성 등이다.

먼저 북한의 피포위의식에 대해 "북한은 자신을 점령하려는 강대국에 둘러싸여 있다고 인식하고 있는데, 이에 따라 북한은

---

19) CIA National Intelligence Daily, Special Analysis: The World Through Pyongyang's Eyes, March 18, 1993. http://www.gwu.edu/~nsarchiv/NSAEBB/NSAEBB164/EBB%20Doc%202.pdf.

외부 세계를 믿지 않고 국제관계를 승패의 관계로 본다"며, "북한은 약자이기 때문에 외부의 압력에 대해 호전적 방어주의로 대응한다"고 분석했다. 또한 정치 리더십의 통치 스타일은 이러한 외부 세계관과 연관되어 있어 김일성·김정일 부자는 특히 사회주의권이 붕괴한 이후 외부의 압력을 자신들의 국내적 정당성에 대한 시험대로 인식한다며, "이러한 맥락에서 그들이 IAEA의 압력에 대응해 강경노선으로 회귀한 것은 놀라운 일이 아니다"라고 진단했다. 끝으로 북한의 강경노선은 김정일의 후계체제 공고화와도 관계있다고 분석했다. CIA는 김정일이 자신에 대해 불만을 품고 있는 세력에게 '상징적 승리'를 보여 줄 필요를 느끼고 있다며, 김일성이 항일 빨치산 투쟁으로 정당성을 확보했듯이 자신도 외부 세계와의 대결에서 승리함으로써 후계체제를 공고히 하려 한다고 분석했다.

북한의 NPT 탈퇴 예정일이던 1993년 6월 12일 직전에는 북미간에 극적인 타협이 이뤄져 위기 상황에 종지부를 찍는 듯했다. 당시 북한과 미국은 미국의 안전보장 및 회담 지속 약속과 북한의 NPT 탈퇴 유보 등에 합의했다. 이를 구체화한 것이 1993년 6월 11일의 제1단계 회담 공동발표문과 2단계 회담의 성과로 나온 7월 19일의 북미 공동성명이다. 이로써 미국의 핵 사찰 수용 압박과 북한의 NPT 탈퇴 경고로 인해 위기로 치닫던 상황이 수습 단계로 접어든 것처럼 보였다. 특히 2단계 회담에서는 북한이 IAEA와 핵 사찰에 대한 논의 의사를 피력하고, 북미 양측이 무기급 플루토늄 추출이 용이한 흑연감속로를 경수로로 대체하는 방안을 논의하기로 함으로써 북미 간 핵 협상이 큰 진전을 이루는 듯했다.

그러나 북미 간의 대화 및 합의에 불만족했던 미국 내 대북 강경파가 제동을 걸었다. CIA와 국방부로 대표되는 강경파는 북한의 핵 개발에 대해 강한 의혹을 제기하면서 강경 여론을 주도했고, 클린턴 정부 내 협상파는 궁지에 몰리기까지 했다. CIA와 국방정보국(DIA)이 북한은 1~2개의 핵무기를 만들 수 있는 12kg의 플루토늄을 추출한 것으로 보인다고 주장하고 나선 것이다. 이 과정에서 한국의 김영삼 정부 역시 북미 간의 협상안에 불만을 나타냄으로써 미 강경파에게 힘을 실어 주는 결과를 낳았다.

당시 대북 정책을 둘러싸고 미국 정부 내 강온파 사이의 갈등이 있었다는 것은 비밀 해제된 국무부 문서를 통해서도 확인된다. 국무부 한반도 정책 담당자들이 관계 장관 대책회의를 앞둔 크리스토퍼 국무장관에게 보낸 메모[20]에는 정부 안팎의 강경론에 대한 이들의 불만이 담겨 있다. 당시 미국 내 강경파는 북한의 흑연감속로를 경수로로 대체하는 것에 대해 북한의 벼랑 끝 전술에 미국이 굴복한 것이라는 주장을 내세웠다. 이에 대해 메모는 흑연감속로를 경수로로 대체하는 것은 "북핵 문제 해결에 따라 이뤄지는 것으로서, 우리의 핵 비확산 이익과도 부합한다"고 강조했다. 특히 "우리가 제공하는 당근이 아무리 정당할지라도 교착상태가 지속되면 우리는 점차 비난을 받게 될 것"이라며 강경파의 반발에 대해 우려도 나타냈다.

---

20) Memorandum, Tarnoff and Davis to Secretary of State Christopher, Subject: North Korea: Options for Next Steps, November 6, 1993. http://www.gwu.edu/~nsarchiv/NSAEBB/NSAEBB164/EBB%20Doc%203.pdf.

### 3) **갈등의 폭발**: 1994년 **상반기 위기**

1993년 3월 북한의 NPT 탈퇴로 촉발된 북핵 문제는 대화와 갈등을 오가다가 1994년 들면서 최악의 상황으로 치닫기 시작했다. 북한과 IAEA는 핵 사찰 범위 및 수준을 둘러싸고 갈등을 계속했고, 미국 내에는 강경론이 득세하기 시작했다. 특히 1994년 1월 CIA 국장은 북한이 이미 1~2개의 핵무기를 제조한 것으로 추정된다며, 강경론의 근거를 제시하고 나섰다. 미국 내에는 북핵 문제를 유엔 안보리로 회부해야 한다는 목소리가 높아졌고, 북한은 "제재는 곧 전쟁을 의미한다"며 강경 자세를 누그러뜨리지 않았다.

북한과 IAEA 사이의 갈등은 3월에 접어들면서 파국으로 치달았다. 이에 앞서 북한은 1993년 7·19 북미 공동성명에 따라 7개의 신고된 핵 시설에 대한 IAEA의 사찰을 수용한다고 밝혔고, 3월 2일 IAEA 사찰단이 영변에 도착했다. 그러나 북한은 재처리 시설로 간주된 방사화학실험실의 사찰을 거부했고, 3월 21일 IAEA는 북한에게 'IAEA의 완전한 사찰 수용과 안전조치협정의 완전한 이행을 촉구'하는 결의안을 채택했다. 사찰 문제를 둘러싸고 북한과 IAEA 사이의 대결이 좀처럼 해결의 실마리를 찾지 못한 채 북핵 문제는 새로운 국면으로 접어들었다. 5월 19일 IAEA가 북한이 5MWe 원자로로부터 폐연료봉을 인출하기 시작했다고 발표한 것이다. 북한이 폐연료봉을 재처리하면 무기급 플루토늄을 추가로 추출할 수 있었기 때문에 IAEA와 미국 등 국제사회는 이를 중대한 사안으로 간주했다.

IAEA는 북한이 폐연료봉 인출을 공식 발표하기에 앞서 미국 정부에 이러한 내용을 통보했다. 로버트 갈루치 국무부 차관보가 크리스토퍼 국무장관에게 보낸 메모[21]는 북한이 8천 개의 폐연료봉 가운데 900개를 인출했고, 폐연료봉 인출이 안전상의 이유라는 북한의 주장은 설득력이 없으며, 북핵 문제를 유엔 안보리에 회부하기 위한 조치를 취할 것임을 미국에 전달했다고 적고 있다. 이 메모에는 당시 미국 상원의원인 샘 넌과 리처드 루거의 방북 계획이 논의되었던 것도 포함되어 있다. 갈루치는 이들 의원의 방북이 3차 북미회담 전에 이뤄지면 효과적일 것이라며, 넌과 루거는 북한에게 미국은 진지한 협상을 원한다는 내용을 전달하게 될 것이라고 덧붙였다. 그러나 결과적으로 이들의 방북은 이뤄지지 않았다.[22] 또한 갈루치는 3차 회담에 임하는 전략과 관련해 북한에게 NPT 복귀 및 전면 사찰 수용을 제시하고, 이에 대한 상응조치로 미국은 연락사무소 개설, 무역제재 해제 등을 제시할 필요가 있다고 크리스토퍼에게 권유했다.

그러나 6월 들어 북미관계는 5MWe 원자로의 연료봉 교체 문제로 극단적인 대결 국면으로 치닫기 시작했다. 1994년 6월 2일 블릭스 IAEA 사무총장은 북한이 IAEA의 감독 없이 연료봉을 원자로에서 대거 제거했다며, 유엔 안보리에 국제적 조치, 즉 대북 제재를 요청하는 서한을 보냈다. 당시 IAEA가 문제 삼은 것은 북한이 폐연료봉을 재처리해서 군사용으로 사용하고 있는지의 여부를 규

---

21) Memorandum, Gallucci to Secretary of State Christopher, in re DPRK discharge of reactor rods from the Yongbyon reactor, ca. May 18, 1994. http://www.gwu.edu/~nsarchiv/NSAEBB/NSAEBB164/EBB%20Doc%204.pdf.

22) 당시 넌과 루거의 방북은 클린턴 대통령의 메시지를 김일성에게 직접 전달한다는 의미를 담고 있었다. 그러나 이들 의원의 방북 직전인 5월 25일 북한이 방북에는 원칙적으로 동의하면서도 방북단을 맞이하기 위해서는 시간이 더 필요하다며, 입국일을 6월 10일로 늦춰 줄 것을 요구하면서 결국 무산되고 말았다. Wit, Poneman, and Gallucci, *Going Critical*, pp.184-186.

명하기 위해서는 시료채취가 필요한데 북한이 이를 거부했다는 것이다. 그러나 북한은 연료봉 추출 및 봉인작업에 IAEA의 입회를 허용한 것이지, 시료채취 등을 허용한 것이 아니기 때문에 IAEA의 요구는 북미 간 및 북한과 IAEA간의 합의를 넘어선 요구였다고 반발했다.

결국 IAEA는 북한의 핵 투명성을 규명하려면 입회로는 한계가 있다며 북한의 연료봉 교체 작업에 입회하지 않겠다고 선언했고, 북한은 원자로의 안정성을 유지하기 위해서는 더 이상 연료봉의 교체를 늦출 수 없다며 IAEA 입회단 없이 연료봉 추출을 강행했던 것이다. 이를 두고 IAEA와 한미일의 강경파는 북한이 핵무기 개발을 시도하는 명확한 증거라며 대북 압박을 높이면서 제재 방침을 분명히 했고, 북한은 "제재는 전쟁을 의미하고 전쟁에 관용은 없다"며 강력히 맞섰다. 뒤이어 6월 13일 북한은 IAEA 탈퇴를 선언함으로써 미국과 군사적 충돌 일보 직전까지 내달았다.


## 3. 1994년 한반도 전쟁 위기

### 1) 전쟁 위기로 가는 한반도

한반도 정세는 1994년 들어 가파르게 악화되었다. 특히 당시의 위기는 전쟁 일보 직전까지 갔다는 데 그 심각성이 있었다. 이를 상징적으로 보여 준 해프닝이 바로 박영수 북측 대표의 '서울 불바다' 발언이다. 1994년 3월 19일 남북한 특사 교환 실무 접촉에서 북측 대표인 박영수는 '서울 불바다' 발언을 했는데, 남한 정부와 대다수 언론은 이를 북한의 전쟁도발 의지로 해석했다. 불안에 빠진 일부 국민은 생필품을 사재기했고 주가도 폭락했다.

그러나 박영수의 발언은 형식논리상 방어적인 성격이었다. '서울 불바다 발언'은 북한과 미국이 대화를 재개하는 시점에 이루어진 팀스피리트 훈련 실시 및 패트리어트 미사일 반입 방침, 남한의 북한 제재 동참 선언 등에 대한 반발에서 나온 것이었다. 이러한 한미 정부의 대북 강공책에 대해 박영수는 "대화에는 대화로, 전쟁에는 전쟁으로 대응할 수밖에 없다. 그쪽에서 전쟁을 강요한다면 피할 생각은 없다. 불은 불로 다스린다는 말이 있다. 여기서 서울은 멀지 않다. 전쟁이 일어나면 불바다가 될 것이다"고 말한 것이다. 이는 북한의 남침 의지가 아닌 일종의 항전 의지를 밝힌 것으로 해석하는 것이 정확할 것이다.

박영수의 발언과는 별개로, 1994년 들어 미국은 전쟁에 대비한 준비를 하기 시작했다. 1월 들어 팀스피리트 훈련 재개 방침을 밝히는가 하면, 2월 초에는 한반도 유사시 단시간에 전쟁을 승리로 이끌고 북한을 군사적으로 통일한다는 '작전계획 5027'의 일부를 공개했다. 이 계획에 따르면 1단계로 신속전개가 가능한 억지력을 강화하고, 2단계로 북한의 서울 이북 남침을 저지하는 것과 함께 북한의 후방을 파괴하며, 3단계로 북한의 주요 전력을 격멸하고 대규모 상륙작전을 전개한 이후, 4단계로 평양을 고립시킨 뒤 점령지역에서 군사 통치를 실시하고, 마지막 5단계로 한반도를 한미동맹의 주도 아래 통일한다는 것이다.

이러한 공세적 대북 군사전략과 함께 미국은 한반도에 물리력도 증강시키고 있었다. 3월 11일에는 미국의 핵 항공모함인 칼빈슨 호가 9년 만에 처음으로 주일 미군 요코스카 기지에 입항했고,

4월 중순에는 북한의 강력한 반발에도 불구하고 패트리어트 미사일 배치를 강행했다. 이러한 일련의 조치는 북한의 핵 사찰 수용을 압박하는 무력시위이자 유사시 조기에 북한을 제압하고자 하는 군사적 의도가 내포된 것이었다.

### 2) 일촉즉발의 전쟁 위기

5월 들어 북한의 폐연료봉 인출 논란으로 북핵 문제가 파국에 접어들자 미국이 선택한 방법은 유엔을 통한 강력한 제재조치와 군사적 대응이었다. 먼저 유엔 안보리를 통한 제재와 관련해[23] 미국은 6월 초 결의안 초안을 작성해 상임이사국 및 한국, 일본 등과 논의에 들어갔다. 3단계로 구성된 미국의 결의안 초안은 제1단계로 무기 및 부품 수출 금지 및 국제 개발 원조의 중단, 북한 외교관 여행 제한 등을 포함했고, 2단계로 대북 송금 동결, 3단계는 2단계에서 제외된 완전한 무역 금지를 포함했다. 이러한 미국의 제재안에 대해 영국과 프랑스는 더욱 강경한 조치를 주문했고, 남한과 일본은 지지 입장을 밝혔다. 그러나 중국과 러시아는 제재가 사태를 악화시킬 것이라며 소극적 태도를 취했다. 그리고 6월 16일 카터 전 미국 대통령의 방북 결과로 미국이 작성한 결의안은

---

23) 유엔 안보리는 크게 네 가지 수위의 결정을 한다. 가장 수위가 낮은 '언론 발표(Press Briefing)', 그 다음이 안보리의 공식 입장을 밝히는 '의장 성명(Presidential Statement)'이며, 다음으로 구체적 행동을 결정하게 되는 '결의(Resolution)'가 있다. 유엔 헌장 7장에 규정된 강제조치 결의는 41조의 비폭력조치와 42조의 폭력조치로 나뉜다. 흔히 전자는 경제제재, 후자는 군사제재를 의미한다. 언론 발표는 이사회 표결을 거칠 필요 없이 의장 직권으로 가능하며, 나머지 조치는 이사회 표결을 거쳐야 한다. 특히 5개 상임이사국은 거부권을 행사할 수 있다.

상정되지 않았다.[24]

군사적 대응과 관련해서는, 영변의 핵 시설을 폭격할 경우 한반도 전면전이 불가피하다는 판단 아래 폭격에 앞서 한반도에 대규모 추가 병력 및 장비를 배치함으로써 북한에 압박을 가하는 방식을 선택했다. 북한에게 핵 사찰을 압박하는 무력시위를 계획한 셈이다. 그리고 이러한 군사적 압박이 통하지 않을 경우 영변 핵 시설에 대한 '외과수술적 공격(surgical attack)'도 검토되었다. 이를 상징적으로 보여 준 것이 1994년 6월 16일 오전 백악관 회의이다.

이 회의에는 클린턴 대통령, 고어 부통령, 크리스토퍼 국무장관, 갈루치 북핵 대사, 페리 국방장관, 개리 럭 주한 미군 사령관, 샬리카샤빌리 합참의장 등이 참석했다. 이들은 본격적인 대북 제재에 앞서 1만 명의 증원 병력과, 대규모의 전투기·폭격기·항공모함 등 전투 장비를 한반도에 배치한다는 계획을 세웠다. 이러한 대규모 전력 증원은 미국에게는 북한에 대해 보다 강력하게 핵 사찰 수용을 압박할 수 있는 효과적인 카드이자, 군사적 행동이 불가피할 경우 초기에 북한을 제압할 수 있는 물리적 힘으로 간주되었다. 이날 회의에는 한반도의 전면전을 상정한 40만 명에 달하는 대규모 증원군 파견도 검토되었다.

한편 북한은 유엔을 통한 대북 제재 결의와 미국의 대규모 증원군 파견은 분명한 전쟁 행위라며 결사항전의 의지를 여러 차례 피력했다. 백악관 회의에서 미국이 증원군을 파견할 경우 북한의 대응에 대해 브리핑한 국가정보국 찰스 알렌은 "증원군 파견은 북한군의 대규모 병력이동을 가져오고, 이에 따라 북한의 선제공

---

24) 『연합뉴스』, 1994년 6월 2일~6월 17일자 참조.

격 위험성을 높일 수 있다"고 우려했다. 그러나 이는 소수의 목소리였고, 페리 국방장관 및 샬리캬샤빌리 합참의장 등이 주도한 강경론이 백악관 회의 분위기를 압도했다. 이를 반영하듯 갈루치 북핵 대사는 "우리는 동북아시아에서 미군 병력을 정치적으로나 군사적으로 신뢰할 수 있는 수준까지 증강시키기로 했다. 미국 대통령은 허세를 부린 것이 아니며, 우리들 역시 마찬가지였다"고 그날의 회의를 회고했다.[25]

당시 위기의 심각성은 이후 핵심 관련자의 증언으로도 확인된다. 걸프전 생중계로 명성을 떨친 CNN 방송은 한반도 전쟁을 생중계할 계획으로 휴전선 인근 위성 생방송 준비를 위해 한국의 MBC에 도움을 요청했다.[26] 그리고 정작 한국인은 상대적으로 평온했던 반면 미국 교민이 한반도 운명을 걱정하며 기도회를 가졌다. 박관용 당시 대통령 비서실장은 전쟁 위기 4년 후인 1998년에서야 미국 관리로부터 "D-day H-hour(1994년 6월 16일)에서 한 시간만 늦었다면 한반도에는 대단히 큰 위기 왔을 것"이라는 말을 들었다고 진술했다. 이 모든 증거는 한국의 핵심적 정부 당국자도 모른 채 한반도의 운명을 바꿔 놓을 엄청난 일이 은밀히 진행되고 있었음을 보여 준다.

클린턴 미국 대통령은 "내 첫 임기 때 북한과 심각한 상황에 있었다. 우리는 북한의 원자로를 파괴할 계획을 가지고 있었고, 만약 북한이 핵 프로그램을 포기하지 않는다면 공격할 것이라고 북한에 경고했었다"고 말한 바 있다.[27] 페리 국방장관 역시 당시

---

25) 당시 백악관 회의에 대해서는, 하버드 대학교 케네디 스쿨 편, 서재경 옮김, 『한반도 운명에 관한 보고서』, 김영사, 1998, 참조.
26) MBC, <이제는 말할 수 있다: 94년 한반도 전쟁 위기>, 2000년 7월 9일.

의 긴박한 상황을 다음과 같이 회고했다.

1994년 6월의 북한 핵 위기는 국방장관으로서 전쟁을 각오해야 했던 심각한 상황이었다. (중략) 당시 북한은 핵연료 재처리 과정을 막 시작하려 하고 있었으며 방치하면 6개의 핵폭탄 제조가 가능한 플루토늄을 확보할 터였다. 특히 서울을 불바다로 만들겠다는 북한의 위협을 심각하게 받아들인 나는 전쟁 비상계획을 검토하라고 지시했다. 이틀 동안 군 지휘관들을 만나 전쟁 계획의 모든 세부상황을 검토했다. 파견할 육군·공군부대를 결정했고 이동방법과 도착시간 등에 대해 심사숙고하는 한편 기습공격을 언제 어떻게 할 것인지를 숙의했다.

검토 결과 전쟁이 발발하면 승리하겠지만 한국군, 미군, 한국 국민의 피해가 엄청날 것이라는 게 드러났다. 나와 군 지휘관들은 주한 미군을 강화하면 피해를 대폭 줄일 수 있을 것으로 보고 주한 미군을 수만 명 증원하는 계획을 입안했고, 주한 미 대사관에 민간인 철수 계획을 준비토록 지시했다. 그러나 클린턴 대통령이 전쟁 개시를 승인하기 불과 몇 시간 전에 우리는 "영변의 핵 활동을 중지하고 의미 있는 협상을 할 준비가 되어 있다"는 김일성의 전언을 (카터로부터) 받아 협상에 나선 것이다.[28]

그러나 페리는 당시 백악관 회의에서 대북공격을 일단 지지하

---

27) "Clinton: N. Korea Warned About Reactor" by Reuters, *The New York Times*, December 15, 2002.

28) 『중앙일보』, 2001년 6월 18일.

지 않은 것으로 보인다. 페리와 국방 차관보였던 애시튼 카터는 북한에 대한 공격을 논의한 것은 사실이지만 엄청난 규모의 인명 피해와 난민 발생, 그리고 확전을 우려해 전면전을 유발할 가능성이 높은 북한에 대한 선제공격보다는 "가능하면 전쟁을 피할 수 있는 방법들을 생각했다"[29]고 회고했다. 이에 따라 페리는 대통령에게 영변 핵 시설에 대한 선제공격을 추천하지 않기로 하고, 대신 크리스토퍼 국무장관의 입장을 지지했다. 크리스토퍼의 입장이란 엄격한 제재를 통해 북한에 압력을 가하는 방법을 의미했다. "제재 전략도 위험성이 없지는 않지만, 전쟁 가능성이 커 보이지는 않았다. 또한 그 전략이 실패하더라도 여전히 군사적 선택은 남아 있었다"[30]는 것이 페리의 판단이었던 것이다.

문제는 미국이 당시 얼마나 대북 공격에 가까웠느냐 하는 것이다. 카터의 방북이 없었다면 전쟁이 일어났을 것이라는 주장은 과장된 측면이 있다. 그러나 미국은 유엔 안보리 제재가 실효를 거두지 못하면 선제공격을 다시 검토할 수 있다는 입장도 갖고 있었다. 유엔 안보리 제재 및 미군의 전력 증강을 전쟁 행위로 간주하겠다는 북한의 입장을 함께 고려한다면, 당시 상황은 심각했다. 카터가 이 가능성을 제거한 것이다.

---

29) Ashton B. Carter and William J. Perry, "Back to the Brink," *The Washington Post*, October 20, 2002.

30) 윌리엄 페리·애시튼 카터 저, 박건영·이성봉·권영진 옮김, 『예방적 방위전략: 페리 구상과 러시아, 중국 , 그리고 북한』, 프레스21, 2000, 192-193쪽.

### 3) **지미 카터의 중재**

카터의 중재에 대해 살펴보자. 1994년 5월 들어 북한 핵 문제를 둘러싼 북미 간의 갈등이 전쟁으로까지 확대될 조짐을 보이자 당시 아태재단 이사장이었던 김대중은 1994년 5월 18일 미국 코리아소사이어티 연설에서 북미 간의 일괄타결을 제안하면서 카터 전 대통령 등 유력한 인사의 대북특사 파견이 필요하다는 점을 지적했다. 이에 대해 김영삼 정부는 "북한 김일성 주석의 방미 초청과 카터 전 대통령의 대북특사 파견 주장은 여러 단계를 뛰어넘는 비약으로서 우리측 협상 입장에 도움이 되지 않는 부적절한 방안이며, 남북 당사자 해결 원칙에 입각해 남북관계를 풀어 간다는 정부 입장과 배치되는 것"[31]이라며 강한 거부감을 나타냈다.

그러나 방북 논란 가운데 있었던 지미 카터 전 대통령이 중재에 나서고자 하는 희망을 피력했다. 그는 1994년 6월 1일 클린턴 대통령에게 전화를 걸어 위기 상황에 대해 우려를 표했고, 클린턴 대통령은 갈루치 핵 대사를 카터의 집으로 보내 당시 상황을 설명하게 했다. 카터를 진정시키기 위해 갔던 갈루치의 설명은 오히려 카터에게 사태의 심각성을 재확인시켜 주는 결과를 낳았고, 카터는 김일성 주석을 만나 사태 수습에 나서겠다는 편지를 클린턴에게 보냈다. 그는 "상황 자체를 반전시킬 수 있는 북한의 유일한 사람, 즉 김일성을 만나 담판을 짓는 길만이 전쟁 위기를 막을 수 있는 길"이라고 여겼던 것이다.[32]

---

31) 『연합뉴스』, 1994년 5월 18일.

32) Leon V. Sigal, "Jimmy Cater," *The Bulletin of Atomic Scientists*, January/February 1998.

카터의 방북 제안은 클린턴 정부에게 적지 않은 딜레마를 안겨 주었다. 어찌되었든 카터는 '전직' 대통령이므로 협상의 직접 당사자가 아닐 뿐더러 정부의 대북 협상력 약화를 우려하지 않을 수 없었다. 또한 공화당과 남한의 김영삼 정부로부터 비난받을 것도 뻔해 보였다. 특히 대북 정책을 두고 심각한 갈등을 겪고 있는 김영삼 정부와의 관계를 고려할 때 카터의 방북에 김영삼의 정치적 라이벌인 김대중의 권고가 적지 않게 작용한 것도 부담스럽지 않을 수 없었다. 그렇다고 카터의 방북을 불허할 경우 클린턴 정부가 전쟁을 피하려는 노력을 하지 않고 있다고 비판받을 수 있었다. 이러한 딜레마 속에 클린턴 정부는 결국 카터의 방북을 승인했다. 대신 클린턴 정부는 카터의 방북이 대북 정책의 변화를 시도하거나 정부의 입장을 공식적으로 전달하는 것이 아니라는 점을 카터에게 주지시켰다. 즉, 개인 자격으로 평양을 방문하는 것이지 미국 정부의 특사가 아니라는 것이다.[33]

클린턴 정부의 껄끄러운 방북 승인과는 달리, 카터가 북한을 방문하기에 앞서 6월 13일 서울에 왔을 때 개리 럭 주한 미군 사령관은 그의 방북이 얼마나 중요한지를 설명했다. 럭 사령관은 카터에게 한반도가 전쟁 일보 직전으로 가고 있다는 점을 강조하면서 "우리가 이기는 것은 분명하지만, 그것은 승리라고 말할 수 없다"며 전쟁이 일어날 경우 끔찍한 황을 카터에게 주지시키고자 노력했다.[34]

이즈음 북한 핵 문제를 둘러싼 관련 당사국의 움직임도 숨 가쁘게 전개되고 있었다. 북한은 IAEA의 부당한 요구 및 미국의 미온

---


33) Wit, Poneman, and Gallucci, *Going Critical*, pp.200-204.

34) Leon V. Sigal, "Jimmy Cater."

적인 협상 태도에 불만을 나타내며 6월 13일 외무성 대변인 성명을 통해 IAEA 탈퇴 의사를 발표했다. 미국은, 앞서 말한 바와 같이 무력 사용을 고려하면서도 단계적인 대북 제재안을 마련하고 있었다. 미국은 북한에게 핵 사찰을 요구하는 유엔안보리 결의안 작성에 들어갔고, 북한이 이를 수용하지 않을 경우 냉각기를 거쳐 본격적인 경제·정치적 제재에 들어갈 방안을 한국 및 일본과 논의하고 있었다. 이러한 미국의 움직임에 대해 중국과 러시아는 우려를 나타내며 미국에 협조하지 않겠다는 입장을 취했다. 이에 맞서 미국은 중국 등의 거부권 행사로 유엔 안보리의 승인을 받지 못하더라도 대북 제재를 강행한다는 방침을 세우고 준비에 들어갔다. 그리고 이미 IAEA 탈퇴를 선언한 북한이 IAEA 사찰단을 추방하면 제재를 개시한다는 방침을 정하고 있었다.[35] 한반도의 정세가 예측불허의 상태로 흐르고 있었던 것이다.

카터가 평양에 발을 내딛었을 때, 미국에서는 클린턴 정부의 결단을 촉구하는 목소리가 높아지고 있었다. 부시 정부 때 백악관 국가안보보좌관을 지낸 브렌트 스코크로프트와 국무부 차관보 출신의 아놀드 캔터는 6월 15일 『워싱턴 포스트』의 기고문을 통해 "북한이 IAEA 사찰단을 추방하면 미국이 폭격하겠다"는 최후통첩을 보내야 한다며 강경 여론을 주도하기도 했다.

이러한 기류를 반영하듯 미국 정부는 1981년 이스라엘이 이라크의 핵 시설을 공격했던 오시락 옵션(Osirak Option)을 검토했는데, 옵션은 세 가지였다. 첫째는 가장 제한적인 무력 사용 방법으로 플루토늄 재처리 시설만 폭격하는 것이고, 둘째는 재처리 시설과

---

35) Wit, Poneman, and Gallucci, *Going Critical*, pp.209-211.

함께 5MWe 원자로를 공격하는 것이며, 셋째는 영변 핵 시설 전체
와 북한의 주요 군사시설을 파괴하는 것이었다. 당시 미국 정부의
최고위 관리들은 이러한 옵션을 고려하면서 한반도에 미국 전력
이 보강된 이후 검토할 수 있는 방안이라는 데 의견을 모았다.[36]

이렇듯 한반도를 둘러싸고 각국이 외교전을 벌이고 미국이 군
사 옵션을 구체화하고 있던 6월 15일, 카터는 김일성과의 회담에
앞서 김영남 외무상을 만났다. 김영남은 미국과의 3단계 회담이
조속히 재개되지 않을 경우 IAEA 사찰단을 추방하겠다는 입장을
카터에게 전달했다. 북한의 강경한 입장을 확인한 카터는 동행한
측근을 16일 아침 판문점으로 보내 미국 정부가 북한이 제안한
3단계 회담을 수용할 의사가 있는지 알아보기 위해 백악관에 메
시지를 보냈다. 그러나 이 메시지는 카터와 김일성이 만날 때까지
전달되지 못했다. 그날 오후 김일성과 회담에 들어간 카터는 김일
성으로부터 대단히 중요한 제안을 받았다. 김일성은 북미 3단계
회담이 재개되면 북한은 IAEA의 사찰단의 감시 하에 핵 동결을
계속 유지하겠으며, 여기서 한 걸음 더 나아가 미국이 현대식 원
자로(경수로)를 제공할 경우 기존의 흑연감속로를 영구히 동결할
의사가 있다는 제안을 한 것이다.[37]

김일성의 제안에 고무된 카터는 곧 백악관에 전화를 걸었다.
당시 미국 시간은 16일 오전 10시 30분으로, 백악관에서는 한반도
에 대규모 증원 전력 파견 방안을 논의하고 있었다. 카터의 전화
한 통으로 백악관의 분위기는 극적으로 반전되었다. 클린턴 대통
령이 주한 미군 전력 증강에 서명하려는 순간 전화가 걸려와 회의

36) Wit, Poneman, and Gallucci, *Going Critical*, p.211.

37) Leon V. Sigal, "Jimmy Cater."

가 중단되었던 것이다.[38] 카터로부터 김일성의 제안을 전해들은 갈루치는 그 내용을 회의에 참석한 사람들에게 보고했고, 카터는 CNN을 통해 김일성과의 회담 결과를 발표했다.

카터의 CNN 회견을 계기로, 대북 제제를 결정하고 이를 뒷받침하기 위해 증원군 파견을 숙의하던 백악관 회의 분위기는 반전되었다. 중국 외무부도 즉각 성명을 발표해 미국이 주도하는 대북 제재에 참여하지 않겠다는 입장을 천명했다. 러시아 역시 미국이 대북 제재안 초안 작성 과정에서 자신들과 협의하지 않았다는 이유로 미국의 초안을 수용하기 힘들다는 입장을 발표했다. 이제 공은 백악관으로 넘어간 것이다.

백악관 회의 참석자들은 어리둥절한 표정으로 놀라움과 분노를 나타내기도 했다. 흥분된 분위기를 앨 고어 부통령이 수습하기 시작했다. 고어는 카터와 김일성의 협상안이 미국에게 이로운지 논의하자고 제안했다.[39] 이러한 고어의 제안으로 백악관 회의는 전쟁을 숙의하는 군사 회의에서 북한의 제안에 어떻게 답장을 보내야 할지에 대한 외교전략 회의로 바뀌었다. 동시에 크리스토퍼 국무장관은 서울과 도쿄에 전화를 걸어 긴급 한미일 외무장관 회의를 열었다. 당시 서울과 도쿄의 시간은 새벽 5시였다. 백악관과 서울, 도쿄에서 열띤 토론을 거친 후 클린턴 대통령은 북한과의 고위급 회담 재개를 검토하는 것으로 긴박했던 16일을 마무리했다. "카터가 미국과 한반도의 수많은 사람들을 대단히 심각한 위기 상황으로부터 구했다"[40]고 해도 과언이 아닌 것이다.

---

38) 윌리엄 페리·애시튼 카터, 『예방적 방위전략』, 195-196쪽.

39) Leon V. Sigal, "Jimmy Cater."

40) 1997년 10월 23일 돈 오버도퍼의 PBS와의 인터뷰(http://www.pbs.org).

흥미로운 점은 김일성과 카터가 오래전부터 서로 만나고 싶어 했다는 것이다. 카터는 대통령으로 재임하던 1978년, 박정희 대통령과의 정상회담 이후 비무장지대(DMZ)에서 남북미 정상회담을 추진했으나 정부 관리들의 반대에 막혀 무산된 적이 있었다. 반면 김일성은 카터를 '정의로운 사람'이라고 부를 정도로 그에 대한 평가가 호의적이었고, 이를 반영하듯 김일성은 1994년 6월 방북 이전에도 여러 차례 카터를 초청했다. 그러나 부시 정부와 클린턴 정부는 카터의 방북을 매번 불허했다.[41] 그리고 오랜 기다림 끝에 만난 두 사람은 첫 만남에서 역사적인 결단을 내렸다.

### 4) 1994년 전쟁 위기의 교훈

민족공동체의 소멸을 가져올 수도 있었던 한반도 전쟁이 발발하지 않은 이유를 살펴보는 것은 오늘날의 위기를 진단하고 해결책을 모색하는 데에도 큰 시사점을 준다. 앞에서 서술한 것처럼 가장 극적인 변수는 카터 전 대통령의 중재였다. 클린턴 정부가 한반도에 대규모 증원 전력 파견을 결정하기 직전에 카터의 전화가 걸려왔고, 이는 클린턴 정부 내에 팽배했던 '전쟁 불사론' 분위기를 반전시키는 데 결정적으로 기여했다. 국제정치에서 개인의 역할은 결코 사소하지 않다.

또 한 가지 중요한 배경은 동북아의 세력균형 차원에서 중국과 러시아가 미국의 북폭을 쉽게 용인할 수 없다는 점이다. 비록 중국과 러시아가 냉전시대만큼 북한을 지원·협력하고 있지 않지만,

---

41) Wit, Poneman, and Gallucci, *Going Critical*, p.201.

한반도에서의 전쟁이 자신들의 안보와 동아시아의 세력균형에 엄청난 영향을 미칠 것임을 잘 알고 있었다. 특히 중국은 유사시 북한의 대량 난민 유입이라는 문제 외에도 한미 주도의 군사적 통일이 한반도에서 달성될 경우 사실상 미국과 직접 국경을 맞대야 하는 현실을 우려하지 않을 수 없었다. 무엇보다도 개혁·개방 정책을 본격화하는 시점에 국경을 맞대고 있는 한반도의 총체적 불안은 경제성장의 둔화를 가져올 것이라고 우려했다. 이에 따라 중국과 러시아는 북한의 핵무기 보유에도 반대했지만, 북한이 핵무기를 보유할 가능성이 낮다고 봤기 때문에 북한이 주장한 일괄 타결 방식을 지지했던 것이다. 이러한 분석 아래 미국이 일방적인 제재 및 군사 행동에 나서지 못하고 결국 제네바 북미기본합의에 서명한 것은 동북아 세력균형 정치의 과정이자 반영이라는 결론에 다다른다.

그러나 중국과 러시아가 한반도 전쟁 예방의 결정적 변수였다고 보기는 어렵다. 특히 미국의 대북한 제재 및 군사 행동에 가장 강력히 반대했던 중국은 1994년 6월 11일 IAEA의 대북 제재 결의 시 반대가 아닌 '기권'을 선택했다.[42] 이에 앞서 본격적인 대북 제재의 전 단계라고 할 수 있는 유엔 안보리 성명 채택 협상과정에서, 중국은 사찰 시한을 명기하고 대북 제재를 의미하는 추가조치가 성명에 포함되는 것을 완강히 거부했다가 미국 및 한국 정부의 설득에 점차 후퇴하는 모습을 보였다.[43] 이는 당시 한국·미국·일본 등의 설득에도 불구하고 대북 제재에 동참하지 않겠다는 의지를 유지하면서도, 대북 제재를 결코 좌시하지도 않겠다는 강

---

42) 참고로 당시 유일한 반대 국가는 리비아였다. 『연합뉴스』, 1994년 6월 11일.

43) 『연합뉴스』, 1994년 4월 1일.

한 입장이 점차 누그러진 것으로 평가할 수 있는 대목이다. 이러한 중국의 입장 후퇴는, 북한의 IAEA 탈퇴 선언 직후인 1994년 6월 16일 클린턴 정부가 북한에 대한 군사적 압박을 높이고 필요시 영변 핵 시설을 폭격하기 위해 한반도에 대규모 증원 전력 파견을 논의하는 과정에서 중국 변수가 크게 고려되지 않은 배경이기도 하다.44) 또한 1994년 클린턴 정부가 중국의 인권 문제를 거론하지 않은 채 중국에 최혜국 대우를 연장한 것도 작용한 것으로 보인다.45) 당시 미국의 정책결정자와 연구 집단이 한반도 전쟁 시나리오를 세우면서 가장 큰 변수라고 할 수 있는 중국의 개입을 크게 고려하지 않은 것은 현재 시점에서 눈여겨 볼 부분이다.

또 하나 중요한 요인으로 생각할 수 있는 것은 당시 김영삼 정부의 반대이다. 정권의 태생부터 냉전세력의 입김에서 자유로울 수 없었던 김영삼 정부는 미국의 대북관여정책(engagement policy)에 불만을 나타내며 강경파를 지원하는 입장을 취하다가도 위기가 고조되면 미국의 군사 행동을 반대하는 태도를 보였다. 김영삼 대통령은 1994년 6월 초 주한 미 대사인 제임스 레이니로부터 주한 미국인 철수 계획을 통보받고 레이니를 불러 단호한 입장을

---

44) 미 의회 조사국의 북한 문제 전문가인 래리 닉쉬는 김일성 주석이 카터 전 대통령과 전격적인 합의를 이룬 것은 "클린턴 정부가 유엔 안보리 이사국에 제안했던 대북 제재안에 대해 중국이 거부권을 행사하지 않을 것이라고 북한에 알린 다음"이라고 지적하면서, 이것이 제네바 북미기본합의에 이르게 된 중요한 배경이라고 설명하고 있다. Larry A. Niksch, *North Korea's Nuclear Weapons Program*, CRS Issue Brief for Congress, February 27, 2001.

45) 이와 관련 광범위한 인터뷰를 통해 1994년 한반도 위기 상황을 정리한 하버드대 케네디 스쿨은 보고서를 통해 "미국이 중국에 최혜국 대우를 연장한 그날, 제임스 릴리(주한 미국 대사)는 일본·중국·한국의 대표들이 모인 자리에서 평양에는 오늘 검은 상장(喪章)이 올라간다고 말했다"고 전하고 있다. 하버드 대학교 케네디 스쿨 편, 『한반도 운명에 관한 보고서』, 125쪽.

전달했다. 그는 미국인의 소개 작전을 분명한 전쟁 전야로 해석하고 "한반도에서의 전쟁은 수천만 명의 사람을 죽이고 남한의 경제적 번영을 잿더미로 만들 것"이라고 경고하면서 "미국의 영변 폭격으로 전쟁이 발발하면 나는 단 한 사람의 한국군도 동원하지 않을 것"[46]이라는 입장을 전달했다고 회고했다.

그러나 중요한 것은 당시 한반도의 상황은 이미 김영삼 정부의 통제권에서 벗어났다는 점이다. 김영삼 대통령이 레이니 대사와 클린턴 대통령에게 '전쟁 반대' 입장을 밝혔지만, 클린턴 정부가 6월 16일 한반도 전쟁 가능성을 상정한 미국의 대규모 증원군 파견 및 단계적인 전쟁 계획을 논의했던 것에서 알 수 있듯이, 한국 정부의 입장이 결정적인 역할을 하지 못했다. 이는 결국 미국 정부가 한국 정부와의 의견 조율이나 사전 논의 없이 전쟁의 전 단계인 증원군 파견을 사실상 결정하고 있었다는 점에서 한반도의 운명이 한국 정부의 통제 밖에 있었다는 엄연한 현실과, 한국 정부의 일관성 없는 외교안보정책이 얼마나 위험한 상황을 가져올 수 있는지를 새삼 깨닫게 해 준다. 동시에 안보위협을 제거하기 위해서는 무력 사용 등 모든 옵션을 쥐고 있으려는 미국과, 누가 정권을 잡더라도 민족공동체의 소멸을 가져올 수 있는 전쟁에는 신중해질 수밖에 없는 한국 사이의 전략적 간극을 새삼스럽게 확인할 수 있는 사례이기도 하다.

미국이 북한에 대해 선뜻 군사력 행사를 감행하지 못한 가장 큰 이유는, 중국의 개입이 없더라도 물적·인적 손실이 너무 클 것이라는 예상 때문이었다. 실제로 당시 미군 당국이 추정한 잠재

---

46) *AFP*, May 24, 2000.

적 피해 규모는 엄청나다. 북한의 피해를 제외하더라도 미군 약 5~10만 명, 한국군 약 50만 명, 남한 주민 수백만 명 등이 사망할 것이고, 미국의 직접적 전쟁비용이 1천억 달러, 남한의 경제손실이 1조 달러가 될 것이라고 예상했다.[47] 미국으로서는 북한을 제압하는 데 90일이면 된다고 보면서도, 제2차 세계대전 이후 최대의 인적·물적 피해를 고려하지 않을 수 없었던 것이다. 이러한 미국의 평가는 북한의 피해 규모를 포함하지 않고 전쟁 기간을 90일로 상정한 규모이기 때문에 실제 전쟁이 벌어졌을 경우 그 피해는 미국의 예측을 훨씬 능가했을 것이라는 점을 어렵지 않게 예상할 수 있다. 이러한 엄청난 인적·물적 비용은 김영삼 대통령이 미국의 전쟁 계획에 반대했던 근본적인 이유이기도 했다.

한반도 내 군사력 균형이 전쟁을 막았다는 역설도 있다. 북한의 막강한 군사력이 한반도 전쟁을 억지한 효과가 있었다는 것이다. 남한 안보를 위협하는 원천이 결과적으로 남한에 안보를 제공했다는 면에서 역설인 것이다. 다시 말해, 한반도의 군사적 대립구조 및 상호 간의 막강한 화력이 긴장을 조성하고 서로의 안보를 위협하는 동시에, 위기가 고조될 때 전쟁으로까지 치닫지 못하게 하는 한반도의 지독한 역설인 것이다.

---

47) 하버드 대학교 케네디 스쿨 편, 『한반도 운명에 관한 보고서』; 브루스 커밍스, 「한반도문제의 포괄적 해법을 위하여」, 『통일시론』, 1999년 가을호; *United States Policy and the Crisis in Korea*(Senate-May 24, 1994), Congressional Report. http://www.fas.org/spp/starwars/congress/1994/s940524-dprk.htm 등 참조.

## 4. 협상의 재개와 제네바 북미기본합의

### 1) 협상의 재개, 그러나 난항

북미 간의 군사적 충돌 일보직전까지 갔던 1994년 6월 위기는 카터의 중재에 힘입어 협상 국면으로 반전되었다. 당시 북미회담의 협상대표였던 강석주 외교부 제1부부장과 갈루치 국무부 차관보는 6월 20일과 22일 교환한 서신을 통해 고위급 회담을 재개하기로 합의했다. 이에 따라 1993년 6월 12일 2단계 회담 이후 무려 14개월만인 8월 5일부터 12일까지 제네바에서 열린 3단계 고위급 회담에서 북미 양측은 공동성명을 채택해 제네바 북미기본합의의 골격을 다졌다. 이 성명에서 북한은 핵 동결 유지 및 추가적인 흑연감속로 건설 중단, 재처리 중단 및 시설 봉인, NPT 잔류 및 한반도 비핵화 선언 이행 등을 약속했고, 이에 대해 미국은 경수로 제공, 정치적·경제적 관계의 완전한 정상화 추진, 소극적 안전보장 제공 등을 약속했다. 이것은 제네바 북미기본합의문의 내용과 거의 같다.

3단계 회담에 대한 미국의 긍정적 평가는 미국 국무부가 재외공관에 보낸 문서[48]에서도 확인된다. 국무부는 3단계 회담에서 중요한 진전을 이뤘다고 평가하면서, 9월 23일로 예정된 차기 회담에 대한 협상 방침을 밝혔다. 국무부는 한반도 비핵화 공동선언이 북핵 문제 해결의 준거가 되어야 한다는 점을 거듭 확인하면서

---

48) Cable, SecState to All Diplomatic and Consular Posts, Subject: Results of U.S.-DPRK Talks in Geneva, August 22, 1994. http://www.gwu.edu/~nsarchiv/NSAEBB/NSAEBB164/EBB%20Doc%205.pdf.

경수로 제공을 대가로 북한은 재처리 및 농축 시설을 포함한 기존의 모든 핵 시설을 폐기해야 한다는 입장을 밝혔다. 또한 경수로 사업은 다국적 컨소시엄으로 진행되어야 하고, 특히 남한의 참여가 필요하다고 강조했다. 아울러 북미관계 정상화는 남북관계, 북일관계 등과 보조를 맞춰 추진하겠다고 밝혔다. 핵심적으로 남아 있는 쟁점으로는 북한의 과거 핵 활동을 규명할 특별사찰의 시점, 폐연료봉의 처리, 합의 사항의 이행 순서 등이 있다며, 미국은 다음 회담에서 이들 문제를 논의하는 데 집중하겠다고 밝혔다.

9월 23일부터 열린 3단계 2차 회담은 쉽게 합의를 산출하지 못했다. 미국은 북한에게 특별사찰을 조기에 수용하도록 요구했고, 북한은 북미관계의 포괄적인 개선 이후로 미뤘다. 폐연료봉 처리 문제도 미국은 제3국 이전을 요구했으나 북한은 자국 내 보관을 고집했다. 또한 한국형 경수로 채택 문제도 쟁점으로 부상했다.

이들 문제와 함께 한미 양국에서 강경론이 다시 부상하면서 협상의 난항은 길어졌다. 중간선거를 앞둔 클린턴 정부는 북한의 벼랑 끝 전술에 양보한다는 국내적 비난에 직면했고, 경수로사업 비용의 상당 부분을 부담하기로 한 남한에는 북한의 핵 투명성, 인권 문제 등이 제기되면서 강경 여론이 형성되었다. 특히 당시 김영삼 정부는 특별사찰이 확실히 보장될 때 경수로를 제공할 수 있다는 입장을 고수해 북한은 물론 미국 국무부와 마찰을 빚기도 했다. 이는 북한이 한국형 경수로를 거부케 하는 빌미로 작용하면서 협상 지연의 중대한 요인으로 작용했다. 이렇듯 특별사찰 및 한국형 경수로 채택 문제에 대한 남북미 3자 사이의 갈등이 증폭되면서 3단계 2차 회담은 별다른 성과 없이 끝났다.

## 2) **제네바 북미기본합의, 그리고 이후**

3단계 2차 회담이 성과 없이 끝나면서 한미 양국에는 협상 회의론이 부상했다. 그러나 북미 양측은 점차 타협의 길로 들어서고 있었다. 북한은 경수로사업이 보장된다면 특별사찰을 수용할 수 있다는 입장을 피력했고, 미국 역시 과거보다는 미래의 문제에 우선하겠다는 태도를 보였다. 이는 미국이 특별사찰의 시점에 대해 유연한 태도를 취할 수 있다는 것을 의미했다. 일례로 크리스토퍼 국무장관은 3차 회담 바로 직전에 "미국의 우선순위는 (과거보다는) 앞을 내다보는 것이며 북한 핵 개발 프로그램의 진전을 방지하는 것에 있다"[49]는 입장을 밝혔다.

결국 북미 양측은 특별사찰과 경수로 문제를 절충하는 선에서 합의에 도달했다. 절충 내용은 두 문제를 선후관계가 아니라 경수로사업 공기(工期) 중간에 특별사찰을 실시하는 것으로 이뤄졌다. 제네바 북미기본합의문에는 "경수로사업의 상당 부분이 완료될 때, 그러나 주요 핵심 부품의 인도 이전에 북한은 북한 내 모든 핵 물질에 관한 최초 보고서의 정확성과 완전성을 검증하는 것과 관련해 IAEA와의 협의를 거쳐 IAEA가 필요하다고 판단하는 모든 조치를 취하는 것을 포함하여 IAEA 안전조치협정을 완전히 이행한다"[50]고 기술되었다. 이와 함께 제네바 북미기본합의문에는 3단계 1차 회담 때의 합의 사항을 재확인했다. 이로써 길게는 1985년 북한의 NPT 가입 이후, 짧게는 북한의 NPT 탈퇴 이후 숨 가쁘

---

49) *The Korea Herald*, October 18, 1994.

50) 이는 특별사찰 시점에 대한 해석상의 중대한 차이를 남겨둠으로써 부시 정부 출범 이후 북핵 문제 재발의 원인이 되고 말았다.

게 전개되어 온 1차 북핵 위기가 대단원의 막을 내리게 되었다.

제네바 북미기본합의를 통해 북한은 북미관계 개선, 국제사회로의 진출, 안보 불안감 해소뿐만 아니라 경수로를 통한 에너지 문제를 해결할 수 있는 발판을 마련했다. 미국은 1995년 NPT의 무기한 연장 여부를 결정할 검토 회의를 앞두고 북한의 도전을 차단함으로써 NPT 체제를 공고화할 수 있는 기반을 닦았다. NPT 무기한 연장 문제를 앞두고 NPT 회원국이 이 조약에서 탈퇴해 핵무기를 만드는 선례를 남기면, NPT 체제는 총체적인 위기를 맞이할 수밖에 없었기 때문이다. 또한 남한은 북한이 한반도 비핵화 공동선언의 재확인을 통해 농축 및 재처리 시설 보유를 하지 않겠다고 약속함으로써 당시 직면했던 핵 주권 포기 논란을 가라앉힐 수 있었다. 당시 남한 내 일각에는 북한의 핵무장에 대비해 NPT의 금지대상이 아닌 농축 및 재처리 시설을 보유해야 한다는 주장이 있었는데, 제네바 북미기본합의를 통해 이 문제는 일단락될 수 있었다.

그러나 제네바 북미기본합의는 적지 않은 문제점을 노정했다. 제네바 북미기본합의를 통해 클린턴 정부는 북한의 현재 및 미래의 핵은 동결시킬 수 있었으나, 과거의 핵 활동에 대해서는 수년 후에나 규명할 수 있게 되었고, 핵 개발 포기 대가를 지불하겠다고 약속함으로써 '악행을 보상했다'는 미국 내 강경파의 끊임없는 정치 공세에 시달리게 되었다. 북한의 입장에서는 핵 개발 시도 의혹을 통해 미국을 협상 테이블로 끌어내는 데는 성공했지만, 핵 동결과 함께 미국의 관심에서 멀어지고 미국이 합의사항 이행에 미온적으로 나옴으로써 경제·정치적 위기를 해소할 수 있는 토대를 상실하게 되었다. 남한의 입장에서도 협상과정에는 배제된 채 제네바 북미기본합의 이후 경수로 건설비용의 70%를 지불해야 하는 결과를 맞고 말았다. 특히 1994년 7월 8일 김일성 주석 사망 이후 '조문 파동'에서 알 수 있듯이, 김영삼 정부가 대북 강경책을 강화함으로써 남한은 제네바 북미기본합의 이후 남북관계를 주도적으로 발전시킬 수 있는 기회를 잃고 말았다.

정치권력의 교체는 제네바 북미기본합의 이행에 가장 큰 도전으로 다가왔다. 북한은 외부에서 비판하는 것처럼 유일체제의 특성을 갖고 있기 때문에 권력 주체가 바뀌지도 또한 바뀔 가능성도 높지 않다. 반면에 미국은 물론이고 KEDO 사업의 중요 당사자인 남한과 일본은 정기적 선거를 통해 정부와 의회가 바뀐다는 중요한 차이점을 갖고 있다. 이러한 정치권력 교체는 정책의 연속성에서 저해와 촉진의 양면성을 갖게 된다. 미국의 정치권력이 클린턴 정부에서 부시 정부로 이전되면서 제네바 북미기본합의를 비롯한 대북관계가 악화된 것은 권력 교체에 따른 정책의 연속성에서 저해의 측면을 보여 주었고, 남한의 김영삼 정부에서 김대중 정부로의 교체는 정책의 연속성에서 촉진의 측면을 보여 주었다.

실제로 제네바 북미기본합의 이후 급물살을 탈 것으로 보였던 북미관계는 합의 직후 실시된 미국의 중간선거에서 공화당이 상하원을 장악하고 클린턴 정부의 대북 정책에 제동을 걸면서 교착 상태에 빠져들었다. 1994년 11월 실시된 의회 선거에서 뉴트 깅그리치를 앞세운 공화당은 '미국을 위한 계약(Contract for America)'을 선거 슬로건으로 내세우면서 제네바 북미기본합의를 강력히 비판하는 한편 미사일방어체계(MD) 구축의 필요성을 역설했다.[51]

---

51) Matthew Reiss, "Making Enemies: Politics, Profit, and Bush's North Korea Policy," *These Times*, June 8, 2004.

그리고 상하원을 모두 석권한 공화당은 대북 중유 제공 예산 심의를 늦추고 경제제재 완화에 부정적 자세를 취했다. 이에 따라 미국의 대북 경제제재 완화는 동결된 북한 자산 일부 해제, 북한의 미국 은행 시스템 이용 허가, 북한산 마그네사이트 수업 허용, 미국민의 북한 여행자유화 등에 머물렀고, 중유 제공이 제때 이뤄지지 않음으로써 북한과 잦은 마찰을 빚기도 했다. 미국 의회의 정치적 역학관계의 변화가 제네바 북미기본합의를 위태롭게 만들기 시작한 것이다. 그리고 2000년 말 정권 교체는 제네바 북미기본합의가 총체적 위기에 직면할 것이라는 우려를 낳았고, 실제로 그렇게 되었다.

제2장

# 제2차 북핵 위기

## 1. 북미관계의 좌초

사실 미국 공화당의 반대가 위축시킨 면이 있었지만, 클린턴 정부의 대북 정책은 안정성과 일관성을 상당 부분 확보하고 있었다. 북한도 호응했다. 제네바 북미기본합의 한 달 후 IAEA는 북한이 영변과 태천에 시도하던 흑연감속로 건설 등 핵 활동을 중단했음을 공식 확인했다. 1995년 3월에는 경수로사업을 담당할 한반도에너지개발기구(KEDO) 설립 협정이 체결되었고, 1996년 6월에는 한 달 여의 협상을 거쳐 100MWe 경수로 2기를 제공하기로 합의했다. 또한 북한은 1996년 4월 27일부터 IAEA의 감시 하에 8천여 개의 폐연료봉 봉인작업을 개시했다.[1]

1996년까지 북한이 제네바 북미기본합의를 순조로이 이행했다

---

[1] 제네바 북미기본합의 이후 북핵 일지에 대해서는 http://www.armscontrol.org/ factsheets/dprkchron.asp. 참조.

는 사실은 비밀 해제된 미국 문서를 통해 확인된다. 한미일 3자 협의 직후 국무부가 작성한 문서2)는 "제네바 북미기본합의의 핵 관련 부분에서 긍정적인 진전이 있다"며, 그 예로 북한의 폐연료봉 봉인작업 개시를 들었다. 특히 북한이 IAEA 안전조치협정을 준수하지 않고 있다는 남한의 불만에 대해 "전체적으로 북한의 협력은 양호하다"고 지적했다. 다만 남북대화의 부진에 대해 우려를 표명하면서, 그 이유로 북한의 남한 정부에 대한 적대적 태도와 함께 "남한의 국내적 요소도 남북대화의 주요한 장애물"이라고 지적했다.

물론 이 시기에 문제가 없었던 것은 아니다. 우선 IAEA는 제네바 북미기본합의 자체에 불만을 갖고 있었다. 제네바 북미기본합의가 한반도 전쟁을 막고 북한의 핵무기 개발을 차단했다는 점에서 긍정적이지만, 이 합의가 미신고 시설에 대한 IAEA의 최초의 특별사찰을 7년 가까이 연기시켰다는 것이다. 이에 따라 "제네바 북미기본합의는 IAEA의 사찰 권한을 강화시키는 데 거의 아무런 기여도 하지 못했다"3)는 것이 IAEA의 불만이었다. 이는 제네바 북미기본합의에서 미신고 시설에 대한 특별사찰이 경수로사업 공기에 맞춰진 데에 따른 것이다. 이러한 불만을 반영하듯 영변 핵 시설에 상주해 있던 IAEA 감시단은 북한의 과거 핵 활동을 검증하는 데 필요한 작업에 북한이 호응하지 않는다며, 북한과 마찰을 빚기도 했다. 또한 미국 에너지부(DOE)도 폐연료봉 봉인작

---

2) State Department Briefing Paper, Subject: US-Japan-Korea Trilaterals, ca. May 1996. http://www.gwu.edu/~nsarchiv/NSAEBB/NSAEBB164/EBB%20Doc%2011.pdf.

3) 제네바 북미기본합의에 대한 IAEA에 대한 평가는 IAEA, The DPRK's Violation of its NPT Safeguards Agreement with the IAEA, 1997 참조. http://www.gwu.edu/~nsarchiv/NSAEBB/NSAEBB87/nk18.pdf.

업에 북한의 협력이 미진하다며 "대부분의 봉인작업을 미국 기술자들이 하고 있다"[4]고 불만을 토로했다. 북한도 간헐적으로 불만을 나타냈는데, 미국의 중유 제공이 지연되거나 남한 주도의 경수로사업의 미진한 진행 등이 그것들이다. 그러나 미국 정부도 평가했듯이, 제네바 북미기본합의는 원만히 이행되어 갔다.

제네바 북미기본합의 체결 및 원활한 이행에도 불구하고 한반도 정세의 불안은 계속되었다. 소련과 동유럽의 붕괴로 국제적으로 고립되었던 북한이 최악의 식량난 및 경제난에 직면하고 1994년 7월 8일 김일성 주석이 사망하자 국제사회에는 '북한 붕괴론'이 급격히 부상했다. 또한 1차 북핵 위기 및 조문 파동을 거치면서 악화되었던 남북관계도 좀처럼 회복되지 못했다. 이와 관련해 미국 국무부는 최근 비밀 해제된 문서에서 김일성 사망 이후 김영삼 정부가 "김정일 정권은 오래가지 못할 것이라고 판단하고, 북한 정권의 붕괴를 촉진하는 정책을 추구"했고, 이에 맞서 김정일은 "김영삼이 권좌에 있는 한" 남한을 상대하지 않겠다고 결심하면서 남북관계가 후퇴하게 되었다고 분석했다.[5]

---

4) Department of State INR Paper, Subject: DPRK Nuclear Status, December 20, 1996, State Department FOIA release. http://www.gwu.edu/~nsarchiv/NSAEBB/NSAEBB164/EBB%20Doc%2014.pdf.

5) 이 문서는 남북관계에 대한 여러 가지 시사점을 준다. 국무부가 북한이 남한을 정당한 협상 파트너로 인정한 시점은 1980년대라고 평가한 것이나, 김대중 정부 출범 이후 북한이 남북관계 개선에 더 적극적이었으나 남한이 국내적인 이유로 망설였다고 언급한 것이나, 2000년 남북정상회담은 북한의 대남정책의 극적인 변화를 보여 주는 것이 아니라 김일성의 사망 및 김영삼의 대북 강경책에 의해 주춤했던 대남정책이 부활한 것이라고 평가한 것 등이 그것이다. Memorandum, Roy to Secretary of State Albright, Subject: Pyongyang atthe Summit, June 16, 2000, State Department FOIA release. http://www.gwu.edu/~nsarchiv/ NSAEBB/NSAEBB164/EBB%20Doc%2016.pdf.

한동안 안정적이었던 북미관계는 북한의 탄도 미사일 문제로 난관에 빠지게 되었다. 1996년 들어 미국은 북한의 미사일 수출 문제를 집중적으로 제기했다. 북한의 미사일 수출 문제 해결에 진전이 있어야 경제제재 완화가 가능하다는 입장을 정하고 이 문제를 논의하기 위해 북한에게 미사일 회담을 제안했다. 이에 북한은 경제제재 완화는 제네바 북미기본합의에 의한 약속이라며, 미국의 경제제재가 실질적으로 먼저 완화된다면 미사일 회담에 응하겠다는 입장을 전달했다.6) 이로써 북한의 미사일 문제와 미국의 대북 경제제재 해제 문제가 북미관계의 핵심 쟁점으로 부상하게 되었다.

이러한 상황에서 불거진 금창리 핵 시설 의혹과 북한의 광명성 1호(대포동 1호) 발사는 한반도 정세를 가파르게 악화시켰다. 『뉴욕 타임즈』는 1998년 8월 17일 정보소식통을 인용해 북한이 금창리 지하시설에서 비밀리에 핵 개발을 하고 있다고 보도했고, 2주 뒤 북한은 고체연료를 사용한 3단계 로켓을 발사했다. 이는 한동안 잠잠했던 '북한 위협론'을 다시 대두시키는 계기가 되었다. 이는 북한의 탄도 미사일 위협을 제기한 이른바 「럼스펠드 보고서」의 타당성을 강화하면서 공화당 주도의 MD 구상에 탄력을 붙였고, 대북 정책을 둘러싼 미국 내 논란을 가열시켰다.

그러나 1999년 5월 미국 대표단의 금창리 지하 시설 방문 결과, 핵 시설이 아니라 '텅 빈 동굴'로 판명되고, 북미 간의 미사일 협상이 지속되면서 또 한 차례의 위기는 수습되는 방향으로 갔다. 이 과정에서 '햇볕정책'을 내세운 김대중 정부의 적극적 북미관계

---

6) http://www.armscontrol.org/factsheets/dprkchron.asp

중재와 남북화해협력정책은 한반도 평화 프로세스를 본궤도에 올려놓는 데 크게 기여했다. 클린턴 정부 역시 1기 때 국방장관을 지낸 윌리엄 페리를 대북 정책조정관으로 임명했고, 페리는 남한·일본 등 관련국과의 협의를 거쳐 관여정책에 기반을 둔「페리 보고서」를 내놓았다.「페리 보고서」의 골자는 미국이 북한을 "있는 그대로(as it is)" 보고, "미국이 북한에게 위협적일 수 있다는 점을 인정(mutual threat reduction)"하는 가운데 외교를 통해 북한의 핵미사일 문제 해결과 북미관계의 정상화를 포괄적으로 타결하자는 것이었다. 이로부터 부시 정부 출범 이전까지 남북미 3자 관계는 '황금기'를 맞았다. 김대중 정부의 대북화해협력정책과 페리 프로세스가 조화를 이루면서 남북관계와 북미관계, 한미공조가 선순환을 이뤄 한반도 평화 프로세스가 본격화된 것이었다. 그러나 2000년 11월 대선에서 미국적 가치를 힘으로 전 세계에 확산한다는 신보수주의와 MD에 대한 종교적 수준의 신념을 가진 부시 후보가 우여곡절 끝에 승리함으로써 북핵 문제를 비롯한 한반도 정세는 근본적인 변화에 직면하게 되었다.


## 2. 북핵 위기의 재발

### 1) 부시 정부 초기의 대북 강경책

흔히 2차 북핵 위기의 발단과 관련해 대다수 언론과 전문가들은 그 시점을 2002년 10월로 잡고 있다. 그러나 2차 핵 위기의 구조적 환경은 그보다 일찍 형성되었다.

2001년 1월 말 부시 정부가 출범하자마자 북한과 관련해 가장 먼저 취한 조치는 대북 협상의 중단이었다. 전임 정부였던 클린턴 정부의 대북 협상 성과를 일거에 부인하고[7] 그해 3월 워싱턴을 방문한 김대중 대통령의 강력한 요청을 뿌리치면서 북한과의 협상을 중단시켰다. 그 대신에 부시 정부는 북한의 위협을 최대 근거로 내세워 2001년 5월 1일 MD 구축을 선언했다.

미국 안팎으로부터 대북 협상을 재개하라는 압력을 받은 부시 대통령은 2001년 6월 6일 성명을 통해 대북 협상 계획을 발표했다. 그는 "(미국의) 국가안보팀이 북한과 협의할 내용은 핵 동결에 관한 기본합의(제네바 북미기본합의)의 이행을 개선하는 문제를 포함해 미사일 계획의 검증 가능한 제한, 미사일 수출 금지, 재래식 군사력 태세 등이 될 것"이라고 말했다. 즉, 부시 정부는 핵무기와 미사일 등 대량파괴무기는 물론 북한의 재래식 전력까지 의제에 포함시키고자 했다. 특히 "만약 북한이 이에 대해 긍정적으로 응해 적절한 조치를 취한다면 북한 인민을 돕고 대북 제재를 완화하는 한편 기타 정치적인 조치를 취하기 위한 노력을 확대해 나갈 것이다"이라고 밝혀, 북한의 선(先)무장해제, 후(後)북미관계 개선 입장을 분명히 했다. 동시행동에 입각한 일괄타결을 요구했던 북한은 부시 정부의 이러한 제안을 거부했다.

9·11 테러가 발생하자 국내외의 많은 전문가들은 북한이 '테러와의 전쟁'에 적극 협력하면 북미관계 개선의 기회를 잡을 수

---

7) 당시 국무장관이었던 콜린 파월은 클린턴 정부 때의 대북 협상에 "유망한 요소가 있었다"며 대북 관여정책의 계승을 강력히 암시했다. 그러나 이 발언 직후 백악관으로부터 강한 질책을 받았고, 파월은 부적절한 발언이었다고 해명했다. 이 일은 2001년 3월 중순 김대중 대통령의 워싱턴 방문 직전에 있었던 일이다.

있을 것이라고 주장하기도 했다. 9·11 테러의 불똥이 자신에게
튈지도 모른다는 불안감을 갖고 있던 북한은 신속하게 반테러
입장을 밝히고, '테러에 대한 재정지원 금지 국제협약'과 '인질반
대 국제협약'에 가입하고, '폭탄테러 억지를 위한 국제협약' 등
5개 반테러 협약 가입의사를 표명했다. 그러나 부시 정부는 북한
의 이러한 반테러 입장을 "말이 아닌 행동으로 보이라"며 평가절
하했다.

부시 정부는 2001년 12월에 작성된 「핵 태세 검토보고서(NPR)」
를 통해 북한 등 5개의 비핵국가에 대해 핵무기의 선제사용이
가능하다는 새로운 핵전략을 제시했다.[8] 특히 북한을 이라크와
함께 '만성적인 군사적 우려(chronic military concern)'라고 지적하면서
새로운 핵전략의 우선적인 적용대상으로 지목했다. 이는 1995년
NPT의 무기한 연장의 근본 전제였던 비핵국가에 대한 핵무기 사
용 및 사용 위협을 하지 않겠다는 약속을 위반한 것일 뿐만 아니
라, 제네바 북미기본합의의 소극적 안전보장 조항을 무시한 것이
었다. 그리고 잘 알려진 것처럼 2002년 1월 29일에는 북한을 이라
크·이란과 함께 '악의 축'으로 규정하는 연두교서를 발표했고, 그
해 9월에는 미국이 필요하다고 판단할 경우 이른바 '깡패국가들
(rogue states)'에 선제공격을 할 수 있다는 국가안보전략(NSS)을 발표
했다. 이를 위해 개념적으로 "테러리스트와 테러 지원국을 구분
하지 않겠다"며 이들의 위협을 분쇄하는 데 "단독으로 행동하는
것을 주저하지 않고, 필요하다면 선제공격을 통해 자위권을 행사
할 것"[9]이라고 천명했다.

8) 비밀로 분류된 이 보고서 대부분의 내용은 http://www.globalsecurity.org/
   wmd/library/policy/dod/npr.htm에서 볼 수 있다.

## 2) 제네바 북미기본합의의 해석을 둘러싼 갈등

부시 정부가 출범 직후부터 대북 강경책을 전면화하고 제네바 북미기본합의의 개선된 이행을 요구하고 나서자, 제네바 북미기본합의를 둘러싼 북미 간의 갈등도 점차 커졌다. 갈등의 중심축은 1994년 협상 당시 난제였던 북한의 과거 핵 활동에 대한 특별사찰 및 경수로 문제였다. 이와 관련해 콜린 파월 미 국무장관은 2002년 2월 13일 하원 세출위 소위에서 "제네바 북미기본합의에 따라 북한이 IAEA의 핵 사찰을 수용해야 할 시점이 됐는데도 북한이 이를 수용하지 않으면 전체 경수로 프로그램이 중단될 것"이라고 경고했다. 그는 이어 "그럴 경우 북한은 경수로를 통해 기대하는 에너지를 구할 수 없어 절망적 상태에 빠질 것"[10]이라고 말했다. 같은 날 크리스토퍼 콕스(공화), 벤저민 길먼(공화), 에드워드 마키(민주) 의원은 공동 기자회견에서 "북한에 대한 경수로 인도 계획을 취소하라"며 제네바 북미기본합의 자체를 뒤흔드는 요구를 했다. 이들은 "미국의 경수로 지원이 김정일 정권에게 정치적·군사적 힘만 배가시키고 전력난 해소에는 도움이 되지 않는다"[11]고 주장했다.

이보다 앞서 존 볼튼 미 국무부 군축 및 국제안보 차관은 2002년 1월 24일 제네바 군축회의에서 북한이 이라크와 함께 NPT를 위반

---

9) The White House, *The National Security Strategy of The United States of America*, September 2002, pp.5-6.

10) 『중앙일보』, 2002년 2월 15일.

11) Policy Chairman Urges End to Nuclear Subsidies for N. Korea, Washington File, 13 February 2002.

하고 있다고 공개적으로 비난했다.[12] 미국이 국제 군비통제조약을 위반하고 있다며 공개적으로 북한을 비난한 것은 2001년 11월 생물무기금지협약(BWC)에 이어 두 번째였다. 부시 정부가 2002년 들면서 제네바 북미기본합의를 본격적으로 문제 삼겠다는 의지의 표현이기도 했다.

그렇다면 1994년 전쟁 위기를 해소하는 데 기여한 제네바 북미기본합의가 부시 정부 출범 이후 위기의 불씨가 된 이유는 무엇일까? 부시 정부가 북한이 NPT를 위반하고 있다고 주장한 근거는 북한이 1994년 제네바 북미기본합의에 서명한 직후부터 NPT의 의무사항을 준수하지 않고 있다는 데 있었다. 즉, 북한은 IAEA가 북한의 핵 물질과 기술이 어느 정도 수준인지를 판단할 충분한 접근을 허용하지 않고 있다는 것이다. 부시 정부가 이러한 주장의 근거로 내세운 것은 제네바 북미기본합의의 4조이다. 제네바 북미기본합의 4조[13]에 따라 북한은 경수로의 주요 부품이 인도되기 전에 IAEA의 안전협정을 이행할 의무가 있고 이를 확인하기 위해서는 IAEA의 특별사찰이 허용되어야 하지만, 북한이 이를 받아들이지 않았다는 것이다. 그러나 제네바 북미기본합의 4조는 북한

---

12) 볼튼 차관은 이 회의에서 핵 물질 및 기술의 확산이 국제안보의 심각한 위협이 되고 있다며 "북한과 이라크와 같은 국가들은 NPT를 위반하는 행위를 중지해야 하고 IAEA의 활동을 허용해야 한다"고 주장했다. 그는 이어 "이들 국가가 비밀리에 핵무기를 추구할 수 있다고 생각한다면, 미국과 미국의 동맹국들은 그것이 잘못된 것임을 입증시킬 것"이라고 경고했다.

13) 제네바 북미기본합의문의 4조 3항의 전문은 이렇다. "경수로사업의 상당 부분이 완료될 때, 그러나 주요 핵심 부품의 인도 이전에 북한은 북한 내 모든 핵 물질에 관한 최초 보고서의 정확성과 완전성을 검증하는 것과 관련해 IAEA와의 협의를 거쳐 IAEA가 필요하다고 판단되는 모든 조치를 취하는 것을 포함하여 IAEA안전조치협정(INFCIRC/403)을 완전히 이행한다."

이 사찰을 수용할 시점을 '경수로 주요 핵심 부품 인도 이전'과 함께 '경수로사업의 상당 부분이 완료될 때'라고 병기하고 있었다.[14] 경수로사업이 당초 합의문에 명시된 2003년보다 수년이 지연될 것이 확실한 상황에서 부시 정부는 이 부분에 대한 언급을 회피했던 것이다.

부시 정부가 출범 이후 보인, 그리고 2002년 1월 '악의 축' 발언 이후 한층 강화되고 있던 제네바 북미기본합의에 대한 부시 정부의 입장은 북한이 먼저 사찰을 수용하지 않을 경우 경수로사업의 차질은 물론 제네바 북미기본합의가 깨질 수도 있다는 것이었다. 이와 관련해서 볼튼 차관은 2002년 2월 13일 "IAEA의 사찰 활동이 받아들여지지 않을 경우 경수로사업은 제때 이뤄지지 않을 것"이라며, "북한이 제네바 북미기본합의를 준수하면 우리도 준수하겠다"[15]고 밝혔다. 여기서 더 나아가 부시 대통령은 3월 17일, 1994년 제네바 북미기본합의 이후 처음으로 북한이 핵무기 개발을 동결

---

14) KEDO-북한 간의 경수로 공급협정에는 경수로사업의 상당 부분의 완료에 대해 다음과 같이 기술되어 있다. ①경수로사업을 위한 계약의 체결, ②부지 준비 완료, 굴착, 경수로사업 건설지원에 필요한 시설의 완료, ③선정된 부지에 대한 발전소 초기 설계의 완료, ④사업계획과 일정에 규정된 바에 따라 경수로 발전소 1호기의 주요 원자로기기의 사양서 작성 및 제작, ⑤사업계획과 일정에 따른 터빈과 발전기를 포함한 경수로 1호기의 주요 비핵 부품 인도, ⑥사업계획과 일정에 규정된 단계에 부합되는 경수로 1호기 터빈용 건물과 기타 부속건물의 건설, ⑦핵 증기공급 계통의 기기를 설치할 수 있는 단계까지의 경수로 1호기 원자로 건물과 격납 구조물의 건설, ⑧사업공정에 따른 경수로 2호기의 토목공사와 기기 제작 및 인도. 이에 따라 경수로사업이 원활하게 진행된다 하더라도 상당 부분 완료되는 시점은 2005년 중반에야 가능할 것으로 전망되고 있다. 참고로 원자력 핵심 부품으로는 원자로용기, 원자로용기 내부구조물, 제어봉 집합체 및 구동장치, 중성자원, 증기발생기, 원자로 냉각제 펌프, 핵연료 집합체가 있다.

15) Policy Chairman Urges End to Nuclear Subsidies for N. Korea, Washington File, 13 February 2002.

하고 있다는 확인을 의회에 해 주지 않기로 했다고 발표했다. 이 것은 미국 대통령이 북한의 핵 동결을 확인해 주지 않을 경우 미국이 북한의 핵 동결 대가의 하나로 매년 50만 톤의 중유를 제공하기로 한 것이 중단될 수도 있다는 것을 의미한다는 점에서 부시 정부가 제네바 북미기본합의 '무시' 정책을 구체화하고 있다 고 볼 수 있는 대단히 중요한 내용이었다.[16] 중유 제공은 미국의 의무사항 가운데 핵심적인 것으로서, 이를 중단하는 것은 사실상 제네바 북미기본합의를 파기하겠다는 메시지를 북한에 보내는 것과 크게 다르지 않기 때문이다. 정치적 부담을 의식한 부시 정 부는 일단 2002년까지는 중유 제공을 계속한다는 방침을 세웠다. 그러나 나중에 논의하겠지만 부시 정부는 북한이 고농축 우라늄 프로그램 보유를 시인했다고 주장하며 2002년 11월부터 중유 제 공을 중단했다.

부시 정부가 특별사찰을 요구하고 나오자, 북한은 강하게 반발 하면서 전력손실 보상 요구를 들고 나왔다. 북한은 미국의 핵 사 찰 요구에 대해 2002년 1월 30일 외무성 성명을 통해 "핵 문제의 본질은커녕 조미 기본합의문의 내용에 대해서조차 전혀 모르는 자의 망발"이라고 비난하면서, "합의문에 명시된 공동 행동조치 에 따라 우리는 일차적으로 자체의 핵 계획을 동결하고 IAEA의 감시를 허용하고 있는데, 미국이 제공하기로 되어 있는 경수로는 7년이 지난 오늘에 와서도 이제 겨우 기초 굴착 정도에 머물고 있다"며 전력 보상을 요구했다. 또한 북한은 "우리에 대한 사찰 문제부터 들고 나오는 것은 또 다른 불순한 목적을 추구하려 하고

---

16) Judith Miller and David E. Sanger, U.S. to Report North Korea Is Not Meeting A-Pact Terms, The New York Times, March 20, 2002.

있다는 것을 보여 줄 따름이다"[17]며 부시 정부의 의도에 강한 의구심을 드러냈다. 이에 앞선 2001년 11월 28일 성명에서도 미국의 사찰 요구에 반발하면서 "제반 사실은 이제는 대화를 통한 문제 해결의 전망이 사실상 요원해졌다는 것을 보여 주고 있다"며, "이러한 상황에서 우리는 가만히 앉아 있을 수 없으며 부득불 해당한 대응책을 취하지 않을 수 없게 될 것이다"[18]고 반발했다.

이처럼 1994년 제네바 북미기본합의 협상 당시 막판 쟁점이었던 특별사찰과 경수로사업의 선후관계는 7년 만에 또다시 갈등의 중심으로 부상했다. 미국은 북한의 과거 핵 활동의 투명성을 확보하는 데 3년 안팎의 사찰 기간이 필요한 만큼 특별사찰을 요구하고 나섰다. 이에 대해 북한은 경수로사업이 지연되고 있기 때문에 특별사찰을 수용할 수 없고, 오히려 경수로사업 지연에 따른 전력 손실 보상을 요구한 것이다. 이에 따라 제네바 북미기본합의는 총체적 위기에 직면했고, 2002년 10월 HEUP에 대한 갈등으로 인해 폭발하면서 사실상 폐기되고 말았다. 이는 제네바 북미기본합의에 대해 원초적인 불만을 갖고 있었던 공화당이 집권하면서 일정 부분 예견된 일이기도 했다.

### 3) 갈등의 폭발, 2002년 10월의 파국

북한이 북미기본합의와 여타 협정들을 위반하면서 핵무기 개발을 위한 우라늄 농축 프로그램을 보유하고 있다는 사실을 보여 주는 정보를 미국 대표단이 제시하자, 북한 관리들은 북

17) 『조선중앙통신』, 2002년 1월 30일, http://www.kcna.co.jp.
18) 『조선중앙통신』, 2001년 11월 28일, http://www.kcna.co.jp.

한이 그러한 프로그램을 보유하고 있다고 시인(acknowledge)했
다. 북한은 미국을 비난하면서 그들은 북미기본합의가 파기된
것으로 간주한다고 말했다. 켈리 특사는 북한의 핵 프로그램
이 수년간 계속되어 왔다고 지적했다. – 미국 국무부 대변인[19]

　제네바 북미기본합의가 휴지조각으로 변하는 시점에 남한 정
부는 북미 대화 재개를 위해 특사를 북한에 파견했다. 임동원 특
사는 방북하여 북미대화를 권고했으며, 김정일 국방위원장이 잭
프리처드 미 대북교섭담당대사의 방북을 수용했다고 발표했다.
북미관계의 변화가 조심스럽게 예상되었다. 그러나 '제2차 서해
교전'의 발발로 무산된 듯했다. 그러나 북한은 미국의 고위급 특
사 방북 계획 철회(7.2)에도 신속하게 서해교전에 대한 유감을 표
명(7.25)하고, 미국 특사 방북 적극 수용 의지를 표명(7.26)하는 한편,
'경제관리 개선조치' 등 개혁·개방조치의 신빙도를 더해 감으로
써 미국 특사 방북이 재추진되었다. 결국 제임스 켈리 미 국무부
차관보가 평양을 방문하게 되었다.
　강석주 북한 외교부 제1부상 등과 면담 후 귀국한 켈리 차관보
는 남한 정부와 미국 온건파에게 낭보를 가져다주지 않았다. 오히
려 2002년 10월 16일 미국 국무부 대변인이 발표한 내용은 전 세계

---

19) Press Statement, Richard Baucher, Spokesman, Washington, DC, October 16, 2002.
"The U.S. delegation advised the North Koreans that we had recently acquired
information that indicates that North Korea has a program to enrich uranium
for nuclear weapons in violation of the Agreed Framework and other agreements.
North Korean officials acknowledged that they have such a program. The North
Koreans attempted to blame the United States and said that they considered the
Agreed Framework nullified. Assistant Secretary Kelly pointed out that North Korea
had been embarked on this program for several years."

를 경악시키면서 한반도 정세를 위기로 내몰았다. 이른바 '2차 북핵 위기'의 시발점이었고, 국내는 물론 국제사회에서도 북한에 대한 비난이 거세지기 시작했다. 동시에 표면적으로 볼 때 한반도 위기의 책임이 부시 정부에게서 김정일 정권으로 반전되는 계기가 되기도 했다. 만약 미국의 주장처럼 북한이 1990년대 후반부터 비밀리에 HEUP를 이용해 핵무기를 개발해 왔다면, 제네바 북미기본합의 파기 및 한반도 위기 조성에서 북한의 책임이 크다. 그러나 이러한 미국의 주장에는 석연치 않은 부분이 많은 것 또한 사실이다.

어쨌든 부시 정부의 발표 이후 북핵 문제는 북한의 강력한 반발과 맞물려 점차 파국으로 치닫기 시작했다. 미국의 발표 1주일 후 북한은 외무성 대변인 담화를 통해 최초로 공식 입장을 밝혔다. 이 담화를 통해 북한은 크게 세 가지 입장을 밝혔다.

첫째, 제임스 켈리 미국 특사는 아무런 근거자료도 없이 우라늄 농축 의혹을 들고 나와 북한이 제네바 북미기본합의를 위반했다는 주장했다는 것이다. 여기서 주목할 점은 북한의 주장대로 당시 켈리는 북한에게 근거자료를 제시하지 않았고, 북한은 HEUP의 보유 의혹에 대해 명확히 부인하지 않았다는 것이다. 이는 2차 북핵 위기의 발단부터 석연치 않다는 것을 의미한다.

둘째, 제네바 북미기본합의를 어긴 당사자는 미국이고, 특히 부시 정부는 북한을 악의 축으로 규정하고 핵 선제공격 대상에 포함시킴으로써 제네바 북미기본합의와 2000년 북미공동코뮤니케를 완전히 무효화시켰다는 것이다. 이에 따라 북한은 "미국 특사에게 미국의 가중되는 핵 압살 위협에 대처하여 우리가 자주권과 생존권을 지키기 위해 핵무기는 물론 그보다 더한 것도 가지게 되어 있다는 것을 명백히 말해주었다"는 것이다.

끝으로 협상 의지를 밝혔다는 점이다. 북한은 이 담화를 통해 "우리의 자주권과 생존권의 위협을 제거"하는 것이 문제 해결의 기준점이라며, 이를 충족시키는 데는 "협상의 방법도 있을 수 있고 억지력의 방법도 있을 수 있으나 우리는 될수록 전자를 바라고 있다"고 밝혔다. 특히 문제 해결의 조건으로 "미국이 불가침조약을 통해 우리에 대해 핵 불사용을 포함한 불가침을 법적으로 확약"[20]할 것을 요구했다.

이에 대해 미국은 "악행을 보상할 수 없다"며, 우선 북한의 핵 폐기를 요구했다. 미국은 11월 14일 국가안보회의(NSC)를 통해 12월분부터 중유 제공을 중단한다고 발표했고, 부시 대통령은 11월 15일 대북 성명을 통해 "북한의 비밀 핵무기 프로그램이 드러난 지금, 우리는 이 접근(2001년 6월에 발표한 대북 접근)을 추구할 수 없다"[21]며 대북 비타협주의를 분명히 했다. 또한 12월 10일에는 스페인과 함께 예멘으로 향하던 북한의 미사일 수출 선박 '서산호'를 나포했다.

이에 맞서 북한은 12월 12일 외무성 대변인 담화를 통해 동결되어 있던 영변 핵 시설 가동과 중단된 핵 시설의 건설 재개를 선언했다. 북한은 이 담화를 통해 미국이 중유 제공마저 중단함으로써 제네바 북미기본합의는 완전히 포기되었다며, 전력생산에 차질이 생긴 만큼 핵 시설의 재가동이 불가피하다고 주장했다. 아울러 "조선반도에서의 핵 문제를 평화적으로 해결하려는 것은 우리 공화국 정부의 시종일관한 입장이다"며, "우리가 핵 시설들을 다

---

20) 『조선중앙통신』, 2002년 10월 25일. http://www.kcna.co.jp.
21) 『연합뉴스』, 2002년 11월 16일.

시 동결하는 문제는 전적으로 미국에 달려 있다"고 말했다. 또한 문제의 발단이었던 우라늄 농축 의혹과 관련해 "구태여 그에 대해 논평할 필요를 느끼지 않는다"[22]고 밝혀, 이 문제에 대한 모호성을 계속 유지했다.

미국이 계속 협상을 거부하면서 대북 강경 자세를 고수하자, 북한은 12월 31일 영변에 상주해 있던 IAEA 감시단을 추방했고, 미국이 IAEA를 통해 유엔 안보리 회부를 추진하자 북한은 급기야 2003년 1월 10일 조선민주주의인민공화국 정부 명의의 성명을 통해 NPT 탈퇴를 선언했다. 북한은 1993년 3월에도 NPT 탈퇴를 선언한 바 있으나, 그해 6월 북미공동성명과 1994년 10월 제네바 북미 기본합의를 체결함으로써 NPT에 잔류했었다. 북한은 IAEA가 북핵 문제를 유엔 안보리에 회부하겠다는 결의안을 채택한 것에 대해 최후통첩에 해당된다며 두 가지를 결정했다. 하나는 "1993년 6월 11일 조미공동성명에 따라 핵위협 중지와 적대의사 포기를 공약한 의무를 (미국이) 일방적으로 포기"했기 때문에 자동적으로 NPT 탈퇴 효력이 발생하게 되었다는 것이고, 다른 하나는 NPT에서 탈퇴함에 따라 "조약 3조에 따르는 국제원자력기구와의 담보협정(안전조치협정)의 구속에서도 완전히 벗어난다는 것을 선포한다"[23]는 것이다. NPT의 10조 1항은 자국의 최고 이익이 위험에 처할 경우 3개월 전에 유엔 안보리와 다른 회원국들에게 통보하고 이 조약에서 탈퇴할 수 있는 권리를 명시하고 있고, 북한은 현재까지 이 조약에서 탈퇴한 유일한 국가이다.

---

22) 『조선중앙통신』, 2002년 12월 12일. http://www.kcna.co.jp.

23) 『조선중앙통신』, 2003년 1월 10일. http://www.kcna.co.jp.

## 3. '2차 북핵 위기'의 원인 규명과 문제의 재구성

### 1) 석연치 않은 부시 정부의 의도

2002년 10월 대북 특사로 평양을 방문했던 제임스 켈리는 두 가지 방문목적을 가지고 있었다고 말했다. 첫째는 "우리는 비밀 우라늄 농축 프로그램에 대해 알고 있고 그것은 대단히 심각한 문제라는 것을 북한에게 통보하는 것"이었고, 둘째는 "우리가 (북한과) 다양한 문제들에 대해 논의하기 위해 15개월 동안 준비해 온 제안을 협의하기 위해 북한이 우라늄 농축 프로그램을 조용히 폐기할 것을 희망한다는 것을 전달하는 것"24)이었다. 아울러 그는 방북 당시 '확실한 정보'를 가지고 있었으며, "2000년 조명록 차수가 워싱턴을 방문할 당시 이미 명백한 사실"이었다고 주장했다. 그는 나아가 "북한이 이미 2년 동안 고농축 우라늄 생산을 위한 비밀 원심분리 설비를 가동하기 위해 필요한 천 개가 훨씬 넘는

---

24) 켈리 발언의 원문은 "I think the first part of the question was about October 2002 and the answer is it had two functions. The first was to report to the North Koreans that we were aware of their covert uranium enrichment program and that was a serious matter and that we hoped they would quietly dismantle it because it would get in the way of the broad array of topics that we were prepared and had been prepared for some 15 months to discuss with them across a whole variety of areas. On uranium enrichment, intelligence information came up at that time that was quite conclusive and it was retroactive in nature. It was clear that at the time when Vice Marshall Jo Myong Rok was visiting Washington D.C. in 2000, I think, that for a couple of years, North Korea had available to them centrifuges in very substantial numbers way over a thousand with associated equipment that would be necessary to run a covert centrifuge facility for highly enriching uranium."이다. http://www.armscontrol.org/events/20060919 NKPanel transcript.asp.

원심분리기와 그 외 유관 장치를 보유하고 있었다”고 덧붙였다.

그러나 켈리 차관보의 이러한 발언은 상식적으로 납득하기 어렵다. 켈리 특사가 귀국 후 10여 일이 지난 후에야 북한의 시인을 공개한 사실, 그리고 부시 정부의 아미티지 국무부 부장관이 ‘증거’를 일본에 제시했음에도 고이즈미 일본 총리가 방북하여 ‘평양선언’에 서명했다는 사실은 북한의 우라늄 농축 프로그램이 모호하거나 적어도 중대한 단계가 아니라는 사실을 반증한다고 볼 수 있다.

아울러 당시 ‘부시 정부가 왜 특사를 평양에 파견했느냐’는 의문이 있다. 미국이 핵 개발 문제를 확인하기 위해 적성국가에 특사를 파견했다는 것 자체가 생경한 일일뿐만 아니라, 증거를 갖고 있었다면 특사 파견에 앞서 이를 공개하면서 북한을 압박할 수 있었을 것이다. 그러나 북한의 위협을 과장하고 있다고 비난받아 온 부시 정부는 단 한 차례도 고농축 우라늄을 이용해 북한이 비밀리에 핵무기를 개발하고 있다고 공개적으로 말하지 않았다.

이 의문에 대한 해답의 실마리를 찾기 위해서는 미국이 북한에 특사를 파견한 2002년 10월 정세로 되돌아가 볼 필요가 있다. 앞서 언급했듯이, 2002년 부시의 ‘악의 축’ 발언이 있은 뒤 긴장과 이완의 국면을 오갔던 한반도 정세는 2002년 4월 한국 특사의 평양 방문을 계기로 화해협력과 평화라는 큰 방향으로 나아가고 있었다. 북한이 2002년 6월 29일 발생한 서해교전 사태에 대해 유감을 표명한 이후에 2차 남북경제협력추진위원회 개최, 경평 축구대회, 부산 아시안게임 북한 참가, 태권도 시범단 교류 등 교류·협력이 어느 때보다 활발하게 전개되었다. 특히 9월 들어 남북한이 경의선·동해선 철도와 도로 연결 공사를 동시에 착공하고, 이를 전후해 한반도와 중국, 러시아를 잇는 '철의 실크로드' 사업 구상이 본격적으로 추진되면서 한반도가 동북아의 중심 국가로 부상할 것이라는 낙관적인 기대감도 일각에서 일기 시작했다.

2002년은 또한 북한의 생존노력이 집중된 해였다.[25] 북한은 체제유지 문제를 해결하기 위한 내부적 방편으로 임금과 상품가격을 대폭 인상하여 국제적 수준과의 괴리를 완화시키는 등 '경제관리 개선조치'(2002. 7. 1)를 취한데 이어 이를 성공시키기 위한 외부적 방책으로 신의주 특구 설치를 전격 발표(9. 12)했다. '신의주특별행정구 기본법'에 따라 신의주 경제특구는 독자적인 입법권·행정권·사법권을 가지며 자체 여권까지 발급할 수 있는 등 나진·선봉은 물론 중국의 경제특구와 비교해도 파격적이라 평가되었다. 아울러 북한은 이러한 개혁·개방 조치를 통해 자신이 변화하고 있다는 이미지를 부각시킴으로써 교착상태에 있는 북미관계를 개선하고자 하는 의지를 강하게 표현했다고 판단된다.

2002년 9월 17일 북한의 김정일 국방위원장과 일본의 고이즈미 준이치로 총리대신의 역사적 정상회담은 이러한 북한의 '생존을 위한 대결정'이라는 맥락 속에서 이루어졌다. 양 정상은 북일 간의 "불미스런 과거를 청산하고 현안 사항을 해결하며 결실 있는 정치·경제·문화적 관계를 수립하는 것이 쌍방의 기본 이익에 부합되며 지역의 평화와 안정에 크게 기여한다는 인식"하에 "국교정상화를 빠른 시일 안에 실현시키기 위해 모든 노력을 기울이기로 했으며, 조선반도 핵 문제의 포괄적인 해결을 위하여 해당한 모든 국제적 합의들을 준수할 것을 확인했다." 나아가 양측은 "핵

---

25) 박건영, 「북미관계의 전개와 전망, 그리고 한반도 평화와 안정을 위한 한국의 전략」, 『한국과 국제정치』, 20권 1호, 2004.

및 미사일 문제를 포함한 안전보장상의 제반 문제와 관련해 유관국들 사이의 대화를 촉진하여 문제 해결을 도모해야 할 필요성을 확인했고" 북한은 "이 선언의 정신에 따라 미사일 발사의 보류를 2003년 이후 더 연장할 의향을 표명했다."

또 다른 북일관계의 핵심 사안인 과거사 문제에 대해 일본은 "통절한 반성과 마음속으로부터의 사죄의 뜻을 표명"했고, 북한은 "대국적으로 판단"하겠다고 했으며, 북한은 이례적으로 일본인 납치 문제에 대해 유감과 재발방지를 약속함으로써 양 정상이 합의한 북일 수교회담의 재개가, 일본인 납치 문제의 부도덕성과 해소되지 않은 의혹이 일정한 장애로 작용할 가능성이 있었음에도 상대적으로 빠른 시일 내에 결실을 보게 될 것으로 전망되었다.

이와 같이 제2차 세계대전 이후 미국의 외교 그늘에서 좀처럼 벗어나지 못했던 일본이 고이즈미 총리의 평양 방문을 통해 북일 정상회담을 갖고 납치자 문제와 전후 보상 문제 해결의 큰 틀을 잡으면서, 남북관계에 이어 동북아 냉전구조의 또 다른 한 축인 북일 간의 대립구도가 해소될 기미가 보이자 국제사회는 물론이고 미국 내부에서도 북한과의 관계 개선에 나서라는 요구가 높아졌다. 부시 정부로서도 모종의 행동에 나설 수밖에 없게 되었다.

부시 정부로서는 악행을 거듭하는 악의 축의 일부가 처벌받지 않고 회생하는 것을 허용할 수 없었고, 미국 세계전략의 핵심인 동북아의 안보 동학(security dynamics)이 미국 이외의 다른 요소나 주체에 의해 지배되는 것을 차단해야 했고, '종교적 신념'인 미사일 방어체계 구축 계획에 차질이 빚어질 수 있어 이를 막아야 했고, 아울러 국내정치에서 북한과 동북아 정세의 역전 문제로 역공당할 소지를 없애야 했다.

이에 따라 부시 정부는 평양행 비행기에 몸을 실을 켈리의 손에 '고농축 우라늄 카드'를 쥐어 주고 반전(反轉)을 모색하고자 했던 것으로 보인다. 부시 정부로서는 만일 북한이 항복한다면 받아들이고 그에 기초해 새로운 전략의 틀을 준비하겠지만, 그렇지 않을 경우엔 급진전될 수 있는 동북아 질서 재편을 중단시킬 수 있는 명분을 쥘 수 있다고 판단한 것으로 보인다.

실제로 부시 정부는 특사 파견을 통해 한반도와 동북아 정세를 반전시키는데 성공해, 남한과 일본의 대북 접근을 제한하고 MD 구축 등 군비증강의 정당성을 확보하게 되었다. 북한이 비밀리에 핵 개발을 추진했었**다는 의혹 제기는 북한**에 대해서는 물론이고 임기 말에 있었던 **김대중 정부**, **미국의 방문** 취소 종용에도 불구하고 방북을 강행했던 고이즈미 정부에 치명타를 가할 수 있는 일대 사건이었기 때문이다. 켈리의 '북한의 HEUP 보유 시인' 발언은 부시 정부의 단기적 이익을 충분히 충족시켜 준, 말하자면 정권적 차원의 쾌거였다.

## 2) **북한 HEUP의 진위**

제네바 북미기본합의 붕괴를 야기하고 수년간 한반도와 동북아의 안정을 위협해 온 이른바 북한의 HEUP는 존재하는가? HEUP에서 '프로그램'이란 용어는 무엇을 말하는 것인가? 부시 정부는 2002년 당시 HEUP에 대한 명백한 증거를 가지고 있었나? 가지고 있었다면 북한과의 회담 시 제시했었나? 북한의 답은 정확히 어떤 것이었나? 북한은 HEUP를 보유하고 있지 않았다면 왜 한동안 모호한 태도를 취했나? 미국이 증거를 가지고 있다면 4년이 지난 지금까지 왜 공개하지 않는가? 부시 정부가 이라크 공격의 이유로 제시했던 이라크의 대량파괴무기 보유가 사실이 아닌 것으로 판명된 지금 북한의 HEUP 관련 정보나 증거도 같은 선상에서 볼 수 있는가?[26] HEUP(highly enriched uranium program)와 UEP(uranium enrichment program)는 질적으로 다른 프로그램일진대 2002년에 사용하던 HEUP라는 용어는 왜 현재 UEP라는 용어로 대체되었나?

이 많은 질문과 의혹을 지금 다 풀 수는 없다. 물론 북한의 HEUP는 9·19와 2·13이 전진하는 가운데 북미 양측의 체면을 살리면서 정치적으로 해결될 수 있는 문제이다. 그리고 그러한 접근이 유일한 해결책이 될 가능성이 높다. 그러나 문제 해결과 진실 추구는 별개이다. 그리고 현재와 미래의 문제를 방지하거나 해결하기 위해서도 진실의 권력이 행사될 필요가 있다. 아래서는 북한의 HEUP와 관련한 의혹의 범주를 논리적으로 좁혀 나가기로 한다.

이 문제에 체계적으로 접근하기 위해서는 일단 우라늄이 어떻게 농축되는지 알아볼 필요가 있다(<그림 1>, <그림 2> 참조). 북한이 추구하고 있는 것으로 알려져 있는 가스 원심분리기 사용에 관해 초점을 맞추자.

이 같은 배경지식을 가지고 우선 부시 정부가 "증거를 가지고 있었다"는 가설을 논리적으로 검증해 보자. 주지하듯, 부시 정부는 4년여가 지난 현재까지도 북한이 HEUP를 보유하고 있다는 명확한 증거를 제시하지 않고 있다. 미국 일부 관리들은 비공개적으로 이에 대한 이유를 정보원 보호 차원이라고 말하고 있다. 증거를 제시하면 북한이 정보원을 알게 되고 색출할 것이라는 말이다.

---

26) John Barry and Mark Hosenball, "Nukes: Isthe Intel on North Korea as Bas as It Was on Iraq?" *Newsweek*, January 26, 2004.

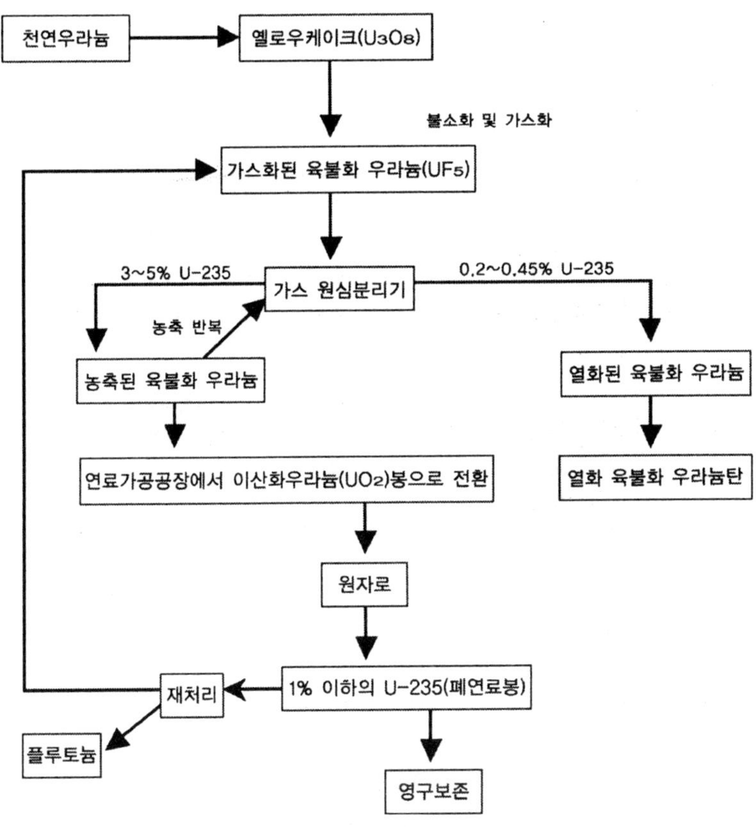



출처: http://web.ead.anl.gov/uranium/guide/prodhand/sld001.cfm.

이는 쉽게 이해되지 않는 이유이다. 북한의 HEUP 보유가 사실이라면 이는 북한 내 최대의 정보일 텐데 북한 통치의 특수성을 고려할 때 극히 소수만이 이를 접할 수 있을 것이다. 그런데 이 소수의 정치 엘리트가 미국에게 이런 정보를 넘긴다는 것은 상식선에서 이해하기 어렵고, 설사 그런 일이 있었다 해도 북한의 내부 정보·사찰 능력을 고려할 때 정보원이 색출되지 않거나 계속

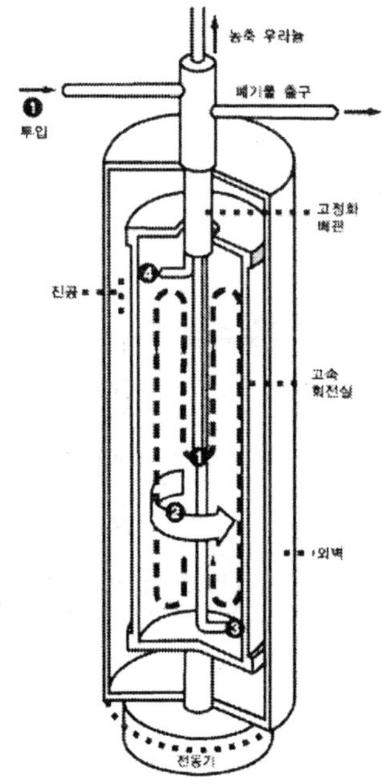


출처: Institute for Science and International Security.

미국의 정보원 역할을 할 수 있을 것으로 보기는 더욱 어렵다.

정보원이 북한의 정치 엘리트가 아니라 북한과 거래하는 외국인일 수 있다. 그리고 이러한 맥락에서 미국은 북한에 대한 정보를 지속적으로 수집하기 위해 정보원의 노출로 이어질 수 있는 증거 공개를 하지 않으려 할 수 있다. 그러나 이 역시 설득력이 부족하다. 핵확산금지와 동북아 안정이 미국의 타협할 수 없는 전략이익이라 할 때, 뒤집어 말해 북한의 핵무기 보유가 수용할 수 없는 전략손실이라 할 때, 향후 북한에 대한 정보를 수집하기 위해 이를 어쩔 수 없는 것으로 받아들인다는 것은 부시 정부가 이익의 경중을 가리지 못하지 않는 한 이해하기 어려운 설명이다.

미국의 다른 관리들이나 전문가들은 미국이 증거를 제시하면 북한이 그 증거에만 상응하는 설명이나 조치를 취할 것이기 때문에 그것을 제외한 나머지 HEUP에 대해서는 영원히 면죄부를 주는 것이나 마찬가지가 될 것이라 지적한다. 따라서 미국이 먼저 증거를 제시하는 것은 현명하지 않다고 주장하고 있다. 이들이 선호하는 것은 소위 '리비아 모델'로서 북한이 HEUP와 관련하여 진실되게 고백하고 미국이 이에 만족하는 경우 관계 개선에 나설 수 있다는 것이다. 이 주장은 미국이 갖고 있다는 증거가 불확정적이고 부분적이라는 것을 반증하고 있다. 즉 북한의 전체 HEUP에 대한 증거는 없고 부분적인 것만 갖고 있으므로 북한이 알아서 전체를 보여 달라는 말이다. 더 연장하면, 2002년 10월 미국이 북한에 알려 준 것은 북한의 HEUP에 관한 상당히 모호하고 부분적인 정보이고, 이것이 결국 북한의 전술·전략과 결합하면서 북미기본합의를 깨뜨린 것이다.

미국이 부분적인 증거를 갖고 있는지 알 수는 없다. 그러나 미국이 부분적인 증거를 가지고 있다는 주장을 신뢰하더라도, 그것은 NPT가 허용하는 수준의 평화적 핵 이용을 위한 우라늄 농축 장비일 수 있다. 물론 북한이 우라늄 농축을 위한 장비를 구득했다면 이는 한반도 비핵화 공동선언의 위반이다. 사실이라면 북한은 마땅히 비판받아야 하고 처벌도 받아야 한다. 그러나 이것이 북미기본합의를 즉각적으로 대책 없이 붕괴시킬 이유는 되지 않는다. 휴전선 남쪽과 북쪽이 정전협정을 위반한 사례는 얼마나 되는가? 평화를 만들어 내고 유지하고자 하는 의지가 문제이다.

미국 내외에서 북한의 HEUP에 대한 증거 미제시가 비판의 대상이 되자 관련 미국 관리들은 보다 적극적으로 이 문제에 대처했다. 예를 들어, 2004년 12월 10일 국무성은 언론 브리핑을 통해 명백하고 설득력 있는 충분한 증거를 확보하고 있다고 주장했다.[27] 그리고 다른 관리는 중국 등 관련국들과 이러한 증거를 공유하고 있다고 말했다. 그러나 중국의 리자오싱 외교부 장관은 2005년 3월 7일 "북한의 HEUP와 관련, 자신이 알고 있는 것은 기자들이 다 알고 있는 것, 다시 말해 기자들보다 더 많이 알고 있지 못하다"[28]라고 언급하며 미국의 주장을 우회적으로 반박했다.

이들 내용을 종합하면, 미국은 증거는 가지고 있는데 공개하거나 다른 나라와 공유하고자 하지 않는다고 할 수 있다. 그 이유 중 하나는 미국이 북한의 HEUP에 대해 가지고 있다는 증거가 제네바 북미기본합의를 깰 만큼 충분하고 확정적이지 않기 때문일 것으로 판단된다. 이를 뒷받침하는 사례가 있다. 2002년 10월 켈리 특사가 북한을 방문하기 직전 한국과 일본 정부는 북한의 HEUP에 대해 미국 고위 관리들에게 브리핑을 받은 적이 있다. 8월 28일에는 볼튼 차관이 한국의 외무부 장관에게,[29] 그리고 아미티지 부장관은 같은 날 고이즈미 수상에게 각각 브리핑했다. 고이즈미 수상은 하루 전인 8월 27일 아미티지 부장관에게 자신의 방북 결정을 통보했었다. 주지하듯, 고이즈미의 방북을 가능케

---

27) The State Department Daily Press Briefing, December 10, 2004.

28) Joseph Kahn, "China Doubts U.S. Data on North Korean Nuclear Work," *New York Times*, March 7, 2005. 기사의 원문 중 해당 부분은, "Concerning whether North Korea already has nuclear weapons or anything about the question of uranium enrichment, I think that here you may know more than I do," Mr. Li said. "Or to put it another way, I definitely don't know any more than you do."이다.

29) 『중앙일보』, 2004년 10월 11일.

한 다나카 히토시 아태국장은 나중에 대북 협상에서 벗어나게
된다. 10월 2일에는 켈리 자신이 한국 정부에 브리핑을 했다. 그러
나 미국의 주요 동맹국인 한국과 일본의 정부 그 어느 쪽도 대북
관여를 중단하지 않았다. 특히 아미티지 부장관의 브리핑을 받고
도 미국 중심의 외교를 펼치던 보수주의 고이즈미 수상이 평양을
방문하고 평양선언에 동의한 것은 당시 미국이 갖고 있던 북한의
HEUP에 대한 정보나 증거가 중대하거나 심각한 수준은 아니었던
것으로 추론된다.

앞서 말했듯이, 부시 정부가 확실한 증거를 갖고 있었다면 굳이
특사를 평양에 보낼 필요가 있었느냐는 의문도 제기된다. 미국이
적대국가의 핵 개발 의혹을 확인하기 위해 특사를 파견한 사례는
없었다. 이라크 공격의 명분 찾기 및 이란의 핵 개발 의혹을 제기
할 때 잘 드러난 것처럼, 미국은 적대국가의 핵 개발 정보를 제시
하면서 공개적으로 압박하는 방식을 취해 왔다. 이러한 맥락에서
볼 때, 만약 부시 정부의 주장처럼 북한의 비밀 HEUP의 존재를
이전부터 알고 있었다면 왜 북한을 '악의 축'으로 규정할 때나,
그 이후 '악의 축' 발언에 대한 비판을 무마하기 위해 왜 이 문제를
언급하지 않았느냐는 의문이 생긴다. 2002년 1월 말 '악의 축' 발언
을 전후해 부시 정부는 북한 핵 문제는 거의 언급하지 않았고,
오히려 북한의 탄도 미사일과 생화학무기 위협을 강조했었다. 그
나마 핵 문제에 대한 언급은 북한이 과거 핵 활동에 대해 사찰을
수용하지 않고 있다는 비난 정도였다.

논리적 추론에서 이제 보다 실증적인 추론으로 좁혀 보자. 2003
년 말에 비밀 해제된 미국 CIA 자료는 북한 HEUP에 대한 명확한
증거를 확보하지 못했다고 보고하고 있다. 이 의회 제출용 CIA

메모에는 다음과 같이 적혀 있다.

> 미국은 북한이 수년 동안 우라늄 농축 활동을 해 오고 있다
> 는 의혹을 가지고 있다. 그러나 우리는 최근까지 북한이 원심
> 분리기 시설의 건설을 시작했다는 것을 보여 주는 명확한 '증
> 거'를 확보하지 못했다.[30]

2005년 2월에 발표된 CIA 보고서에서도 이 같은 평가는 크게 달라지지 않았다. 이 보고서는 "우리는 북한이 A. Q. 칸의 핵 거래 네트워크가 폐쇄되기 이전에 칸으로부터 지원 받은 능력을 바탕으로 우라늄 농축 활동을 계속하고 있다고 믿고 있다"[31]고 밝혔다. 그러나 이 보고서에서도 기대되었던 '증거'는 제시되지 않았다. 다만 칸이 북한에 원심분리기를 제공했다는 간접 증언만 나왔을 뿐이다.

그런데 핵 파문을 몰고 왔던 당사자 중 하나인 제임스 켈리는 이 '북한-파키스탄 연계'에 대해 2002년 당시 북한에 추궁하지 않았다고 말한 바 있다. 켈리는 핵 문제 재발 한 달 후인 2002년 11월 19일 기자회견에서 "북한에 제시한 근거가 북한과 파키스탄 간의 핵 프로그램 거래 내용을 담은 것이냐?"는 한 기자의 질문에 대해 "북한 관리들과 대화할 때 파키스탄이라는 나라는 언급되지 않았다"[32]고 말했다. 이것은 켈리가 북측에 제시한 근거가 북한과

---

30) CIA 메모는 전문은 http://www.gwu.edu/%7Ensarchiv/NSAEBB/NSAEBB87/nk22.pdf에서 볼 수 있다.

31) http://www.cia.gov/cia/public_affairs/speeches/2004/Goss_testimony_02162005.html에서 전문을 볼 수 있다.

파키스탄의 핵 거래 내용을 담은 무역 신용장이었다는, 핵 파문 후의 미국 정부 관리들의 일부 주장과 언론 보도 대부분이 오보였음을 켈리 스스로가 시인한 것일 뿐 아니라, '북한-파키스탄 연계'는 2002년 이후에 알려졌을 가능성을 강하게 암시한다. 문제는 2002년 10월에 없었던 또는 알고 못했던 정보나 증거를 2002년 10월에 존재했던 것처럼 '사후정당화'했던 데 있다.

앞에서 인용한 CIA 메모에서 알 수 있듯이 CIA조차 북한의 비밀 핵 개발은 '증거'가 없는 '의혹' 단계라는 것을 시인했다. 비밀 해제된 CIA 문건이 놀랍고 새로운 것처럼 켈리를 수행하고 통역을 했던 김동현의 증언도 그러하다. 그는 "켈리가 강석주에게 증거를 보여 준 것은 아니다"며, "북한이 시인(admit)했다기보다 접수(acknowledge)했다고 보는 게 더 가깝다"[33]고 설명했다.

문제의 핵심은 시인과 접수가 외교용어로 질적으로 다른 면을 가지고 있다는 데 있다. 역사적 예를 들면 의미가 분명해진다. 1972년 미국 닉슨 대통령은 중국을 방문하여 상하이 공동성명에 동의했다. 이 공동성명에는 "미국은 선언했다. 미국은 대만 해협 양안의 모든 중국인이 하나의 중국만이 존재하고 대만은 중국의 일부라고 주장한다는 것을 접수한다. 미국 정부는 이러한 입장에 대해 도전하지 않는다"[34]는 내용이 있다. 미국은 미국·중국·대만

---

32) http://fpc.state.gov/15308.htm.

33) 『문화일보』, 2005년 7월 5일.

34) President Richard Nixon visited China in February 1972 in the course of which the two countries issued a joint communiqué in Shanghai stating that: "The U.S. side declared: the United States acknowledges that all Chinese on either side of the Taiwan Strait maintain there is but one China and that Taiwan is a part of China. The United States Government does not challenge that position."

간의 관계에 대해 전통적으로 '전략적 모호성(strategic ambiguity)'의 전략을 사용해 왔다. 상하이 공동성명의 내용이 그 진수이다. 즉, 미국은 중국인이 하나의 중국만이 존재하고 대만은 중국의 일부라고 주장하는 것에 대해 이를 접수하고 도전하지 않을 뿐 그것을 미국이 인정한다고 말하지는 않았다는 식의 입장을 취했던 것이다. 누군가 어떤 주장을 했을 때, 싸우기 싫어서 또는 다른 이유로 '알았다'고 하는 것과 동의를 표하는 '맞다'라고 하는 것은 완전히 다른 의미가 될 수 있다. 2002년 10월 16일 리처드 바우처 미국 국무성 대변인의 발언을 정확하게 다시 들어보자.

북한이 북미기본합의와 여타 협정들을 위반하면서 핵무기 개발을 위한 우라늄 농축 프로그램을 보유하고 있다는 사실을 보여 주는 정보를 미국 대표단이 제시하자, 북한 관리들은 북한이 그러한 프로그램을 보유하고 있다고 시인[접수 acknowledge] 했다.

영어론 된 원문을 들여다보자.

The U.S. delegation advised the North Koreans that we had recently acquired information that indicates that North Korea has a program to enrich uranium for nuclear weapons in violation of the Agreed Framework and other agreements. North Korean officials *acknowledged* that they have such a program.(이탤릭체는 강조를 위해 필자들이 표시)

김동현의 증언은 미국이 증거를 제시하고 북한이 결국 이를 시인했다는 당시의 보도가 크게 잘못된 것임을 확인시켜 주고 있다. 결국 김동현이 말하는 것은 미국의 주장에 대해 북한이 접수만 했을 뿐 시인한 것은 아니라는 것이다. 물론 접수와 시인은 다르지만 비슷하다. 그러나 미중관계에서는 양자를 확실히 구별하는 미국의 외교관들이 북한의 HEUP와 관련해서는 그렇게 하지 않았거나 못했다는 것은 이해하기 어렵다. 어쨌든 이렇게 보나 저렇게 보나 결론은 CIA와 켈리의 통역관이 말하듯, 북한의 HEUP는 의혹 수준에서 존재했을 뿐이다. 이것이 제2차 북핵 위기로 표현되는 북미 간 대결을 전면적으로 재평가해야 하는 근거이다. 다시 말하지만, 이로 인해 북미기본합의가 붕괴되었기 때문이다.

이처럼 '북한의 HEUP 보유설'에 대한 부시 정부의 설명이 신뢰성이 떨어지고, 2004년 12월부터 셀릭 해리슨 등 일부 미국 내 전문가들이 강력한 문제제기를 하자 부시 정부는 적극적으로 대응하기 시작했다. 정부 관료들이 직접 설명하는 경우도 있었지만, 대개 『뉴욕 타임즈』 등 언론에 흘리거나 전직 관료들의 해명을 통해 이뤄졌다. 당시 미국 내에서 북한의 HEUP에 대한 논쟁이 가열된 이유는 HEUP의 실체에 대한 모호성과 북핵 문제 해결의 지연에도 있지만, 부시 정부가 이라크 침공 명분을 찾기 위해 대량파괴무기 정보를 조작한 것이 드러난 것도 주효했다. 부시 정부에 대한 비판자들은 이라크와 흡사하게 북핵 정보도 조작·과장되었을 가능성을 제기한 것이고, 이라크 대량파괴무기 정보 조작으로 신뢰가 땅에 떨어진 부시 정부로서는 북핵 정보에 대한 적극적 해명의 필요성을 느끼게 된 것이다.

해리슨 국제정책연구소 선임연구원은 『포린 어페어』지에 기고한 논문에서, 부시 정부는 피상적인 자료에 의존해 최악의 시나리오를 진실인 것처럼 제시했으며 북한의 우라늄 핵 개발 프로그램의 위험을 심각하게 과장했다고 주장했다.[35] 이에 대해 미국 국무부는 "북한이 비밀 우라늄 농축 프로그램을 추진하고 있다는 사실을 1990년대 후반부터 인지하고 있었다"며, "2002년 여름에 강력하고 명백한 증거를 입수했다"며 반박했다. 특히 국무부는 그 증거 가운데 하나로 북한이 우라늄 입출 시스템(uranium feed and withdrawal systems)에 적합한 장비를 구입했다는 것을 처음으로 밝혔다.[36]

해리슨의 주장에 대한 상세한 반론은 로버트 갈루치와 미첼 리스가 『포린 어페어』지에 공동으로 기고한 논문을 통해 이뤄졌다.[37] 갈루치는 클린턴 정부 때 북핵 대사로서 제네바 북미기본합의문에 서명한 바 있고 2000년 9월부터 2005년 2월까지 CIA의 국가안보 자문위원을 역임했다. 리스는 2003년 7월부터 2005년 2월까지 국무부 정책기획국장을 지냈다. 북핵 정보에 밝은 위치에 있었던 사람들이다.

이들은 미국은 1990년대 말에 북한의 우라늄 농축 장비 획득 '시도'를 알게 되었고, 2002년 중반에 "북한이 원심분리기 시설의 물품과 장비를 획득했다는 확실한 증거(clear evidence)를 확보했다"며, "이 시설이 완공되면 매년 2개 이상의 핵무기를 만들 수 있는 농축 우라늄을 확보하게 된다"고 주장했다. 이러한 주장을 뒷받

---

35) Selig S. Harrison, "Did North Korea Cheat?," *Foreign Affairs*, January/February 2005.

36) Daily Press Briefing of State Department, December 10, 2004. http://www.state.gov/r/pa/prs/dpb/2004/39666.htm.

37) Mitchell B. Reiss, Robert Gallucci, "Dead To Rights," *Foreign Affairs*, March/April 2005.

침하기 위해 이들은 크게 두 가지 근거를 제시했다.

첫째는 A. Q. 칸이 북한에 원심분리기 원형과 설계도를 제공했다고 시인했다는 언론 보도이다. 이들은 북한이 2000년 들어 수천 개의 원심분리기를 갖춘 우라늄 농축 시설을 건설하기 위해 대량의 물질을 구매하기로 결정했다며, 이는 북한의 우라늄 농축 단계가 연구개발 수준을 넘어섰다는 것을 보여 준다고 강조했다. 그러나 북한이 대량의 물질을 실제로 구매했는지, 구매했다면 어디에서 했는지를 밝히지는 않았다.

두 번째 근거는 북한이 2003년 4월 독일 회사로부터 22톤의 고강도 알루미늄관을 수입하려다가, 프랑스·독일·이집트 당국에 적발되었다는 것이다. 특히 이들은 북한이 수입하려고 했던 알루미늄관은 유럽의 우라늄 농축 회사인 유렌코(Urenco)의 것과 동일한 것임을 강조하면서, 수입 목적이 원심분리기 제조라고 단정했다. 그러나 갈루치와 리스는 북한이 수입을 시도했다고 하더라도 이를 실패했다는 점은 적시하지 않았다.

미국 국무부와 갈루치·리스 논문에서 공통으로 강조하고 있는 것은 미국 정부가 2002년 중반 북한의 HEUP 보유를 입증할 만한 명백한 증거를 확보했다는 것이다. 그러나 2002년 11월 22일 CIA가 의회에 보낸 메모에는 "우리는 최근까지 북한이 원심분리기 시설의 건설을 시작했다는 것을 보여 주는 명확한 증거를 확보하지 못했다"고 나와 있다. 2002년 미국 CIA 문건과 최근 국무부의 주장 사이에 중대한 불일치가 있다는 것을 확인할 수 있다.

갈루치와 리스는 북한의 우라늄 농축 프로그램이 향후 경수로 가동을 염두에 둔 저농축 우라늄(LEU) 확보를 목적으로 하고 있을 수 있다는 해석에 대해, "한반도 에너지개발기구(KEDO)가 북한이 경수로 연료를 외국에서 확보하는 것을 지원하기로 했기” 때문에 북한이 LEU 생산시설을 갖출 필요가 없다고 지적했다. 이러한 주장은 북한이 우라늄 농축 프로그램을 갖고 있다면 그것은 핵무기 제조용이라는 주장의 근간을 이뤄 왔다. 그러나 1995년 12월 15일 체결된 경수로 공급 협정을 보면, KEDO는 “초기 운전의 안전 확보에 필요한 연료봉을 포함한 각 경수로의 최초 장전용 핵연료를 제공”(제1부속서 10조) 한다고 되어 있다. 이후 경수로 가동용 연료봉 조달과 관련해서 “KEDO는 경수로의 사용 가능한 수명기간 동안 북한이 선호하는 공급자와 상업계약을 통해 협정 제1부속서에 따른 제공분을 제외하고 경수로 연료를 북한이 구득하는 것을 지원한다”(제8조 1항)고 되어 있다. 요약하자면, KEDO는 경수로의 초기 가동용 연료봉은 제공하고 추후에는 북한이 상업계약을 통해 연료봉을 구입하는 것을 지원하기로 한 것이다.

따라서 KEDO가 경수로 가동용 연료봉을 제공하기로 했기 때문에 북한이 자체적으로 LEU가 필요 없다고 단정하는 것은 무리이다. 북한에는 약 400만 톤의 채굴 가능한 우라늄이 있고 핵연료의 안정적 확보를 위해서 자체적으로 LEU 생산시설을 갖고자 하는 동기가 있을 수 있기 때문이다. 물론 북한이 LEU 생산을 위해 우라늄 농축 프로그램을 보유했다면, 이는 우라늄 농축 시설 보유를 금지한 한반도 비핵화 선언을 위반한 것이다. 그러나 이것이 곧 북한이 우라늄 농축 프로그램을 갖고 있다고 해서 핵무기 제조용이라고 단정할 수 있는 근거가 되지 않는다.

북한이 우라늄 농축 프로그램을 갖고 있다는 또 하나의 근거로 거론되어온 것은 “북한이 리비아에 핵 물질을 수출했을 가능성이 대단히 높다”는 미국 언론의 보도이다. 이러한 내용은 2004년 5월

23일과 2005년 2월 2일 『뉴욕 타임즈』를 통해 최초로 보도되었으며, 이 보도는 국내외 언론을 통해 확대 재생산되었다. 첫 보도는 3차 6자회담 직전에 나왔고, 두 번째 보도는 4차 6자회담 개최를 둘러싸고 북미 간의 힘겨루기가 한참 진행될 때 나왔다. 특히 2월 2일의 보도에는 미국 정보기관과 과학자들은 지난 수개월 동안 리비아의 우라늄 프로그램을 조사한 결과 북한이 리비아에 육불화 우라늄을 수출한 것이 거의 확실하다는 결론을 내렸다는 내용을 담고 있다.[38] 이 보도와 때를 같이해 백악관 NSC 아시아 담당 선임 국장인 마이클 그린은 한·중·일을 방문해 북한이 리비아에 핵 물질을 수출했다고 통보하면서 대북 압박을 요구하기도 했다.

그렇다면 북한이 리비아에 육불화 우라늄을 수출했다고 단정할 만큼 미국은 과학적인 근거를 갖고 있을까? 또한 육불화 우라늄을 수출했다고 해서 이것이 곧 북한의 HEUP 보유를 입증할 만한 근거가 될 수 있을까?

<그림 1>에서 보았듯이, 육불화 우라늄(UF6)은 천연 우라늄을 분쇄·정련하고 산화물을 정제해 얻어지는 물질로, 우라늄-235를 3~5%로 농축하면 경수로의 핵연료로 이용되고 90% 이상 농축하면 핵무기 제조 원료로 사용된다. 북한의 평산과 선천 등에는 채굴 가능한 우라늄 약 400만 톤이 매장되어 있고, 평산과 박천에는 우라늄 정련 시설이 있다. 따라서 북한이 육불화 우라늄을 생산할 수 있는 기반은 갖고 있다고 볼 수 있다.

먼저 리비아의 육불화 우라늄이 북한산일 것이라는 미국 정보기관의 분석 결과를 검증해 보자. 미국의 정보기관이 리비아의

---

38) *The New York Times*, February 2, 2005.

우라늄 물질 출처를 밝히기 위해 채택한 분석기법은 '배제법'이다. 이는 리비아의 우라늄 물질을 파키스탄 등 일부 '의심 국가들'의 우라늄 샘플과 비교하면서 성분이 맞지 않은 것을 배제시켜 나가는 방식이다. 그러나 정작 비교 대상에는 북한산 우라늄 샘플이 빠져 있었다. 북한산 우라늄을 확보할 수 없었기 때문이다. 그럼에도 불구하고 미국의 정보기관은 샘플 확보가 가능한 몇몇 의심 국가의 우라늄을 리비아가 실험한 우라늄과 비교한 결과 이들 국가에서 나온 우라늄 물질이 아니기 때문에 북한산일 가능성이 대단히 높다는 결론을 내린 것이다. 이는 미국 정보기관의 분석 결과에 대한 신뢰도가 떨어질 수밖에 없음을 의미한다. 북한산 우라늄 샘플을 가지고 직접 분석한 것이 아닐뿐더러, 우라늄 구성 성분은 같은 광산에서 나온 것들 사이에서도 다를 수 있기 때문이다.[39]

북한이 리비아에 육불화 우라늄을 수출했다고 하더라도, 이것이 곧 북한이 우라늄 농축 시설을 보유하고 있다는 증거가 되지 않는다는 점 역시 중요하다. 육불화 우라늄은 농축 전 단계의 우라늄 물질이지 그 자체가 농축된 우라늄이 아니기 때문이다.

### 3) 발단의 재구성과 경우의 수

물론 이와 같은 설명이 거꾸로 북한에 HEUP가 없다는 것을

---

39) 강정민 핵공학 박사와의 인터뷰, 2005년 3월 11일. Jon Wolfsthal, "No Good Choices—The Implications of a Nuclear North Korea," Testimony to the U.S. House of Representatives International Relations Committee Joint Hearing of the Subcommittees on Asia and the Pacific and on International Terrorism and Nonproliferation, 17 February 2005.

단정할 수 있는 근거가 되지는 않는다. 2002년 10월 핵 파문 이후 북한이 모호성을 유지한 것도 의혹의 확대재생산에 일조했다.[40] 북한은 켈리의 주장이 날조된 것이라고 주장하면서도 정작 의혹의 초점이 맞춰진 HEUP에 대해서는 약 10개월간 철저하게 모호성을 유지했다. 그러나 적어도 앞선 설명을 통해 "미국이 증거 자료를 가지고 북한의 시인을 받아냈다"는 통설은 진실이 아니라는 것이 확인되었고, 북한이 HEUP를 보유하고 있다는 것도 아직 검증되지 않은 '의혹' 단계라는 것을 알 수는 있다.

이와 같이 실체를 확인하기 힘든 북한의 HEUP 문제는 네 가지 가능성으로 압축된다. 첫째는 북한이 실제로 HEUP를 갖고 있으면서, 이를 은폐·부인하고 있다는 것이다. 2004년 초부터 미국 정보기관과 언론을 통해 나오고 있는 A. Q. 칸 박사의 파키스탄 정부를 통한 '간접 진술'과 북한이 독일 회사로부터 고강도 알루미늄관을 수입하려고 했다는 것은 이를 뒷받침하는 '정황 증거'이다. 이는 증거 제시가 이루어지지 않고 있다는 점에서, 그리고 '범죄자' 칸의 진술을 미국이 파키스탄 정부를 통해 건네받아 발표한 것이라는 점에서 진위를 판단하기 어렵다.

둘째는 북한이 결백한데도 미국이 남북·북일관계 개선을 차단하고 '북한 위협론'을 확대재생산하기 위해 조작했을 가능성이다. 이라크의 대량파괴무기 관련 정보가 사실이 아님이 드러났음을 고려할 때 이러한 가능성이 결코 낮다고 할 수 없다.[41]

---

40) 우라늄 농축 문제와 관련해 철저하게 모호성으로 일관했던 북한은 2003년 8월 말 베이징 6자회담에서 이를 공식 부인했다. 이는 HEUP 문제가 불거진 지 10개월 만의 일이다.

41) 일례로 부시 정부는 이라크 침공 직전에 후세인 정권이 HEUP를 이용해 핵무기를 개발하고 있다는 증거로 이라크의 고강도 알루미늄 수입을 제시했

셋째는 북미 양측의 '오해'의 산물일 가능성이다. 이와 관련해 2004년 1월 지그프리드 헤커 로스 알라모스 핵 연구소 선임연구원과 미국 스탠퍼드 대학의 존 루이스 교수 등 5명으로 구성된 방미단은 2002년 10월 당시 북미 간의 대화록을 보고 HEUP 문제는 통역의 오류로 불거진 것 같다고 말했다. 이들은 북한측 대화록에 "우리(북한)는 핵 프로그램을 가지게 되어 있다(We are entitled to have a nuclear program)"고 밝힌 뒤, "이보다 더 강력한 무기도 갖고 있다(We have a weapon more powerful than that)"는 말도 덧붙인 것으로 나타났다고 주장했다. 이러한 북한의 말을 켈리는 "우리는 핵 프로그램을 갖고 있다(We have a nuclear program)"로 잘못 알아들었던지 아니면 그렇게 해석했다는 것이 방미단의 잠정 결론이었다.[42] 이를 뒷받침하듯 2005년 7월 초순 방북해 고위 관리들과 면담한 짐 월쉬 하버드 대학 핵 프로젝트 국장은 "북측은 2002년 10월 제임스 켈리 당시 국무부 차관보가 방북했을 때 자신들의 말을 잘못 알아들었다는 말을 반복하며 HEUP 문제를 부인했다"[43]고 밝혔다.

끝으로 우라늄 농축 프로그램의 수준과 목적을 둘러싸고 북미 간의 해석 차이가 존재할 가능성이다. 즉, 북한이 우라늄 농축에 사용되는 장비나 부품을 구득만 한 상태이거나 또는 연구개발 수준에서 초보적 우라늄 농축 프로그램을 가동한 바 있는데, 이를 미국이 핵무기 제조용으로 판단해 과잉 대응했을 가능성 또는

---

다. 그러나 국무부 대량파괴무기 분석팀은 2002년에 이미 고강도 알루미늄이 포탄 제조용이라고 결론을 내렸으나, 이라크 침공 명분 찾기에 분주했던 백악관과 국방부는 이를 원심분리기 제조용으로 둔갑시켰다.

42) Siegfried Hecker, Senate Testimony on Visit to Yongbyon, January 21, 2004.

43) 『문화일보』, 2005년 7월 20일.

의도적으로 '시인'으로 몰아갔을 가능성도 있다. 북한이 고강도 알루미늄관을 비롯한 원심분리기의 일부 부품과 설계도를 확보했다고 하더라도, 핵무기를 제조할 수 있는 분량의 고농축 우라늄을 추출하기 위해서는 많은 장비와 부품과 기술이 필요하다. 미국의 과학국제안보연구소에 따르면, 원심분리기 부품들을 대량으로 생산하기 위해서는 특수 알루미늄합금, 마라징 강철, 또는 합성 파이버, 특수 오일, 베어링 기술, 자석, 양질의 CNC 다축 기계와 원심분리기 부품들을 위한 검사장비, 니켈 합금 부품과 다량의 알루미늄관을 포함하는 육불화 우라늄 생산을 위한 장비, 양질의 봉인된 진동 밸브와 태양 용접장비, 불소·HF·CIF3과 같은 프리컨디셔닝 약품 등이 최소한 필요하다.[44] 또 북한이 무기급 우라늄 농축을 위해 최소한 필요한 1천 개 이상의 원심분리기를 대량으로 확보했다 하더라도 원심분리 작업, 즉 로터를 급속도로 돌리는 데 필수적인 초고속 엔진을 자체적으로 개발할 능력이 없다는 점을 고려할 때,[45] 북한이 보유하고 있을 것으로 추정될 수 있는 우라늄 농축 프로그램은 기껏해야 R&D 수준을 넘어서지 못했을 것이라는 가정은 타당성을 갖는다. 미국의 중도적 진보적 한반도 문제 전문가들이 작성한 보고서에서도 이와 비슷한 결론을 내린

---

44) (Equipment for production of Uranium Hexaflouride (UF6), including nickel alloy components and large amounts of aluminum tubing; Good quality sealed vacuum valves and heliarc welding equipment; Raw fluorine, HF and preconditioning agent (i.e. CIF3). http://www.isis-online.org/publications/iraq/centindicators.htm.

45) 이와 관련해 핵공학 박사인 강정민은, "미그기 엔진을 전부 수입하는 것으로 알려져 있는 북한이 미그기 엔진보다 회전속도가 2배 이상 빠른 원심분리기를 고강도 알루미늄과 설계도만 있다고 해서 자체 제작할 수 있다고 가정하는 것은 그리 합리적이지 못하다"고 지적했다. 강정민, 「북한 HEUP 검증 아주 쉽거나 어렵거나」, 평화네트워크 월례포럼 발제문, 2004년 2월 17일.

바 있다.[46] 이와 관련해 파키스탄의 무샤라프 대통령은 2006년 9월 말 출간된 자서전에서 칸 박사가 북한에 20개 정도의 원심분리기를 제공했고, 그 가운데에는 신형 원심분리기인 P-2도 포함되어 있는 것으로 보인다고 밝혔다.[47] 부시 정부가 2004년 11월경부터 HEUP에서 H를 뺀 'UEP', 즉 고농축 우라늄 프로그램이라는 용어에서 '고'를 뺀 농축 우라늄 프로그램이라는 용어를 공식적으로 사용하기 시작했다는 사실도 주목할 필요가 있다.

이른바 북한의 HEUP 문제와 관련해서 간과해서는 안 되는 것은 문제가 어떻게 '2차 북핵 위기'로까지 비화되었느냐는 것이다. 이미 앞에는 2002년 10월 초 부시 정부의 대북 특사 파견의 의도와 목적에 여러 가지 의문점이 있을 수 있다는 점을 설명한 바 있다. 그런데 주목할 것은 당시 북한이 제임스 켈리가 제기한 'HEUP를 통한 비밀 핵 개발설'을 강력하게 부인하지 않았다는 점이다.

2002년 10월 3~5일 있었던 북미 간의 특사 회담을 재구성해 보면, 미국 특사에게 잔뜩 기대를 걸었던 북한은 켈리가 비밀 핵 개발설을 들고 나오자 첫날에는 크게 당황하면서 부인했다. 그러나 켈리가 계속 이 문제를 들고 나오자 북한도 핵 카드를 꺼내들

---

46) 셀릭 해리슨의 주도로 작성된 「북핵 해법 보고서」에는 북한이 우라늄 농축 프로그램에 필요한 핵심 부품의 구매를 시도한 확실한 증거는 있지만, 실제로 이 부품으로 원심분리기를 제조했는지, 제조했다면 얼마나 했고 무기급 우라늄을 생산할 단계에 있는지는 불확실하다며, "이와 관련된 모든 증거를 종합해 볼 때 북한이 우라늄 농축 프로그램 확보에 강한 관심을 가지고 있고, 그 프로그램은 실험 수준으로 보인다"고 결론지었다. Selig Harrison et al., "A Proposal by the Task Force on U.S. Korean Policy: Ending the North Korean Nuclear Crisis," December 10, 2004.

47) *The New York Times*, September 26, 2006. 한편 부시 정부의 고위 관리는 이 신문을 통해 무샤라프의 진술은 대단히 중요하다고 강조해, 향후 우라늄 농축 문제를 둘러싼 북미 간의 험난한 설전을 예고하고 있다.

기로 한 것으로 보인다. 북한이 첫날 부인했던 것과는 달리 회담 이틀째에는 미국의 대북 적대정책이 계속되면 "핵무기는 물론이고 이것보다 더한 것도 가지게 되어 있다"고 말한 것은 이를 잘 보여 준다. 이 발언을 두고 미국은 북한이 비밀 핵 개발을 시인했다고 해석했고, 북한은 원칙적이고 논리적인 권리를 밝힌 것이라고 주장했다.

북한이 이처럼 비밀 핵 개발설을 부인하지 않고 이를 '카드화'한 것은 우선적으로 핵 카드를 제외하면 미국을 협상 테이블로 이끌어 낼 마땅한 지렛대가 없다고 판단했기 때문으로 보인다. 생존 전략을 모색하기 위해서는 미국과의 관계 정상화가 절실했던 북한은 부시 정부 출범 이후에도 2000년 10월 조명록 차수의 워싱턴 방문 때 합의한 북미공동코뮤니케[48]을 계승해 협상을 계속할 것을 미국에게 줄곧 요구했었다. 그러나 부시 정부가 이를 거부하면서 '악의 축' 발언, 선제공격 대상에 북한 포함 등 초강경책으로 일관하자, 켈리가 들고 온 핵 카드를 협상용 또는 맞불작전 차원에서 받아 든 것으로 볼 수 있다. 동시에 미국의 적대정책이 계속될 경우 억지력 차원에서 핵무장을 시도할 수 있는 근거도 마련하겠다는 복안도 갖고 있었던 것으로 보인다. '2차 핵 위기'

---

48) 이 공동성명에는 정전체제를 평화체제로 전환하는 데 있어서 4자회담의 중요성 인식, 자주권 존중과 내정 불간섭, 경제 교류·협력의 확대, 제네바 북미기본합의 이행 의지 재확인, 반테러 입장, 북한에 대한 인도주의적 지원, 클린턴 대통령의 방북과 함께 당시 최대 현안이었던 미사일 문제 해결 노력 등이 담겨 있다. 특히 북한이 "쌍방은 조선반도에서 긴장상태를 완화하고 1953년의 정전협정을 공고한 평화보장체제로 바꾸어 조선전쟁을 공식 종식시키는 데서 4자회담 등 여러 가지 방도들이 있다는 데 대하여 견해를 같이했다"고 합의한 것은 이후 한반도 평화협정과 관련해 중대한 의미를 갖는다. 북한은 이전까지 평화협정의 당사자는 북한과 미국이라는 입장을 고수하면서 북미 평화협정을 주장했기 때문이다.

발생 이후 북한의 최초 공식 입장이라고 할 수 있는 2002년 10월 25일 외무성 담화에서 안보 수단으로 "협상의 방법도 있을 수 있고 억지력의 방법도 있을 수 있으나 우리는 될수록 전자를 바라고 있다"고 밝힌 것은 이를 보여 준다 하겠다.

결국 '2차 핵 위기'의 발단은 미국과 북한의 의도 사이의 근본적인 '불일치'에 있었다고 할 수 있다. 다시 말해, 먼저 핵 카드를 꺼내든 미국은 이를 빌미로 삼아 대북한 강경책을 정당화하는 한편,[49] 남북관계 및 북일관계 개선으로 조성되기 시작한 동북아 질서의 급변을 반전시키려 했던 것으로 보인다. 동북아 안보 동학이 미국이 통제할 수 없는 속도나 방향으로 진행되어서는 안 된다는 판단과 국내 정치적·경제적 심리적 이익과 유관한 MD 구축 문제가 게재되어 있었을 것으로 사료된다. 반면에 미국을 협상 테이블로 이끌어 낼 만한 마땅한 수단이 없었던 북한은 미국의 핵 카드를 넘겨받아 이를 미국과의 담판 짓기로 활용하고자 하는 의도를 갖고 있었던 것으로 보인다.


## 4. 북핵 문제와 6자회담

### 1) **의도의 탐색기**: 2003**년 3자회담과 1차 6자회담**

---

49) 이는 국내의 진보진영의 시각만은 아니다. 미국 내에서도 "미국의 일부 관리들이 핵 개발 동결의 대가로 에너지 원조를 제공하는 내용을 담은 지난 1994년 제네바 핵 합의를 무력화시키기 위해 북한의 우라늄 개발 프로그램을 과장했을 수도 있다"는 주장이 제기되어 온 것이다. *USA Today*, November 5, 2003.

2003년 들어 미국의 대북한 비타협주의와 북한의 핵 시위 강화로 한반도 정세는 예측불허로 흐르고 있었다. 미국은 "대화는 하되 협상은 없다"며 북한이 먼저 핵을 포기할 것을 요구했고, 북한은 선 핵 포기란 있을 수 없다며 핵 시위 강화로 맞섰다. 이러한 상황에서 2~3월 들어 미국 내에는 핵 시설에 대한 북폭론이 거론되기 시작했고, 북한이 폐연료봉 재처리에 돌입했다는 소식도 나왔다. 이를 반영하듯 북한은 4월 18일 외무성 대변인 담화를 통해 "우리가 이미 선포한 바와 같이 지난해 12월부터 핵 활동을 재개한 데 따라, 그리고 지난 3월 초 미국을 비롯한 유관국들에 중간통보를 해 준 바대로 이제는 8천여 개의 폐연료봉들에 대한 재처리 작업까지 마지막 단계에서 성과적으로 진행되고 있다"[50]고 밝혔다. 북한이 8천여 개의 폐연료봉을 재처리하면 5~6개의 핵무기를 만들 수 있는 플루토늄을 확보하게 되기 때문에, 이 사안은 심각하게 받아들여졌다. 이에 따라 미국 내에는 체니 부통령과 럼스펠드 국방장관을 중심으로 '회담 무용론'이 강하게 제기돼, 4월 23일로 예정된 3자회담이 위기에 빠지기도 했다.[51]

이처럼 2002년 10월 이후 파국으로 치닫던 북미 갈등은 2003년 4월 23일 베이징에서 열린 북미중 3자회담을 계기로 '협상과 대결'이 혼재된 국면으로 전환하게 된다. 3자회담이 성사된 배경에는 중국이 미국의 이라크 침공 및 바그다드의 신속한 점령, 북한 전투기와 미국 정찰기의 충돌 위험 등을 목도하면서 한반도 급변사태에 대해 심각하게 우려한 결과라 할 수 있다. 아울러 이라크에 우선적으로 집중하고자 한반도의 현상유지를 선호했던 부시 정

---

50) 『연합뉴스』, 2003년 4월 19일.

51) *Washington Post*, April 20, 2003.

부의 의도도 반영되어 있었던 것으로 보인다. 그러나 중국의 중재 하에 열린 3자회담은 북미 양측의 입장 차이만 확인하고 끝났다. 미국은 "완전하고 검증 가능하고 돌이킬 수 없는 방식으로(CVID: Complete, Verifiable, and Irreversible Dismantlement) 북한이 먼저 핵 프로그램을 폐기해야만 협상할 수 있다"는 기존 원칙을 고수했고, 북한은 이를 거부하면서 "우리는 이미 핵무기를 갖고 있고 이를 폐기할 수 없다. 우리가 물리적인 증명을 할지 양도를 할지 여부는 당신들에게 달려 있다"[52]고 말했다.

이처럼 북미 간의 근본적 입장 차이로 위기에 빠졌던 3자회담은 한국·일본·러시아가 참여하는 6자회담으로 확대되면서 새로운 국면에 접어들게 되었다. 2003년 7월 들어 미국은 관련국이 참여하는 다자회담을 제안하면서 "다자회담에서 북한의 안전보장 문제를 논의할 수 있다"[53]는 입장을 밝혔다. 그러나 북한은 북미 간의 대화가 우선이라며, 북미 대화를 가진 다음에 다자회담에 응할 수 있다는 입장을 피력했다. 또한 일본의 참여 문제가 논란거리가 되기도 했지만, 미국이 일본의 참여를 고수하고 러시아도 참여의사를 밝힘에 따라 다자회담은 '6자'로 확정되었다. 이에 따라 2003년 8월 27부터 29일까지 베이징 1차 6자회담이 열리게 되었다.

북한은 이전까지 북미 직접대화를 요구했다는 점에서, 당시 북한이 6자회담을 수용한 것은 일정한 태도 변화로 볼 수 있다. 북한은 핵 문제의 재발 원인이 미국의 적대정책에 있고, 북한의 핵 포기에 대한 상응조치도 미국만이 해 줄 수 있다는 점에서 북미

---

52) 『오마이뉴스』, 2003년 4월 25일.
53) 『연합뉴스』, 2003년 7월 8일.

직접대화를 선호했었다. 그러나 부시 정부는 북미 직접대화의 산물인 제네바 북미기본합의를 북한이 위반해 양자 대화는 더 이상 의미가 없고, 북핵 문제는 국제사회가 공히 우려하는 문제이기 때문에 다자간 접근을 일관되게 주장했다. 일방주의 성향을 보였던 부시 정부가 이처럼 북핵 문제와 관련해서 다자회담을 선호한 데에는, '북한 대 국제사회'라는 대립구도를 구축함으로써 다자간 압박 구도를 형성하는 한편, 협상 타결 시 미국의 비용 부담을 최소화하고자 하는 의도가 깔려 있었던 것으로 보인다.

1차 6자회담 이전까지 원칙적인 입장을 고수했던 북한은 1차 회담이 열리자 타협안을 제시했다. 6자회담 수석대표인 김영일 외무성 부상은 기조발언을 통해 "조선반도의 비핵화는 우리의 최종적 목표"라는 점을 거듭 강조하면서 이를 위해서는 "미국이 대조선 적대시 정책을 근원적으로 바꾸어야 한다"고 요구했다. 그는 "미국이 우리를 적대시하지 않는다는 판단의 기준은 조미 사이에 불가침조약이 체결되고 조미 외교관계가 수립되며 미국이 우리와 다른 나라들 사이의 경제거래를 방해하지 않는 때로 볼 수 있다"고 말했다.

아울러 북한은 이 회담에서 일괄타결 도식과 동시행동순서를 밝혔다. 일괄타결 도식은 앞서 밝힌 북미 불가침 조약 체결, 북미 외교관계 수립, 북일·남북 경제협력 실현 담보와 함께 경수로사업 지연에 따른 전력손실 보상과 경수로 완공을 미국이 하고, 이에 대해 북한은 "핵무기를 만들지 않고 그에 대한 사찰을 허용하며 핵 시설을 궁극적으로 해체하며, 미사일 시험발사를 보류하고 수출을 중지하는 것"[54]을 제시했다.

이와 같은 일괄타결의 맥락 하에 짠 동시행동순서는 "미국이 중유 제공을 재개하고 인도주의 식량 지원을 대폭 확대하는 동시에 조선은 핵 계획 포기의사를 선포하고, 미국이 불가침조약을 체결하고 전력 손실을 보상하는 시점에서 조선은 핵 시설과 핵 물질 동결 및 감시사찰을 허용하며, 조미·조일 외교관계가 수립되는 동시에 조선은 미사일 문제를 타결하며, 경수로가 완공되는 시점에서 조선은 핵 시설을 해체하는 것"으로 제시되었다. 아울러 '말 대 말' 공약 차원에서 "미국이 대조선 적대시 정책 포기의사를 밝히면 우리도 핵 계획 포기의사를 밝힐 수 있다"고 말했다.

김영일 부상은 기조연설을 통해 우라늄 농축 프로그램 보유를 최초로 공식 부인했다. 부시 정부가 북한이 HEUP를 이용해 비밀 핵 개발을 하고 있다고 발표한 이후, 최초의 북한의 공식 입장은 2002년 10월 25일 외무성 대변인 담화였는데 북한은 이 문제에 대해 모호한 입장을 나타냈었다. 당시 북한은 미국 특사가 "아무런 근거자료도 없이 우리가 핵무기 제조를 목적으로 농축 우라늄 계획을 추진하여 조미기본합의문을 위반하고 있다"고 말했는데, 이를 "적반하장격의 강도적 논리"라고 비난하면서도 우라늄 농축 프로그램의 존재 여부에 대해서는 '직접적으로 명백히' 부인하지 않았다. 오히려 미국의 제네바 북미기본합의 불이행과 대북 적대 정책을 조목조목 지적하면서 "미국의 가중되는 핵 압살 위협에 대처하여 우리가 자주권과 생존권을 지키기 위해 핵무기는 물론 그보다 더한 것도 가지게 되어 있다는 것을 명백히 말해 주었다"[55]고 밝혔다. 이는 북한이 우라늄 농축 문제에 대해 확인도 부인도 하지 않으면서(NCND) 이 문제를 협상의 지렛대로 삼고자

---

54) 『조선중앙통신』, 2003년 8월 29일. http://www.kcna.co.jp.
55) 『조선중앙통신』, 2002년 10월 25일. http://www.kcna.co.jp.

했다는 해석을 낳게 했던 부분이다.

그러나 북한은 1차 6자회담에서 미국이 "우리가 비밀 핵 계획을 인정했다고 사실을 오도"하고 있다며, "우리는 그 어떤 비밀 핵 계획도 없다는 것을 명백히" 하고자 했다. 북한이 공식적으로 명백히 우라늄 농축 프로그램의 존재를 부인한 것은 이때가 처음이다. 부연하건대, 이는 2002년 10월 '핵 파문' 발생 이후 10개월 만의 일로써, 북한이 우라늄 농축 문제에 대해 전략적 모호성을 유지하다가 협상 국면이 열리자 이를 공식 부인함으로써 유리한 협상 고지를 점하고자 했던 것으로 보인다.

그러나 미국은 1차 6자회담에서 북한의 제안을 거부했다. 1차 회담에 앞서 부시 정부는 "북한이 먼저 핵 프로그램을 완전하고 검증 가능하며 돌이킬 수 없는 방법으로 폐기하기 전에 북한에 어떤 양보도 제공하지 않기로"[56] 입장을 정리한 바 있다. 이에 따라 1차 6자회담도 북미 양측의 근본적인 입장 차이만 확인하고 끝나고 말았다. 그러나 이 과정에서 북한이 제안한 불가침조약이 핵심적 쟁점으로 부상하게 된다. 그리고 10월 하순 들어 이 문제에 대한 접점이 형성되기 시작했다.

콜린 파월 국무장관은 여러 차례에 걸쳐 문서화된 형태의 대북 안전보장을 제공할 의사가 있다고 말했고, 10월 22일 부시 대통령은 이 문서에 서명할 용의가 있다고 밝혔다. 이에 호응하듯 북한도 불가침조약 대신 부시 대통령이 언급한 다자간 서면 안전보장안의 수용을 고려할 수 있다는 입장을 보이기 시작했다. 북한은 10월 27일 외무성 대변인 담화를 통해 "(부시 대통령이 언급한 다자

---

56) *The New York Times*, August 27, 2003.

간 서면 안전보장이) 우리와 공존하려는 의도에서 나온 것이고 동
시행동 원칙에 기초한 일괄타결안을 실현하는데 긍정적인 작용
을 하는 것이라면 그것을 고려할 용의가 있다"며, 사실상 불가침
조약 체결 입장을 철회했다.[57] 이후 북한은 불가침조약을 언급하
지 않았다. 아울러 북한은 10월 30일 2차 6자회담에 참가할 의사를
밝혔다.

북한은 2차 6자회담이 모색되었던 2003년 12월 9일에 '첫 단계
동시행동'을 제안하기도 했다. 북한이 제안한 '첫 단계 행동조치'
는 "우리가 핵 활동을 동결하는 대신 미국의 테러 지원국 명단
해제, 정치·경제·군사적 제재와 봉쇄 철회, 미국과 주변국의 중유·
전력 등 에너지 지원과 같은 대응조치가 취해져야 한다"는 내용
을 담고 있다. 특히 핵 동결 조치와 관련해 "핵무기를 더 만들지
않으며 시험도 하지 않고 이전도 하지 않으며 평화적 핵 동력
공업까지 멈춰 세우는 동결조치"라고 설명하면서 이를 "또 하나
의 대담한 양보"[58]라고 주장했다. 특히 2003년 12월 14일에는 "이
제라도 미국이 우리의 동시일괄타결안을 전면적으로 받아들인다
면 미국이 바라는 핵 완전 철폐로 대답할 준비가 되어 있다"고
말해, 완전 핵 폐기도 수용할 수 있다는 입장을 밝히기도 했다.[59]

이와 비슷한 시기에 이른바 'CVID'를 고수했던 부시 정부의 입
장에도 미묘한 변화가 나타났다. 북한이 먼저 핵 포기 입장을 밝
혀야 다자간 안전보장 제공이 가능하다는 입장을 보였던 부시
정부는 남한 및 중국의 요구에 직면해 '상호 조율된 조치(coordinated

---

57) 『조선중앙통신』, 2003년 10월 27일. http://www.kcna.co.jp.
58) 『연합뉴스』, 2003년 12월 10일.
59) 『연합뉴스』, 2003년 12월 15일.

steps)'를 취할 수 있다고 밝혔다.[60] 그러나 이는 북한이 요구한 동시조치(simultaneous steps)와는 차이가 있었다. 즉, 북한은 핵 포기를 선언하는 것과 '동시에' 미국이 안전보장을 해야 한다는 입장이지만, 미국은 이에 대해 '모호한' 태도를 고수한 것이다.[61] 아울러 12월 9일 원자바오 중국 총리와 회담을 가진 부시 대통령은 "미국의 목표는 핵 프로그램의 동결을 위한 것이 아니다"면서 "목표는 핵무기 프로그램을 검증할 수 있고 돌이킬 수 없는 방식으로 폐기하는 것"이라며 북한이 제안한 '첫 단계 동시행동 조치'를 거부했다.[62] 특히 이 시기에 리비아가 WMD를 포기한다고 선언하고 나오자 부시 정부는 북한도 리비아를 따를 것을 요구하고 나섰다.

### 2) 희미한 협상의 접점: 2004년 2차·3차 6자회담

이른바 미국의 'CVID'와 북한의 '동시행동'이 충돌하면서 악화 일로를 걷던 북핵 문제는 2004년 들어서도 교착상태에서 벗어나지 못했다. 파국을 우려한 남한과 중국의 적극적 중재와 조율로 두 차례의 6자회담이 열렸지만, 북미 양측의 입장 차이는 쉽게 좁혀지지 않았다. 이라크 저항세력의 반격으로 이라크에 발목이 잡힌 부시 정부는 강온파의 갈등 속에 대선을 의식한 '현상 관리'에 무게 중심을 두고 있었고, 북한은 나름대로 협상안을 내놓으면서 타협을 모색했지만 'CVID'에 막히자 핵 시위를 강화했다. 아울러 북한은 2004년 11월로 예정된 미국 대선에서 부시 대통령의

---

60) *The New York Times*, December 8, 2003.

61) *Washington Post*, December 8, 2003.

62) 『연합뉴스』, 2003년 12월 10일.

낙선도 기대했던 것으로 보인다.

2차 회담을 앞두고 부시 정부는 강온파 의견을 반영해 북핵 문제에 대한 입장을 정리했다. 대체적인 방향은 북한 핵 프로그램은 동결이 아니라 '완전하고 검증가능하며 돌이킬 수 없는 방식으로의 폐기(CVID)'이고, 폐기 대상에는 최대 이슈로 부각되고 있는 HEUP도 포함되어야 하며, 북한이 제한한 동결은 논의할 수 있지만 동결에 대해 보상해 줄 수 없고, 에너지 등 경제지원은 핵 폐기가 본격적으로 시작되었을 때 고려해 볼 수 있다는 것으로 모아졌다. 이러한 입장을 바탕으로 미국은 3단계 해법을 마련했다. 1단계는 북한의 CVID로의 핵 폐기 공약과 미국의 다자간 안전보장 공약을 연계하고, 2단계로 북한의 핵 폐기가 본격적으로 이행되면 에너지를 제공하고 테러 지원국에서 해제하며, 3단계로 북핵 폐기가 완료되는 맥락에서 새로운 북미관계에 대한 논의를 시작하는 것으로 짜여졌다.[63] 이는 북한이 제안한 '동시행동 원칙'과는 상당한 거리가 있었다.

예상했던 대로 2차 회담이 재개되자 북미 양측은 문제의 발단이 되었던 HEUP 문제를 둘러싸고 대립했다. 북한은 HEUP 존재를 부인하면서도 미국과의 양자 접촉에서 이를 논의할 수 있다고 밝혔으나, 미국은 핵 폐기 대상에 HEUP도 포함되어야 한다는 원칙적인 입장을 고수했다. 또한 북한의 핵 포기 표현과 관련해 북한은 '평화적 핵 활동을 제외한 핵무기 계획 폐기'를, 미국은 이른바 'CVID'를 고수했다. 미국은 북한이 말한 '평화적 핵 활동을 제외한'을 핵 폐기 과정을 군사적 목적과 비군사적 목적으로 세분화

---

63) *Washington Post*, February 20, 2004.

해 더 많은 보상을 따내려는 협상전략으로 받아들여 이를 거부했다. 반면에 북한은 CVID를 수용할 경우 자신의 핵 주권까지 완전제거될 수 있다는 판단으로 거부했다.[64] 이에 대해 한국, 중국, 러시아 등은 CVID 가운데 '완전한(complete)'이라는 용어 대신 '모든(all)' 혹은 '포괄적인(comprehensive)' 등 북한을 덜 자극하는 표현으로 우회할 것을 권유했으나 받아들여지지 않았다.

그러나 2차 회담에서 전혀 성과가 없었던 것은 아니다. 중국 대표가 발표한 의장성명에는 6자회담의 유용성 확인, 한반도 비핵화와 핵 문제의 평화적 해결 의지 표명, 평화공존 의지 표명과 핵 문제 및 관련된 관심사를 다루는 데 있어서 상호 조율된 조치로의 접근, 6월 이내에 3차 회담 개최 및 워킹그룹 구성 등이 담겨졌다. 이는 대화의 모멘텀이 유지되었다는 것을 의미한다. 이에 따라 5월 중순이 1차 워킹그룹 회의가 열렸지만 '평화적 핵 활동'을 둘러싼 논란으로 이렇다 할 성과 없이 끝나고 말았다. 다만 6월 중으로 3차 회담을 재개한다는 것이 성과라면 성과라고 할 수 있었다.

미국과의 타협을 모색하던 북한은 미국이 'CVID'를 고수하자, 2004년 3월 10일 외무성 대변인 담화를 통해 강력히 반발했다. 북한은 이 담화에서 미국은 'CVID'를 집중적으로 거론하면서 "미국측은 애당초 협상하려는 자세가 아니었다"고 평가했다. 북한은 이처럼 미국의 협상 의지에 강한 의구심을 표하면서 "6자회담은 문제 해결을 위한 협상 장소가 아니라 시간 보내기 장소로 되었다"며, "시간을 끄는 것은 우리에게 나쁠 것이 없다"고 맞섰다.

---

64) '평화적 핵 활동'을 둘러싼 북미간의 이견은 이후 경수로 문제로 구체화된다.

아울러 "'우라늄 농축 계획'에 대해서도 반드시 언급하지 않을 수 없다"며, 우라늄 농축 프로그램이 없을 뿐더러 미국에게 이 프로그램의 존재를 인정한 적도 없다고 주장했다.[65]

그러나 6월 23일부터 26일까지 열린 3차 회담에서 미묘한, 그러나 의미 있는 변화가 나타나기 시작했다. 미국은 우선 말싸움의 진원이었던 'CVID'라는 표현을 사용하지 않았다. 이전까지 부시 정부는 이를 북핵 문제 해결의 기본 원칙으로 삼아 왔고, 북한은 이에 대해 패전국에게나 적용되는 표현이라며 수용을 거부했었다. 그러나 3차 회담에는 이러한 논쟁이 재연되지 않았다.

또한 미국은 이 회담에서 두 단계로 이뤄진 구체적 협상안을 제시했다. 미국이 구체적 제안을 내놓은 것은 이 회담이 사실상 처음이었다. 첫 단계는 3개월간의 '핵 폐기를 위한 준비단계'에 필요한 북한의 조치로 ①모든 핵 프로그램 폐기 약속, ②모든 핵 프로그램의 신고, ③핵 시설과 물질에 대한 운용 중단 및 봉인, ④핵무기 및 부품의 사용 불능 조치, ⑤국제 사찰 및 감시 수용 등이다. 이에 대한 미국의 상응조치는 ①미국을 제외한 남한, 중국, 러시아, 일본의 대북 중유 제공, ②잠정적 다자 안전보장 제공, ③북한 에너지 수요 및 비원자력 프로그램을 통한 수요 충족 방안 연구, ④ 테러 지원국 명단 삭제 및 경제제재 해제 문제 협의 개시, ⑤북한의 핵 관련 과학자·기술자 재교육 및 핵 폐기 과정에서의 기술적·재정적 지원 등으로 구성되어 있다. 두 번째 단계는 '핵 폐기 단계'로 북한의 모든 핵 프로그램의 폐기가 완료되면 미국은 북한에게 항구적 안전보장을 제공하고 관계 정상화 및 경제협력

---

65) 『조선중앙통신』, 2004년 3월 10일. http://www.kcna.co.jp.

장애를 해소한다는 것이다. 여전히 북한의 제안과는 큰 차이가 있었지만, 미국이 CVID라는 표현을 사용하지 않으면서 '핵 폐기 준비단계'를 상정하고 구체적 제안을 내놓았다는 것은 진일보한 측면이 있었다.

정치적인 분위기도 개선되었다. 3차 회담 직후인 7월 2일에는 콜린 파월 국무장관이 백남순 북한 외무성을 만나 대북 공격 의사가 없다는 것을 재확인하고는, "이념과 체제가 다르더라도 중요한 분야에서 협조가 가능하다"고 말했다. 이는 부시 정부가 악의 축으로 규정하고 여러 차례에 걸쳐 정권 교체의 대상으로 언급해 온 북한과의 '공존'을 시사한 것이었다. 또한 7월 9일 한국을 방문한 콘돌리자 라이스 백악관 대통령 안보보좌관은 "북한이 핵 프로그램을 폐기하면 얼마나 많은 것이 가능할지 깜짝 놀라게 될 것이다"[66]라고 말했다.

그러자 북한도 강경 자세를 누그러뜨렸다. 북한은 6월 28일 외무성 대변인 담화에서 "우리가 내놓은 '말 대 말', '행동 대 행동' 원칙에 기초한 동시행동 조치를 취할 데 대하여서와 '동결 대 보상' 문제를 기본으로 토의할 데 대한 합의가 이룩된 것은 이번 회담이 이룩한 하나의 긍정적인 진전으로 된다"고 평가했다. 특히 미국이 3차 회담에서 'CVID'라는 표현을 사용하지 않은 것에 대해 주목했다.[67] 그러나 미국이 핵 폐기 준비기간으로 3개월을

---

66) 『연합뉴스』, 2004년 7월 10일.

67) 실제로 3차 6자회담 의장 성명을 보면, "참가국들은 핵 문제의 평화적 해결을 위하여 '말 대 말'과 '행동 대 행동'의 단계적인 과정에 대한 필요성을 강조"하면서, "참가국들은 공통의 기반을 확대하고 기존 차이점을 줄여 나가기 위해 추가 토의가 필요하다"고 나와 있다. 이는 3차 회담에서 문제 해결의 공통분모를 발견하기 시작했다는 것을 의미한다.

제시한 것을 "매우 비과학적이고 비현실적인 억지주장"이라며, "구태여 기간에 대해 말한다면 그것은 (북한의) 보상요구를 (미국이) 어떻게 충족시키는가에 따라 좌우되는 것이다"라고 밝혔다. 동시행동 원칙에 따라 적절한 보상이 충족되지 않으면 일방적인 핵 동결은 있을 수 없고, 동결 기간 역시 현실에 맞게 조정되어야 한다는 것이었다.

이처럼 어렵게 문제 해결의 접점을 찾기 시작한 북한과 미국은 2004년 7월 중순 들어 다시 대결 국면으로 돌아서게 된다. 6자회담 미국측 수석대표인 제임스 켈리 국무부 차관보는 7월 15일 상원 청문회에서 미국의 목표는 'CVID'로 북핵 문제를 해결하는 데 있다고 밝혔고, 7월 21일 하원에서 북한인권법이 만장일치로 통과되면서 북한이 강력하게 반발하고 나선 것이다. 이에 대해 북한은 미국이 '동결 대 보상' 원칙을 거부한 것으로 보고 7월 24일 외무성 대변인 담화를 통해 3차 회담에서 미국이 내놓은 제안을 일고의 가치도 없는 제안으로 일축했다. 협상 국면이 다시 대결 국면으로 전환된 시점이기도 하다.

### 3) 파국의 문턱에서: 북한의 핵 보유 선언의 전후 상황

미국이 3차 6자회담 때의 합의를 번복한 것으로 간주한 북한은 핵 시위를 강화해 갔다. 8천여 개의 폐연료봉을 재처리해 '핵 억지력'을 증강시키고 있다고 밝히는가 하면, 내심 2004년 11월 미국 대선에서 존 케리 후보가 당선되기를 기다리면서 6자회담 참가를 미뤘던 것으로 보인다. 이에 맞서 미국도 북한의 전제조건 없는 6자회담 복귀를 계속 요구하는 한편, 북한을 겨냥한 대량파괴무기 확산방지구상(PSI)을 본격화하고 주한 미군 재편 계획에 따라 110억 달러를 투입해 주한 미군 전력을 강화하기로 하는 등 한반도 안팎의 군사력도 증강시켜 나갔다. 아울러 부시 대통령은 북한이 강력하게 반발한 북한인권법에 2004년 10월 21일 서명했다.

북한이 내심 기대했던 것과는 달리 부시 대통령이 재선에 성공해 2기 대외정책의 기조로 '폭정의 종식'을 통한 '자유의 확산'을 내세우고, 콘돌리자 라이스 국무장관이 2005년 1월 말 상원 인준 청문회에서 '폭정의 전초기지' 발언을 하면서 북핵 문제의 평화적 해결 전망은 더욱 불투명해 보였다. 더구나 미국 강경파들은 이렇다 할 근거도 없이 북한이 리비아에 핵 물질을 수출했다는 정보를 언론에 흘려 6자회담 분위기는 더욱 악화되었다. 급기야 북한은 2월 10일 외무성 성명을 통해 핵무기 보유를 선언하고 미국의 적대시 정책이 철회되지 않으면 6자회담 참가를 무기한 연기하겠다고 발표하면서, 북핵 문제는 파국으로 치닫는 듯했다.

북한은 2·10 성명을 통해 부시 대통령과 라이스 장관의 발언을 예로 들면서 "우리 공화국을 적대시하고 기어이 고립, 압살해 보려는 2기 부시 정부의 기도가 완전히 명백해졌다"고 주장했다. 북한은 특히 부시 정부가 폭압 정권과 인민을 분리해 인민의 편에서 자유와 민주주의를 심겠다고 밝힌 것에 대해 "회담을 정하고 싶다면 미국이 좋아한다고 하는 농민시장 장사꾼들이나 미국이 만들어 놓았다고 하는 탈북자 조직 대표들과 하라"며, 자신을 협상 상대로 인정하지 않으려는 부시 정부에 대해 노골적인 불만을 터뜨렸다.

이러한 인식을 바탕으로 북한은 2월 10일 성명을 통해 두 가지를 천명하게 된다. 첫째는 6자회담과 관련된 것이다. 북한은 "우리는 6자회담을 원했지만 회담 참가 명분이 마련되고 회담 결과를 기대할 수 있는 충분한 조건과 분위기가 조성되었다고 인정될 때까지 불가피하게 6자회담 참가를 무기한 중단할 것이다”라고 천명했다. 둘째는 최초의 공개적인 핵무기 보유 선언이다. 북한은 “미국이 핵 몽둥이를 휘두르면서 우리 제도를 기어이 없애 버리겠다는 기도를 명백히 드러낸 이상 우리 인민이 선택한 사상과 제도, 자유와 민주주의를 지키기 위해 핵 무기고를 늘이기 위한 대책을 취할 것”이라며, “자위를 위해 핵무기를 만들었다”고 천명했다. 그러나 성명 말미에 “대화와 협상을 통하여 문제를 해결하려는 우리의 원칙적인 입장과 조선반도를 비핵화하려는 최종목표에는 변함이 없다”[68]고 덧붙여 협상의 여지를 남겨 두었다.

그러나 이러한 북한의 태도에 대해 미국의 반응은 싸늘했다. 미국은 북한의 핵 보유 선언에 대해 우려를 나타내면서도 “예전부터 들어왔던 얘기”라며 대수롭지 않다는 반응을 보였다. 또한 북한의 이러한 언행이 국제사회로부터의 고립만 가속화시킬 것이라며 조건 없는 6자회담 복귀를 촉구했다. 남한과 중국의 중재 노력도 가속화되었다. 남한은 북한의 2·10 성명 직후 반기문 외교통상부 장관이 미국을 방문해 6자회담 재개 방안을 논의하는 한편, 남북대화를 통해 북한 설득에 나서기로 했다. 중국은 왕자루이 공산당 대외연락부장을 평양에 급파해 김정일 국방위원장과 회담했다.

그러나 상황은 좀처럼 개선되지 않았다. 북한의 ‘폭정의 전초기지’ 발언 취소 요구에 라이스 국무장관이 ‘북한은 주권국가’라는

---

68) 『조선중앙통신』, 2005년 2월 10일. http://www.kcna.co.jp.

표현을 사용하기도 했으나, 폭정의 전초기지 발언을 취소하지 않았다. 오히려 라이스는 3월 하순 한중일 순방 때 북한이 6자회담에 참가하지 않으면, 유엔 안보리 회부 등 강경 조치를 의미하는 '다른 선택'을 공개적으로 언급하기 시작했다. 이를 전후해 미국 내에는 북한의 핵 실험 준비설이 나오기 시작했고, 미국이 북한을 유엔 안보리에 회부하는 방안을 강구하고 있다는 소문도 끊이지 않았다.

북한의 강공책도 계속되었다. 북한은 3월 31일 외무성 대변인 담화를 통해 6자회담의 성격과 의제를 근본적으로 재구성해야 한다고 주장하고 나선 것이다. 북한도 핵보유국이 된 만큼 6자회담은 북한의 핵 포기와 이에 대한 미국의 상응조치를 주고받는 수준이 아니라 핵 군축 회담이 되어야 한다는 것이 요지이다. 이 담화는 크게 네 가지의 내용을 담고 있었다. 우선 앞서 언급한 것처럼 공식적인 핵보유국으로서의 지위 확보를 추구한다는 것이다. 두 번째는 동등한 핵보유국이 된 만큼 한반도의 비핵화를 위해서는 6자회담의 의제에 북핵 문제뿐만 아니라 미국의 핵 문제도 포함되어야 한다는 것이다. 북한은 가중되는 미국의 핵 위협을 직접 거론하면서 "앞으로의 6자회담은 주고받는 식의 문제 해결 방식을 논하는 장이 아니라 실제적으로 조선반도 비핵화를 공정하게 실현하기 위한 포괄적 방도를 논하는 장이 되어야 한다"고 주장했다. 세 번째는 남한의 핵 투명성도 검증을 통해 입증되어야 한다는 것이었고, 끝으로 한반도 비핵화의 조건으로 남한에 대한 미국의 핵우산도 제거되어야 한다는 점을 강조했다.[69]

---

69) 『조선중앙통신』, 2005년 3월 31일. http://www.kcna.co.jp.

또한 북한은 '핵 억지력을 늘려 나가겠다'는 공언을 행동으로 옮기고 있었다. 4월 들면서 5MWe 원자로 가동을 중단하고 폐연료봉 추출에 나선 것이다. 이에 대해 미국은 4월 19일 강한 우려를 표명하면서, 북한이 6자회담에 복귀하지 않으면 유엔 안보리 회부를 검토하겠다고 공식 발표했고, 이에 대해 북한은 4월 25일 유엔 안보리 회부를 선전포고로 간주하겠다고 받아쳤다.

북미 간의 갈등은 양측 최고지도자에 대한 비방전으로 이어졌다. 먼저 부시 대통령은 4월 29일 기자회견에서 김정일 위원장을 지칭해 '폭군'이라고 표현했고, 이에 질세라 북한은 5월 10일자 『노동신문』에서 부시 대통령을 '불망나니'라고 맹비난했다. 또한 다음 날인 5월 11일에는 5MWe 원자로에 있던 8천여 개의 폐연료봉 인출 작업을 완료했다고 발표했다. 표면적으로 북미 간의 갈등이 최고조에 이른 것처럼 보이는 상황이 지속되고 있었다.

그러나 상황 악화의 이면에는 반전의 기운도 싹트고 있었다. 북미대화와 남북대화가 거의 동시에 복원된 것이다. 우선 2004년 12월 이후 중단된 뉴욕 접촉이 6개월 만에 재개되면서 북미 간의 직접 접촉이 이뤄졌다. 5월 13일 조셉 디트래니 국무부 대북협상 특사와 제임스 포스터 한국과장이 뉴욕 유엔 주재 북한대표부를 찾아가 박길연 대사 및 한성렬 차석대사를 만나면서 이뤄진 북미 직접 접촉에서 미국은 북한을 주권국가로 간주하고 공격하거나 침공할 의사가 없다는 점을 직접 전달했다. 아울러 북한의 6자회담 복귀를 강력히 촉구하면서 6자회담이 재개되면 미국은 유연한 자세를 보일 수 있다는 입장도 전달했다.

2004년 7월 이후 김일성 주석에 대한 조문 불허[70]와 탈북자 대량 입국으로 10개월여 중단됐던 남북대화가 재개된 것 역시 6월 위기설을 '6월 대화' 국면으로 전환시키는 데 기여했다. 5월 16일부터 19일까지 개성에서 열린 차관급 회담에서 남북 양측은 "6·15 남북 공동선언 발표 5주년을 맞는 올해에 온 겨레의 염원과 공동선언의 기본정신에 따라 남북관계를 적극적으로 개선하며 한반도의 평화를 위해 함께 노력하기로 하고" 이를 위해 평양 6·15 공동행사에 장관급 대표단 파견, 6월 21일부터 24일까지 서울에서 제15차 장관급 회담 개최, 비료 20만 톤 제공에 합의했다. 이번 회담 재개가 식량난 해결을 주요 목표로 삼은 북한이 남한으로부터 쌀과 비료를 지원받기 위한 것이 1차적인 요인으로 작용했다고 하더라도, 당국자 회담 재개는 급격한 상황 악화를 방지하고 문제 해결의 발판으로 작용할 수 있다. 그리고 남북관계는 '정상화' 수준을 넘어 '제2의 6·15시대'라는 말이 나올 만큼 급진전되기 시작했다.

## 5. 9·19 공동성명 채택과 미국 강경파의 반격

### 1) 6자회담의 재개와 9·19 공동성명의 채택

한반도 정세는 6월 들어 안정화되었다. 우선 부시 대통령은 6월 11일 노무현 대통령과 정상회담을 마치고 가진 기자회견에서 북한을 자극하는 표현을 자제하면서 '미스터 김정일'이라는 표현을 썼다. 이는 라이스 국무장관이 3월 하순부터 '폭정의 전초기지'라

---

70) 조문 불허 논란은 고(故) 문익환 목사의 부인인 박용길 장로 등 남한 인사의 김일성 주석 10주기 조문 방북을 정부당국이 불허하고, 이에 대해 북한이 남한 정부에 '사죄'를 요구하면서 불거졌다.

는 발언을 자제하면서 북한을 '주권국가'라고 표현한 것보다 진일보한 것으로 6자회담 분위기 조성을 의식한 것으로 풀이된다.

극적인 연출은 6월 17일 평양에서 나왔다. 김정일 국방위원장이 6·15 남북공동행사 참석차 평양을 방문한 정동영 통일부 장관을 전격 면담하면서 6자회담 복귀 의사를 피력한 것이다. 이날 면담에서 김 위원장은 미국의 성의 표시라는 조건을 달았지만 7월 중으로 6자회담에 참가할 수 있다는 입장을 밝혔고, NPT 복귀 및 IAEA 사찰 수용 의사도 밝혔다. 아울러 부시 대통령이 김 위원장을 '미스터 김정일'이라고 호칭한 것에 호응하듯, 부시 대통령을 "각하라고 부를까요"라며 화답하기도 했다.

이처럼 남한의 적극적 중재와 북미 간의 정치적 분위기 조성에 힘입어 6자회담 재개는 초읽기에 들어갔다. 이를 반영하듯 북한과 미국은 7월 9일 베이징에서 6자회담 수석대표인 김계관 외무성 부상과 크리스토퍼 힐 국무부 동아태 담당 차관보가 접촉을 갖고, 7월 25일이 시작되는 주에 4차 6자회담을 갖기로 합의했다. 이 회동 직후 북한은 베이징 북미 접촉에서 "미국은 조선민주주의인민공화국이 주권국가라는 것을 인정하며 침공의사가 없으며 6자회담 틀거리 안에서 쌍무회담을 할 입장을 공식 표명했다"며, "조선은 미국의 입장 표시를 '폭정의 전초기지' 발언 철회로 이해하고 6자회담에 나가기로 했다"[71]고 발표했다.

7월 말에 6자회담을 재개하기로 북미 간에 합의함에 따라 회담 참가국들의 발걸음도 빨라졌다. 부시 정부는 런던 테러 참사에도 불구하고 예정대로 콘돌리자 라이스 국무장관을 아시아에 파견

---

[71] 『연합뉴스』, 2005년 7월 9일.

해 북핵 조율에 나섰다. 7월 9일부터 13일까지 중국, 태국, 일본, 한국을 잇따라 방문한 라이스는 북핵 문제를 집중적으로 논의했다. 이와 때를 같이해 중국의 탕자쉬안 국무위원도 12일부터 14일까지 후진타오 국가주석의 특사로 북한을 방문해 김정일 위원장 등 북한의 지도자들과 만나 북핵 문제를 협의했다. 이에 앞서 7월 9일부터 12일까지 서울에서는 13개월 만에 남북경제협력추진위원회 회의가 재개되었다.

7월 12일에는 노무현 정부가 북핵 문제 해결의 돌파구를 열어 보겠다며 '중대 제안'을 발표했다. 정부가 발표한 중대 제안의 골자는 북한이 핵을 포기하면 경수로사업을 중단하는 대신에 남쪽에서 200만 킬로와트의 전력을 직접 전송하겠다는 것이었다. 사실상 뇌사 상태에 빠진 경수로사업에 들어갈 비용을 남북한의 전력망을 연계하는 쪽으로 전환해 핵 협상의 돌파구를 마련해 보겠다는 복안이었다.[72] 이에 앞서 정동영 통일부 장관은 김정일 위원장과 면담하며 중대 제안을 설명했는데, 이에 대해 김 위원장은 "신중히 연구해서 답을 주겠다"고 했다. 반면 방한 중이었던 라이스 국무장관은 한국의 중대 제안에 대해 "아주 창의적이고 북핵 문제를 해결하는 데 유익한 영향을 미칠 수 있는 긍정적인 방안"이라고 평가했다. 이에 앞서 10일 『뉴욕 타임즈』는 한국의 중대 제안에 대해 미국 정부의 고위 관리들이 "(미국의 기존 제안과)

---

72) 노무현 정부는 중대 제안이 6자회담의 재개 및 9·19 공동성명 채택에 큰 기여를 했다고 평가하고 있으나, 이러한 평가에 신중할 필요가 있다. 경수로 사업의 대체를 전제로 한 중대 제안에 대해 북한은 처음에는 신중한 반응을 보였고, 나중에는 "핵무기 개발 포기의 동기는 될 수 없다"며 사실상 이를 거부했다. 이에 반해 부시 정부는 경수로사업 보장에 대한 북한의 주장을 일축하고 경수로사업을 종료하는 데 남한의 중대 제안을 근거로 활용했다.

양립 가능하다"[73]고 말했다고 보도했다.

이러한 과정을 거쳐 7월 29일부터 4차 6자회담이 개최되었다. 3차 회담 이후 무려 13개월 만이었다. 회담이 재개되자 2차 회담 때와 마찬가지로 북한의 평화적 핵 이용 문제가 최대 쟁점으로 부상했다. 북한은 주권국가로서 평화적 핵 이용 권리는 보장받아야 한다면서 폐기 및 검증 대상을 '핵무기 및 핵무기 관련 계획'으로 한정하려 했고, 미국은 평화적 핵 이용도 허용할 수 없다며 모든 핵 프로그램이 검증 가능케 폐기되어야 한다는 입장을 고수했다. 이 문제로 협상이 난항에 빠지자 김계관 외무성 부상은 4일 밤 기자회견을 통해 "우리는 전쟁 패전국도 아니고 죄지은 것도 아닌데 왜 핵 활동을 할 수 없나"라고 반문하면서, "(미국은) 우리로 하여금 평화적 핵 활동을 하게 해 신뢰감을 갖도록 해야 한다"[74]고 주장했다. 북미 간 신뢰관계의 물리적 기초로 북한의 평화적 핵 이용 인정을 분명히 한 것이다. 그러나 미국은 이를 인정할 수 없다는 입장을 고수하면서 4차 회담은 3주간의 휴회에 들어가면서 2단계 회담을 기약하게 된다.

휴회 기간 동안 미국은 부시 대통령이 직접 나서 북한의 평화적 핵 이용을 인정할 수 없다고 밝히는 한편, 그 이유를 구체적으로 밝혔다. 이는 8월 11일 크리스토퍼 힐 국무부 동아태 담당 차관보의 워싱턴 기자회견을 통해 구체적으로 제시되었는데, 그 내용은 다음과 같다. 북한의 NPT 위반 전력, 남한의 '중대 제안'으로 평화적 핵 이용 불필요, 우라늄 농축 프로그램 부인, 평화적 핵 이용의 군사용으로의 전환 우려 등이다.[75]

73) *The New York Times*, July 10, 2005.

74) 『한겨레』, 2005년 8월 5일.

이에 대해 북한의 김계관 부상은 8월 12일 중국의 신화통신과 가진 인터뷰에서 평화적 핵 이용 권리를 포기할 수 없다는 방침을 거듭 밝히면서 "조선은 응당 경수로를 갖을 수 있고, 이것은 핵 문제를 해결하는 관건이다"[76]고 말했다. 또한 8월 14일 CNN과의 인터뷰에서 경수로가 핵무기 제조용으로 전용될 수 있다는 우려를 해소하기 위해 미국의 직접 참여 등 "엄격한 감시 하에 운영할 의사가 있다"[77]고 밝혔다. 경수로 제공이 북핵 문제 해결의 열쇠이자 북미 간 신뢰관계의 물리적 기초임을 재확인한 것이다.

이렇듯 북한의 평화적 핵 이용, 즉 경수로 문제는 9월 13일부터 재개된 2단계 4차 회담에서도 최대 쟁점이 되었다. 공동성명의 다른 조항은 대체로 합의에 도달했으나, 이 문제는 끝까지 합의 도출에 실패함에 따라 공동성명 채택이 무산되는 것이 아니냐는 긴장감이 돌기도 했다. 그러나 회담 주최국인 중국이 미국의 반대 때문에 공동성명이 채택되지 않으면 그 책임은 미국이 져야 할 것이라는 경고를 미국에 보내고, 결국 부시 대통령이 막바지에 '경수로'가 포함된 중국 측 문안을 수용하라고 지시함으로써 극적인 합의에 도달했다.[78] 그리고 경수로 관련 조항은 북한의 평화적 핵 이용 권리를 존중하고 "적절한 시기에 조선민주주의인민공화국에 관한 경수로 제공문제에 대해 논의하는데 동의했다"는 수준으로 합의되었다. '뜨거운 감자'를 계속 들고 있기보다는 일단 내려놓기로 한 것이다. 그러나 이 조항의 모호성은 북미 양측의

75) 기자 회견 전문은 http://fpc.state.gov/fpc/50923.htm 참조.

76) 『연합뉴스』, 2005년 8월 13일.

77) 『연합뉴스』, 2005년 8월 15일.

78) *Washington Post*, September 20, 2005.

극단적인 해석상의 차이를 야기하면서, 공동성명 이행의 걸림돌로 작용하게 된다.

진통 끝에 합의한 공동성명은 한반도 문제에 대한 포괄적인 해결 방안을 담았다. 모두 6개항으로 이뤄진 공동성명은 북한의 핵 포기 및 미국의 무력 불사용 약속에서부터 북미·북일관계 정상화와 한반도 평화체제 구축, 동북아 안보 협력 증진 등 한반도와 동북아의 평화와 공동 번영을 위한 다양한 목표와 과제가 포함했다. 일단 내용적으로 볼 때 북미 간의 갈등을 해소함으로써 한반도 비핵화와 평화체제 구축은 물론 불안의 씨앗을 잉태하고 있는 동북아에서도 다른 미래를 설계할 수 있는 중대한 초석이 놓이게 된 것이다.


## 2) 대북강경파의 반격

9·19 공동성명의 위기는 채택과 거의 동시에 발생했다. 네오콘을 비롯한 대북 강경파가 반격에 나선 것이다. 6자회담 미국 측 수석대표를 맡고 있는 힐은 부시 정부 내 몇 안 되는 협상파인데, 조지 W. 부시 대통령과 콘돌리자 라이스 국무장관의 신임을 바탕으로 대북 정책의 주도권을 가진 인물인 것처럼 인식되어 왔다. 그러나 그는 체니 부통령과 조지프 국무부 군축 및 국제안보 담당 차관의 강력한 견제를 받아 왔고, 9·19 공동성명 채택 직후부터 대북 정책 결정과정에서 주변부로 밀려나기 시작했다. 그렇다면 공동성명의 주역인 힐이 공동성명 채택과 함께 입지가 좁아지고 있는 상황을 어떻게 이해할 수 있을까?

먼저 9·19 공동성명의 채택 과정을 재구성해 볼 필요가 있다.

공동성명과 관련해 주목을 끈 부분은 부시 정부의 대북 정책이 상당히 유연해졌다고 해석할 수 있는 내용이 많이 담겼다는 것이다. 먼저 이른바 'CVID'를 고수했던 부시 정부는 북한이 모든 핵무기와 현존하는 핵 계획을 포기한다는 한층 유연해진 표현에 동의했다. 그동안 북한은 '폐기'가 강압적이고 비자발적인 표현이라며 이를 '포기'로 대체할 것을 요구해 왔고, 부시 정부는 결국 이를 수용한 것이다. 이와 관련해 힐은 9월 28일 미국평화연구소(USIP) 강연에서 "한국말의 '포기' 개념엔 자발성이 포함돼 있으며, 북한이 이 표현을 선호한 것도 그 때문"이라며, 결코 포기가 모호한 표현이 아니라고 강조했다.[79]

둘째는 대북 안전보장과 관련된 부분이다. 공동성명에서 미국은 한반도에 핵무기가 없다는 점을 강조하면서 "핵무기 또는 재래식 무기로 북한을 공격 또는 침공할 의사가 없다는 것을 확인했다"고 했다. 이 역시 과거보다는 유연해진 태도이다. 부시 정부는 미국이 직접 북한에 안전보장 약속을 하는 방식보다는 다자간 안전보장을 선호했었다. 또한 핵무기 불사용 약속도 명시적으로 표현하는 것을 꺼렸다. 이는 미국의 세계안보전략의 차질로 이어질 수 있다는 판단 때문이었다.

셋째는 부시 정부가 인정하기를 꺼려했던 북한의 평화적 핵 이용 권리를 인정하고 경수로 제공 문제도 적절한 시점에 논의하기로 동의했다는 점이다. 이 부분과 관련해 미국의 협상 대표단은 '모호성'을 남기기를 원하지 않는다며, 경수로가 공동성명에 포함되는 것 자체를 반대했다가 막판에 부시 대통령의 지침을 받아

---

79) 『연합뉴스』, 2005년 9월 29일.

이를 수용했다.

넷째는 미국도 대북 에너지 지원에 참여하겠다는 입장을 밝힌 것이다. 그동안 미국은 '북한의 악행을 보상할 수 없다'며, 북한의 핵 포기를 전제로 다른 나라들이 에너지를 지원하는 것은 동의할 수 있지만 미국은 참여 의사가 없다고 말했었다. 이 밖에도 현재의 정전체제를 평화체제로 대체하는 문제를 '적절한 별도 포럼'에서 다루기로 한 점, 북미 상호간의 주권 존중 및 평화적 공존, 관계 정상화 조치를 취하기로 한 점 등도 부시 정부의 대북 정책이 과거보다 유연해졌다고 평가할 수 있는 대목들이다.

그렇다면 대북 강경책으로 일관해 온 부시 정부가 기존의 입장보다 후퇴한 공동성명 채택에 동의한 이유는 무엇일까? 여기에는 여러 가지 요인들이 복합적으로 작용했다고 판단된다. 우선 대북 정책 결정 및 협상 라인의 변화이다. 전임자인 제임스 켈리와는 달리 어느 정도의 협상 재량권을 부여받은 힐 차관보, 네오콘에 둘러싸여 이렇다 할 힘을 발휘하지 못했던 콜린 파월과는 달리 부시의 신임을 바탕으로 실세 장관이 된 콘돌리자 라이스 국무장관의 역할이 중요해진 것이다. 즉, 네오콘의 영향력이 막강했던 1기 때와는 달리 대북 정책 라인이 부시-라이스-힐로 간소화되고 위상도 강화됨에 따라 실용주의적 접근이 가능했다는 것이다.[80]

둘째, 부시 정부는 중국이 작성한 공동성명을 수용하지 않을 경우 파국에 대한 책임을 떠안을 수밖에 없다는 점을 고려했다. 북한을 포함한 5자가 동의한 공동성명에 대해 미국이 반대하면 자신이 고립될 수 있기 때문이었다. 특히 이 과정에서 중국이 중

---

80) CRS Interview with Charles Pritchard, September 21, 2005. http://www.cfr.org/publication/8886/north_korea_expert_pritchard.html.

요한 역할을 했다. 중국은 미국의 반대 때문에 공동성명이 채택되지 않으면 그 책임은 미국이 져야 할 것이라는 경고를 미국에 보낸 것이다. 결국 부시 대통령이 막바지에 경수로가 포함된 중국 측 문안을 수용하라고 지시함으로써 극적인 합의에 도달했던 것이다.

셋째, 부시 정부의 사정이 여의치 않았다는 점도 크게 작용한 것으로 보인다. 개전 초기 70%를 상회했던 이라크 정책에 대한 지지율이 40% 미만까지 떨어지고, 이란 핵 문제를 둘러싸고 갈등이 고조되는 시점에서 6자회담까지 좌초되면 부시 정부는 그야말로 사면초가에 몰릴 수 있었다. 더구나 허리케인 카트리나 참사에 대한 부실한 대비 및 늦장 대응까지 겹쳤다. 이러한 상황에서 부시 정부는 6자회담 공동성명 채택을 통해 국내외적 곤경을 조금이라도 덜고 발등에 떨어진 불이라고 할 수 있는 이라크 및 이란에 보다 집중할 수 있는 근거를 마련하고자 했던 것으로 보인다.

이러한 세 가지 이유 가운데 당시의 상황을 종합해 보면, 둘째·셋째 이유가 더 많이 반영된 것으로 보인다. 즉, 힐에게 재량권을 부여해 문제를 해결하고자 하는 '적극적 의지'보다는 최악의 상황을 피해 보고자 하는 '소극적 동기'가 강하게 투영되었을 가능성이 높다는 것이다. 일단 공동성명에 합의함으로써 파기의 책임으로부터 벗어나려는 동기가 강했던 것이다.

이를 반영하듯 공동성명이 채택된 직후 미국 정부의 강경파는 작심이라도 한 듯, 미국 언론을 통해 '공동성명 폄하하기'에 나섰다.『뉴욕 타임즈』는 여러 명의 정부 관계자들을 인용해 "크리스토퍼 힐이 두 가지 실책을 했다"며, 핵 폐기의 일정을 담지 않고 경수로 문제에 대해 양보를 한 것이 바로 그것이라고 보도했다.[81]

또한『워싱턴 포스트』도 미국 정부 관리의 말을 인용해, 우라늄 농축 문제가 공동성명에 포함되지 않은 것을 집중적으로 문제 삼았다. 이와 관련해 힐은 '모든 핵무기와 현존하는 핵 계획'이라는 표현에 우라늄 농축 문제도 포함되어 있다고 주장했지만, 강경파는 이를 명확히 했어야 했다고 반박했다.[82]

또 한 가지 주목할 점은 강경파가 경수로 문제를 논의할 '적절한 시점'을 이용해 반격에 나섰다는 것이다. 공동성명 채택된 직후 힐은 기자회견을 통해 공동성명에 대한 미국의 입장을 밝혔다. 그는 공동성명 채택이 의미 있는 진전이라고 말하면서도, 경수로 문제를 논의할 적절한 시점에 대해 확실하고 강경한 입장을 피력했다. '북한이 핵무기와 핵 프로그램을 모두 없애고, NPT에 복귀하고 IAEA의 안전조치를 받을 때' 경수로 논의가 가능하다는 것이다. 그러나 북한은 바로 다음 날 외무성 대변인을 통해 "미국이 대북 신뢰 조성의 기초로 되는 경수로를 제공하는 즉시 NPT에 복귀하고 IAEA와 담보협정을 체결하고 이행할 것"이라고 받아쳤다. 이에 따라 경수로 문제는 또다시 '뜨거운 감자'로 부상하고 말았다.

문제는 왜 미국이 북한의 강력한 반발을 불러올 것이 확실한 상황에서 경수로 문제에 대해 초강수를 뒀냐는 점에 있다. 이와 관련해 프리처드는 조지프 국무부 차관의 역할에 주목했다.[83] 조

---

81) *The New York Times*, September 20, 2005.

82) *Washington Post*, September 20, 2005.

83) Charles L. Pritchard, "Six Party Talks Update: False Start or a Case for Optimism?," The Changing Korean Peninsula and the Future of East Asia(2005 CNAPS Annual Conference), December 1, 2005. http://www.brookings.org/fp/cnaps/events/2005 1201 presentation.htm

지프는 대북 협상에 대해 근본적인 불신을 갖고 있는 인물로 부시 정부의 대표적 대북 매파라고 할 수 있다. 그가 의도했는지의 여부는 확인할 수 없지만, 공동성명 채택과 동시에 경수로 문제에 대한 강경 입장을 힐에게 발표하게 함으로써 공동성명의 잉크가 채 마르기도 전에 6자회담 프로세스가 흔들리게 되었다.

이후 체니 부통령과 조지프 차관을 중심으로 한 강경파의 반격이 한층 강화되었다. 이들은 9·19 공동성명이 미국의 기존 정책으로부터 한참 후퇴한 것이라는 점을 강조했다. 일례로 힐은 공동성명 채택 이후 교착 상태를 타개하고자 11월에 방북을 추진했으나, 체니는 "평양에 가면 영변 핵 시설 가동 중단을 약속 받아 오라"[84]고 요구했다. 이는 사실상 평양에 가지 말라는 뜻과 마찬가지였다. 이로 인해 힐의 평양행은 5월에 이어 또다시 무산되고 말았다. 이와 동시에 북한이 9월 20일 외무성 대변인 담화를 통해 '선 경수로 건설, 후 핵 포기'를 주장하고, 방코델타아시아(BDA) 문제로 알려지게 될 미국의 대북 금융제재와 공동성명 이행을 연계시키는 등 강경한 입장을 고수한 것 역시 미국 내에서 강경파의 영향력이 강화된 한 요인이었다.

부시 정부는 북한의 위조지폐 문제와 관련한 금융제재는 6자회담과 무관하다는 점을 강조하면서, 6자회담과 관계없이 대북 제재가 계속될 것임을 강력히 암시했다. 아울러 2005년 여름 6자회담 재개를 위해 북한을 자극하는 발언을 삼갔던 것과는 달리, 알렉산더 버시바우 대사를 통해 북한 정권은 '범죄 정권'이라는 발언을 잇따라하고, 12월 서울에서 열린 북한인권국제대회에 북한

---

84) Pritchard, "Six Party Talks Update: False Start or a Case for Optimism?"

인권 특사와 미국 대사 등 정부 관리를 대거 참석시켜 인권 문제를 전면화시켰다.

이러한 일련의 현상은 힐을 비롯한 미국 내 협상파의 입지가 줄어들고 있는 반면에, 네오콘을 비롯한 강경파의 영향력이 다시 커지고 있다는 것을 보여 주었다. 여기에는 북한과의 타협을 근본적으로 꺼려하는 네오콘의 성향과 미국의 기존 정책에서 후퇴한 9·19 공동성명의 채택, 경수로와 금융제재 등에 대한 북한의 강경한 입장이 복합적으로 작용한 것으로 판단된다. 이러한 분석을 뒷받침해 주듯 영국의 『파이낸셜 타임즈』는 "부시 정부 내 강경파가 대북 정책을 둘러싼 내부 투쟁에서 승리하고 있는 것 같다"며, 미국의 정책이 "외교적 협상에서 북한을 봉쇄하고 불법적인 외화 수입원을 차단하는 방향으로 이동하고 있다"고 보도했다. 특히 이 신문은 미국 정부 관리들의 말을 인용해 "힐 수석대표가 대북 정책을 둘러싼 내부 다툼에서 주변으로 밀려날 위기에 처해 있다"[85]고 강조했다. 또한 익명을 요구한 주한 미국 대사관의 한 관계자는 "북한이 6자회담 복귀를 지연함으로써 힐은 벼랑 끝에 서 있는 신세가 되었다"[86]고 말했다.

9·19 공동성명의 이행은 경수로 문제뿐 아니라 북한에 대한 미국의 금융제재 발표로 인해 극히 불투명해졌다. 공동성명이 발표되기 직전인 2005년 9월 16일 미국 재무부는 마카오의 방코델타아시아라는 은행이 북한의 위폐, 담배, 마약거래 등과 관련된 불법행동에 연루됐을 뿐 아니라 대량파괴무기 관련 거래에도 관여했음을 공개하고, 미국의 애국법 제311조에 따라 BDA를 '돈세탁

85) *The Financial Times*, December 19, 2005.
86) 필자와의 인터뷰, 2006년 7월 21일, 서울.

우려(money laundering concern)' 대상으로 지정하고 미국 은행의 이 은행과의 거래를 전면 금지한다고 발표한 것이다. 미국 재무부의 이러한 조치는 위폐와 돈세탁 문제가 미국 달러화를 보호하기 위한 불가피한 조치이며, 불법금융행위는 끝까지 추적해 근절하겠다는 정부 입장을 재확인한 것으로 받아들여졌다. 이로 인해 예금인출이 폭주해 도산 우려가 제기되면서 마카오 당국은 BDA의 모든 거래를 동결했다. 당연히 이 은행과 거래해오던 북한 기업의 계좌도 동결됐다. 북한은 BDA에 예치된 자금이 동결되자 6자회담을 보이콧하는 등 금융제재 해제와 6자회담 재개를 연계했다.

### 3) 북핵 문제는 어디로?

9·19 공동성명 채택 1년이 지난 2006년 가을, 북핵 문제의 평화적 해결에 대한 기대는 미국의 금융제재, 북한의 6자회담 보이콧, 탄도 미사일 시험발사 등이 맞물리면서 싸늘하게 식어 갔다. 부시 정부는 북한의 핵 포기 의사에 근본적인 불신을 나타내면서 북한에 대한 제재와 봉쇄의 수위를 높였고, 북한은 미국의 금융제재 등 강경책에 대해 모든 대응조치를 취하겠다며 대결적인 자세를 낮추지 않았다. 2006년 7월 북한의 탄도 미사일 시험발사 및 남한의 대북 식량·비료 지원 유보 결정, 이에 대한 북한의 강력한 반발이 맞물리면서 남북관계마저 악화되어 남북한 주도의 문제 해결 역시 난망한 상태로 되었다. 이러한 상황에서 북한은 국제사회의 경고에도 불구하고 핵 실험을 강행했다.

## 6. 위기와 기회의 변증법: 북한 핵 실험과 2·13 합의

### 1) 파국으로 치닫는 한반도 정세

2005년 9월 19일 공동성명 채택 이후 대북 금융제재를 둘러싼 갈등으로 좀처럼 돌파구가 열리지 않았던 한반도 정세는, 2006년 7월 들어 가파르게 악화되기 시작했다. 7월 4일 북한은 남한과 국제사회의 경고에도 불구하고 7발의 탄도 미사일 시험발사를 강행했다. 그러자 남한 정부는 사전에 경고했던 것처럼 대북 식량 및 비료 지원을 중단했고, 이에 반발한 북한은 이산가족 상봉 사업을 중단시켰다. 또한 미국과 일본이 주축이 된 유엔 안보리는 7월 15일 결의안 1695를 통과시켜 북한의 미사일 시험발사를 강력히 규탄하는 한편, 북한의 6자회담 복귀를 촉구하고 회원국들에게 북한의 탄도 미사일 및 대량파괴무기 개발로 전용될 수 있는 무역 및 금융 거래의 제한을 요구했다. 특히 부시 정부는 북한과의 직접대화 및 금융제재 해제 거부 등 기존 입장을 고수했다.

이처럼 탄도 미사일 시험발사에도 부시 정부의 '무시' 태도가 변할 조짐을 보이지 않자, 북한은 다음 단계로 넘어갈 태세를 보였다. 바로 핵 실험이다. 북한은 2006년 8월 22일 조선인민군 판문점대표부 대변인 담화를 통해 "미국의 이번 전쟁연습(을지포커스렌즈: UFL)을 정전협정의 무효화를 선언하는 전쟁행위로 간주하고, 인민군은 앞으로 나라의 안전과 자주권 수호에 필요한 군사적 조치를 주동적으로 취하는 데 정전협정의 구속을 받지 않을 것이라는 것을 언명한다"[87]고 밝혔다. 8월 26일에는 외무성 대변인 담화를 통해 미국의 금융제재가 계속되면 "우리는 자기의 사상과 제도, 자주권과 존엄을 지키기 위해 필요한 모든 대응조치들을 다 강구해 나갈 것"[88]이라고 경고했다. 정전협정에 구속받지 않는 모든 대응조치 가운데 결국 남은 것은 핵 실험이 아니겠냐는 우려가 팽배해졌다.

이러한 우려를 뒷받침하듯 북한은 10월 3일 외무성 성명을 통해 핵 실험 강행 의사를 공개적으로 밝혔다. 북한은 이날 성명에서 크게 세 가지 입장을 밝혔다. 첫째, 2005년 2월 10을 핵보유 선언을 상기시키며 "핵무기 보유 선포는 핵 실험을 전제로 한 것"이라며, "앞으로 안전성이 철저히 담보된 핵 실험을 한다"는 것이다. 둘째, 자신의 핵무장은 전쟁 억지력이기 때문에 핵무기 사용 및 사용 위협을 하지 않고 핵 이전을 철저히 불허하겠다는 것이다. 끝으로 "대화와 협상을 통하여 조선반도의 비핵화를 실현하려는 우리의 원칙적 입장에는 변함이 없다"며, 북한의 "일방적인 무장해제로 이어지는 비핵화가 아니라 조미 적대관계를 청산하고 조선반도와 그 주변에서 모든 핵 위협을 근원적으로 제거하는 비핵화를 달성하겠다"[89]는 것이다.

그리고 엿새 후 북한은 핵 실험을 강행했다. 북한은 핵 실험 직후 "우리 과학연구 부문은 주체 95년(2006) 10월 9일 지하 핵 실험을 안전하게 성공적으로 진행했다"고 공식 발표했다. 미국 역시 1주일 후 "북한이 풍계 인근에서 지하 핵 실험을 실시했다"며, "폭발 규모는 1킬로톤 미만"이라고 북한의 핵 실험을 공식 확인했

---

87) 『조선중앙통신』, 2006년 8월 22일. http://www.kcna.co.jp.

88) 『조선중앙통신』, 2006년 8월 26일. http://www.kcna.co.jp.

89) 『조선중앙통신』, 2006년 10월 4일. http://www.kcna.co.jp.

다.[90] 이로써 그동안 추정으로만 존재했던 북한의 핵무기 보유가 공식 확인되었고, 길게는 1990년대 초반 이후, 짧게는 2002년 10월 2차 북핵 위기 발생 이후 북핵 문제가 새로운 국면으로 접어들게 되었다. 또한 여러 가지 우여곡절이 있었지만, 김대중 정부 출범 이후 지속되어 온 대북 관여정책도 중대한 시련에 봉착하게 되었다.

북한이 국제사회의 경고를 무시하고 핵 실험을 강행하자, 국제사회는 유엔 안보리를 중심으로 북한에 대한 제재와 봉쇄 강화에 착수했다. 미국과 안보리 의장국인 일본 주도로 10월 14일 만장일치로 채택된 결의안 1718호는 강제조치를 명시한 유엔헌장 7장을 비롯한 강경한 내용을 포함했다. 이 결의안은 북한에게 더 이상의 핵무기와 탄도 미사일 실험을 하지 말 것을 촉구하면서, 회원국들에게 북한의 무기 프로그램에 전용될 수 있는 무역 및 금융 거래를 중단하고, 북한 선박에 대한 검색 강화를 요구했다. 또한 외제차와 고급 양주 등 사치품을 북한에 수출하는 것도 금지시켰다.

북한의 반발은 예정된 수순이었다. 북한은 10월 17일 외무성 대변인 성명을 통해 유엔 안보리 결의안을 선전포고로 간주한다며, 이 결의안을 "단호히 규탄하며 전면 배격한다"고 선언했다. 특히 "금후 미국의 동향을 주시할 것이며 그에 따라 해당한 조치를 취해 나갈 것이다"며, 추가 핵 실험 가능성까지 내비쳤다.[91] 이에 따라 국내외에는 "6자회담은 죽었다"는 진단이 잇따라 나왔고, 한반도 정세는 한치 앞도 내다보기 힘든 짙은 어둠 속으로 빠져들었다.[92]

---

90) Statement by the Office of the Director of National Intelligence on the North Korea Nuclear Test," October 16, 2006.

91) 『조선중앙통신』, 2006년 10월 18일. http://www.kcna.co.jp.

2) **극적인 반전의 시작**

사실 1990년대 초반 북핵 문제가 발생한 이후 한반도 정세는 끊임없이 심각한 위기와 극적인 반전을 반복해 왔다. 1994년 6월 위기는 그해 10월 제네바 북미기본합의로 일단락되었고, 제네바 북미기본합의가 제공한 역사적 기회는 미국과 북한의 기회 상실로 유실되었다. 1998년 8월 말 북한의 광명성(대포동 1호 미사일) 발사로 재발된 위기는 북미 대화 재개 및 페리 프로세스로 이어졌고, 1999~2000년 남북관계와 북미관계의 병행 발전은 2000년 11월 부시 후보의 당선으로 또다시 좌절되었다. 부시 정부의 북한과의 대화 중단 및 악의 축 발언 등 대북 강경책으로 교착상태에 빠졌던 한반도 평화 프로세스는 2002년 4월 남북 특사회담을 통한 남북관계의 정상화와 그 해 9월 고이즈미 일본 총리의 평양 방문을 계기로 되살아나는 듯했으나, 10월 초 북미 양측이 HEUP 문제로 충돌을 하면서 제네바 북미기본합의가 붕괴되면서 또다시 좌초하고 말았다.

2004년 11월 부시 대통령이 재선에 성공한 이후 한반도 정세역시 불안을 면치 못했다. 부시 정부는 북한을 폭정의 전초기지라고 부르면서 핵 문제 이외에도 인권과 정치체제의 문제를 거론하면서 북한을 강하게 압박했다. 그러자 북한은 2월 10일 핵무기 보유를 선언했고, 3월 31일에는 6자회담이 핵군축 회담이 되어야 한다고 주장하고 나섰다. 이때를 즈음해 부시 정부는 북핵 문제를

---

92) International Crisis Group, "North Korea's Nuclear Test: The Fallout," 13 November 2006.

유엔 안보리로 넘길 수 있다며 북한을 압박했고, 북한의 핵 실험 준비설이 파다하게 퍼지기도 했다. 그러나 5월 들어 북미 접촉이 재개되고 남북관계가 정상화 국면에 접어들면서 위기 국면은 다시 대화 분위기로 전환되었고, 휴회 기간을 포함해 한 달여의 협상 끝에 공동성명을 채택하기에 이르렀다. 그러나 어렵게 합의한 9·19 공동성명은 합의문 채택을 전후한 미국의 대북 금융제재와 경수로사업을 둘러싼 북미 간의 첨예한 이견 표출로 합의문의 잉크가 채 마르기도 전에 휴지조각이 될 위기에 처하기도 했다. 그리고 금융제재를 둘러싼 북미 양측의 갈등이 첨예해지고, 북한이 핵, 미사일 시위를 강화함으로써 한반도 정세는 1994년 6월 전쟁 위기 이후 최악의 상황에 직면하는 것처럼 보였다.

그러나 이번에도 극적인 반전이 일어났다. 우선 한국의 노무현 정부는 북한의 핵 실험 직후 평화번영정책의 포기를 시사하기도 했으나, 개성공단과 금강산 관광사업을 지속하기로 함으로써 남북관계의 끈을 유지하려고 했다. 또한 중국과 러시아는 대북 제재와 봉쇄의 목적은 한반도 비핵화와 안정에 기여하는 데 국한되어야 한다며 미국과 일본의 강경한 움직임에 제동을 걸고 나섰다. 북한 역시 우려했던 2차 핵 실험을 강행하지 않음으로써 대화 재개 분위기 조성에 일조했고, 이라크 사태 및 이란 핵 문제의 악화, 그리고 11월 7일 중간선거 패배 등으로 사면초가에 몰린 부시 정부 역시 대북 강경책으로 일관하기에 어려운 처지가 되었다. 특히 미국 내에서 북미 직접대화를 촉구하는 목소리가 높아지기도 했다.

6자회담 참가국 모두 파국에 대한 부담감이 커지자 대화 재개를 위한 발걸음이 빨라졌다. 10월 31일 베이징에서 북미중 3국이 비밀회동을 갖고 이른 시일 내에 6자회담을 재개하기로 합의한 것이다. 중국의 적극적 중재에 힘입어 열린 이 회담은 북미 '양자 대화'이면서도 3자가 참석한 '다자회담'이기도 했다. 양자 대화라는 속성은 북한이 줄곧 요구해 온 것이라는 점에서 북한의 체면을 살려 주는 측면이 있고, 다자회담이라는 모양새는 '중국 역할론'을 강조하면서 다자간 해법을 고수해 온 부시 정부의 체면을 살려 주었다. 이는 북핵 문제 재발 이후 첫 회담이었던 2003년 4월 베이징 3자회담 및 6자회담 재개에 합의했던 2005년 7월 북미 접촉과 유사한 성격을 갖고 있기도 하다.

미국은 북한과의 접촉을 통해 영변 5MW원자로 등 핵 시설 가동 중단, 가동·중단 여부를 확인할 IAEA의 사찰관 수용, 핵무기와 핵 물질을 포함한 모든 핵 관련 프로그램의 성실한 신고, 핵 실험장 폐쇄 등을 제시한 것으로 알려졌다. 이에 대한 상응조치로 에너지 지원, 평화협정 체결, 테러 지원국 지정 해제, 북미관계 정상화를 언급했다. 또한 금융제재와 관련해 북한과의 금융회담을 개최하기로 함으로써 "법집행에 해당하기 때문에 협상의 대상이 아니다"라는 기존 입장보다 유연한 모습을 보였다.93) 이에 따라 11월 1일 북한의 외무성 대변인은 "6자회담의 틀 안에서 조미 사이에서 금융제재 문제를 논의·해결한다는 전제 아래 회담에 복귀한다"94)는 방침을 확인했다.

이러한 과정을 거쳐 2006년 12월 18일부터 22일까지 제5차 2단계 6자회담이 개최되었다. 2005년 11월 1단계 회담 이후 무려 13개월 만이었다. 그러나 북한은 미국의 금융제재 해제가 선결되어야 한

---

93) 『연합뉴스』, 2006년 11월 2일.
94) 『조선중앙통신』, 2006년 11월 1일. http://www.kcna.co.jp.

다는 입장을 되풀이했고, 미국은 금융제재와 북핵 문제는 별개라며 북한이 핵 폐기의 구체적 조치를 보일 것을 요구하면서 회담은 또다시 난항을 겪었다. 결국 이러한 입장 차이는 끝내 좁혀지지 않아 차기 회담의 일정조차 잡지 못하고 가까운 시일에 회담을 재개하기로 한다는 의장성명을 내고 또다시 휴회에 들어갔다.

그러나 성과가 없었던 것은 아니다. 우선 회담 자체가 13개월 만에 열린 것이라는 점에서 초기 이행 조치 등 구체적 합의에 도달하기가 어려운 속성이 있었다. "차기 회담에서 실질적 진전을 이루기 위한 정지작업을 하고 일종의 징검다리 역할을 한 것"이라는 한국 대표의 설명처럼, 이번 회담은 여러 현안과 쟁점을 점검하고 서로의 입장 변화 여부를 타진하면서 본격적인 협상을 위한 '워밍업'에 해당된다고 할 수 있다. 힐 차관보가 "회담을 통해 확실히 북미 양국이 공유한 어떤 아이디어에는 지속적으로 고무적인 징후"가 있었고, "회담 참여국들이 각자의 수도로 돌아가 추가적인 훈령을 받을 필요가 있다고 결정"한 것이라며 '휴회'의 배경을 설명한 것도 이러한 맥락과 닿아 있다.[95]

5차 2단계 회담에서 합의 도출에 실패하면서 '6자회담 무용론'이 미국 내에서 또다시 불거지기도 했지만, 12월 말 부시 정부는 중요한 결정을 내렸다. 뉴욕 주재 북한 대표부에 "베이징이 아닌 다른 지역에서 양자회담을 할 용의가 있느냐"는 의사를 타진한 것이다. 며칠 후 북한은 미국의 제안을 수용하면서 회담 장소로 독일 베를린을 제안했다. 이러한 과정을 거쳐 2007년 1월 16일부터 18일까지 6자회담 수석대표인 김계관 부상과 힐 차관보 사이의

---

95) 백학순, 「6자회담 제5차 2단계 회의: 평가와 전망」, 『세종논평』, No.70, 2006.12.26. http://www.sejong.org/kor/Publications/cm-data/commentary-0670.htm.

회담이 열리게 되었다. 북미 양측의 협상대표가 베이징 밖에서 깊이 있는 협상을 벌인 것은 이때가 처음이었고, 이것은 2·13 합의의 인큐베이터 역할을 했다. 이 회담에서 김계관은 핵 동결의 대가로 중유 제공을 요구했고, 힐은 45일 이내에 핵 시설을 폐쇄·봉인하면 중유를 선적할 수 있다고 말했다. 이에 대해 김계관은 90일을 제시했고, 결국 양측은 초기 이행 기간으로 60일에 합의했다. 그러나 중유 제공 규모에 대한 이견이 해소되지 않았는데, 양측은 6자회담이 재개되면 이 문제를 집중 논의하기로 했다.[96] 특히 미국은 북한이 선결조건으로 요구해 온 BDA 북한 계좌 동결 문제를 30일 이내에 해결하겠다고 약속했다.

비공개로 이뤄진 베를린 합의는 부시-라이스-힐로 이어지는 대북 정책 결정 라인이 활발하게 작동한 것이 주효했다. 라이스 국무장관은 북미 수석대표 회담이 한창 열리던 17일 중동 순방 뒤 베를린에 들렀는데, 이때 힐은 김계관과 논의한 초기 조치 내용을 라이스에게 전했다. 라이스는 부시 대통령에게 전화로 초기 이행 조치에 대한 승인 여부를 물었고, 부시가 이를 승인하면서 합의에 도달했던 것이다.[97] 북한은 회담 직후 외무성 대변인을 통해 "일정한 합의가 이룩되었다"고 강조한 후, "핵 문제에서 걸린 문제 해결을 위해 조선과 미국이 직접대화를 진행한 데 대해 주의를 돌렸다"며 미국이 직접대화에 나선 것을 긍정적으로 평가했다.[98] 그리고 베를린 회담 결과를 통보받은 중국은 1월 30일 5차 2단계 6자회담이 2월 8일부터 재개된다고 공식 발표했다.

---

96) *The New York Times*, February 13, 2007.

97) *The New York Times*, February 14, 2007.

98) 『조선중앙통신』, 2007년 1월 19일. http://www.kcna.co.jp.

### 3) 2·13 **합의**

2월 13일 중국 베이징에는 5일간에 걸친 긴 협상 끝에 '9·19 공동성명 이행을 위한 초기 조치'가 도출됐다. 회담 막판에 북한의 핵 시설 폐쇄·봉인 및 불능화 조치에 대한 대가로 제공할 에너지 규모를 놓고 진통이 있었으나, 한국 대표가 지원 규모는 100만 톤으로 하되 이를 북한의 핵 시설 포기 단계와 구체적으로 연결시키자는 제안을 내놓아 극적인 합의에 도달했다.

2·13 합의의 골자는 <그림 3>과 같다. 즉, 참가국들은 합의 후 30일 이내에 한반도 비핵화, 북미관계 정상화, 북일관계 정상화, 경제 및 에너지 협력, 동북아 평화 안보 체제를 다루는 실무그룹을 개최하는 한편, 북한은 60일 이내에 "궁극적인 포기를 목적으로 재처리 시설을 포함한 영변 핵 시설을 폐쇄·봉인하고 IAEA의 감시 및 검증 활동을 수행하기 위해 IAEA 요원을 복귀토록 초청하며, 공동성명에 명기된 모든 핵 프로그램의 목록을 여타 참가국들과 협의해야 한다. 미국은 북한과 전면적 외교관계로 나아가기 위한 양자대화를 개시하고, 북한을 테러 지원국 지정으로부터 해제하기 위한 과정을 개시하며, 북한에 대한 적성국 교역법 적용을 종료시키기 위한 과정을 진전시켜 나간다. 북한과 일본도 평양선언에 따라 양국 관계 정상화를 취해 나가는 것을 목표로 양자대화를 개시한다. 나아가 6자회담 참가국들은 북한에게 중유 5만 톤 상당의 긴급 에너지를 지원한다는 것 등이다.

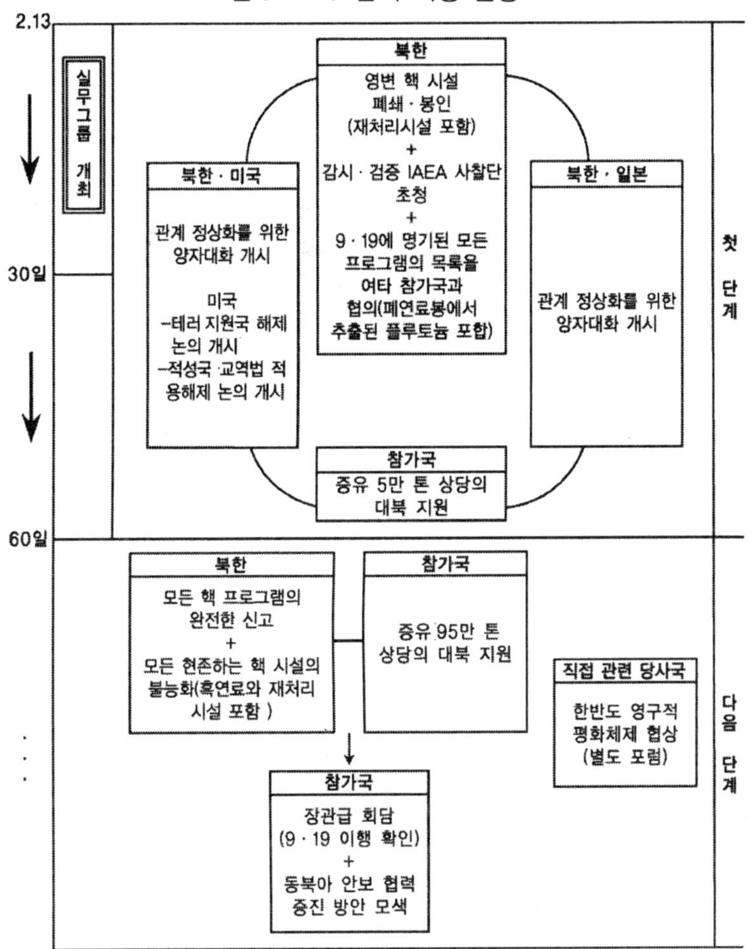



이러한 첫 단계 동시행동이 이행되면, 북한은 모든 핵 프로그램에 대한 완전한 신고와 현존하는 모든 핵 시설에 대한 불능화 조치를 취하고, 일본을 제외한 다른 참가국들은 95만 톤 상당의 경제와 에너지 및 인도적 지원을 북한에 제공하게 된다. 아울러 6자는 9·19 공동성명의 이행을 확인하고 동북아 안보협력 증진방

안 모색을 위한 장관급회담을 신속하게 개최하고, 다른 한편 한반도의 항구적 평화체제를 구축과 관련 직접 당사자들은 별도의 포럼에서 협상에 임하게 된다.

이와 같은 합의를 통해 길게는 부시 정부 출범 이후, 짧게는 2002년 10월 우라늄 농축 문제를 둘러싼 북미 간의 충돌 이후 위기에 직면해 온 한반도 비핵화와 평화 프로세스는 새로운 전기를 맡게 되었다. 일부에는 북한이 보유하고 있을 것으로 추정되는 핵무기와 다량의 플루토늄, 2차 북미 핵 대결의 원인이었던 우라늄 농축 문제 등이 포함되지 않았다는 점을 들어 2·13 합의의 '불완전성'을 강조한다. 그러나 이들 문제의 해결은 보다 장기적이고 구조적인 접근을 필요로 한다. 이들 문제는 미국의 테러 지원국 지정 해제, 경수로 문제, 한반도 평화협정 체결, 북미·북일관계 정상화 등 보다 근본적인 문제와 연동되어 있어 하루아침에 해결될 수 없는 속성을 갖고 있기 때문이다.

2·13 합의는 크게 세 가지 측면에서 중요한 특징을 담고 있다. 첫째는 '조기수확(early harvest)'에 역점을 두면서도 포괄적인 해결을 추구하고 있다. 앞에서 설명한 것처럼, 일정을 포함한 구체적 이행 조치는 60일 이내에 북한이 영변 핵 시설을 폐쇄·봉인하고 IAEA의 감시 검증을 허용하기로 한 것과 이에 발맞춰 한국, 미국, 중국, 러시아가 5만 톤의 중유를 제공하기로 한 것 등이다. 반면 북한 핵 시설의 불능화 조치 및 이에 대한 상응조치로서의 95만 톤의 중유 및 식량 지원에 관한 일정은 나와 있지 않으며, 북한이 보유한 것으로 추정되는 핵무기와 플루토늄, 우라늄 농축 문제에 대한 구체적 논의는 담겨 있지 않다. 이는 북핵 해결이 상호불신과 기술적 문제 등으로 단번에 이뤄질 수 없음을 보여 준다.

그러나 북한이 60일 이후에 9·19 공동성명에 명시된 모든 핵 프로그램을 신고하고, 모든 현존하는 핵 시설에 대한 불능화 조치를 취하며, 참가국들이 대규모의 에너지 및 경제 지원뿐만 아니라 테러 지원국 지정 해제, 북미·북일관계 정상화, 한반도 평화협정 체결 논의도 병행하기로 한 것은 문제 해결을 위한 접근방식으로서의 '포괄성'을 보여 준다. 이는 결국 이행은 단계적으로 하되, 합의는 포괄적으로 함으로써 미래의 기대이익을 통한 현재의 합의 사항에 대한 원활한 이행을 도모하는 메커니즘이 구축되고 있음을 보여 준다.

둘째, 북한이 핵 동결의 보상 조치를 예상보다 낮은 수준에서 합의했다. 중유 5만 톤은 1994년 제네바 북미기본합의 당시 핵동결의 직접적인 보상조치로 받은 50만 톤이나, 북한이 이전 6자회담에서 요구했던 핵 동결의 대가, 즉 경수로 2기에 해당하는 에너지 지원과 비교할 때 대단히 낮은 수준이다. 북한이 이러한 조치에 합의한 배경은 크게 두 가지이다. 하나는 제네바 북미기본합의 때와는 달리 북한이 이미 핵무기와 다량의 플루토늄을 보유하고 있어 여타 국가들의 관점에서 볼 때 북한의 핵 동결의 가치가 과거보다 크게 떨어졌다는 것이고, 북한의 관점에서 볼 때는 미국 등의 약속 이행과 추가적인 협상을 가능케 하는 지렛대를 남겨 두었다는 것이다. 다른 하나는 미국이 북한의 핵심적 요구 사항인 테러 지원국 지정 해제, 적성국 교역법 적용 해제, 관계 정상화, 평화협정 체결 등 근본문제에 대한 협의를 개시하는 데 동의했다는 것이다. 북한이 에너지 등 경제 지원보다는 미국과의 관계 정상화 등 근본 문제의 해결을 선호해 왔다는 점을 고려할 때, 미국의 이러한 태도 변화는 북한이 일단 소량의 중유를 받으면서 핵동결 조치를 수용하게 된 배경이라고 할 수 있다.

셋째, 미국은 앞에서 언급한 '근본 문제'에 대한 협의 개시 시점을 대폭 앞당기는 데 동의했다. 미국은 이전까지 이들 근본 문제의 해결 시점을 북핵 문제가 해결된 '이후'로 제시했었다. 그러나 2·13 합의에서 이들 문제에 대한 '협의'를 북한의 핵 포기 초기 조치와 연동하는 데 합의함으로써 중요한 자세 변화를 보여 주었다. 물론 '근본 문제'를 조기에 매듭짓자는 말을 아니지만, 부시 정부는 대북 관계 정상화와 관련해 북핵 문제 이외에도 인권, 탄도 미사일 및 생화학무기, 재래식 군사력 등 다른 이슈와 연계해 이들 문제가 전반적으로 해결된 이후에 관계 정상화가 가능하다는 입장을 고수했다는 점을 고려할 때, 2·13 합의에서의 협의에 대한 동의는 큰 변화인 것이다. 북미 양자대화에서 미국이 북핵 이외의 다른 문제를 제기할 가능성을 배제할 수는 없으나, 과거보다 북핵 문제에 대한 집중도가 높아진 것은 분명해 보인다. 이러한 태도 변화는 부시 대통령의 임기, 즉 2008년까지 북핵 문제를 해결하려면 근본 문제에 대한 유연성을 보여 주지 않으면 안 된다는 점을 인정했기 때문이라고 할 수 있다.

2·13 합의가 북미 양측의 정치적 신뢰 회복을 지향하며 첫 단계 동시행동에 합의하고 포괄적인 문제 해결의 방향성을 담고 있다는 점에서 그 의의가 작지 않다. 특히 대북 강경책으로 일관했던 부시 정부가 임기 내 북핵 문제 해결 및 이를 위한 상응조치로 근본 문제의 해결 의사까지 피력하고 있다는 점에서 60년 넘게 한반도를 지배해 온 분단체제의 해체가 본격화될 가능성도 있다.

그러나 낙관하기에는 아직 이르다. 9·19 공동성명의 완전한 이행을 어렵게 할 걸림돌이 여전히 많기 때문이다. 우선 2차 북미 핵 갈등의 원인이었던 우라늄 농축 문제가 있다. 2·13 합의에는 첫 단계 이행조치 기간인 60일 동안 북한이 "공동성명에 명기된 모든 핵 프로그램의 목록을 여타 참가국들과 협의"하고, 다음 단계에는 "모든 핵 프로그램에 대한 완전한 신고"에 동의했다. 이에 따라 북한이 신고 대상에 우라늄 농축을 포함시킬 것인지가 중대 변수가 될 전망이다. 이와 관련해 한국 정부 관리는 북한의 핵 프로그램 신고 대상에는 "핵 물질, 관련 설계도, 시설, 핵무기 등이 모두 해당되며 플루토늄 프로그램뿐 아니라 우라늄 농축 핵 프로그램도 포함된다"며, "북한이 얼마나 성실하고 신의 있게 신고하느냐에 따라 2·13 합의가 우여곡절을 겪을 수 있다"[99]고 말했다.

그러나 지금까지 북한이 우라늄 농축 프로그램 자체를 부인해 왔다는 점에서 신고 대상에 포함될 가능성은 낮아 보인다. 이럴 경우 북한의 우라늄 농축 프로그램 존재를 확언해 온 부시 정부와의 갈등이 불가피해진다. 이를 눈감고 넘어가기에는 이 문제로 인해 지금까지 치른 비용이 너무 클 뿐만 아니라 미국 내 매파의 거센 반발에 직면하게 될 것이기 때문이다. 특히 부시 정부가 후세인 정권의 대량파괴무기 개발 의혹을 조작 과장한 것이 이미 드러난 상황에서, 북한의 우라늄 농축 문제마저 허위나 과장으로 드러날 경우 부시 정부가 입게 될 정치적 타격은 다대할 것이라는 점에서 부시 정부가 이 문제에 대해 어느 정도의 유연성을 보여줄 것인지는 미지수이다.

이와 관련해 크리스토퍼 힐 차관보의 발언을 주목할 필요가 있다. 그는 2·13 합의 직후인 2월 21일 브루킹스 연구소 주최의

99) 『연합뉴스』, 2007년 2월 23일.

강연회에서 "우리는 북한이 HEUP와 전적으로 일치하는 장비를 구입했다는 정보를 갖고 있고, 이를 관련국과 공유했다"며 부시 정부의 기존 입장을 거듭 확인했다. 그러나 HEUP는 상당한 생산 기술을 요구하는 복잡한 프로그램이라며 북한이 이 기술을 완성했는지는 확신할 수 없다고 했다. 특히 부시 정부가 북한의 HEUP 보유 증거로 제시해 온 북한의 알루미늄관 수입과 관련해 "우리는 그것들이 파키스탄의 원심분리기 유형에 맞는 것으로 알고" 있지만, "만약 알루미늄관이 HEUP 프로그램에 이용되지 않았다면, 좋다(fine)"라고 말했다. 그러면서 알루미늄관이 어떤 용도로 쓰였는지 북한과 논의해 볼 필요가 있다며, 북한과 이 문제를 서로 만족할 수 있는 방향으로 풀기로(try to resolve this to mutual satisfaction) 했다고 전했다.100) 이는 북한이 HEUP 존재를 인정하고 이를 신고해 자진해서 폐기해야 한다는 리비아식 모델과는 적지 않은 차이를 내포하고 있다.

9·19 공동성명에서 미래의 의제로 넘긴 경수로 문제 역시 난제이다. 북미 양측이 이 문제에 대해 양보했다거나 타협점을 모색하고 있다는 징후는 아직 발견되지 않고 있다. 2·13 합의에서도 경수로 문제는 언급되지 않았다. 이에 따라 북한의 핵무기 및 플루토늄에 대한 폐기 논의가 시작될 때 경수로 문제가 핵심적 쟁점으로 또다시 부상할 가능성이 높다. 또한 정치적으로나 기술적으로 가장 까다로운 검증 문제도 남아 있다. 1993년 1차 북핵 위기의 직접적인 촉발 요인이 북한의 신고한 플루토늄 양과 IAEA가 사찰을

---

100) Update on the Six-Party Talks, Ambassador Christopher R. Hill Assistant Secretary of State for East Asian and Pacific Affairs, The Brookings Institution, February 22, 2007, http://www.brookings.org/comm/events/20070228hill.pdf.

통해 추정한 양 사이의 '불일치'에서 비롯되었다는 점, 앞으로의 검증 과정은 이때보다 훨씬 복잡할 것이라는 점을 고려할 때 검증 과정에서 또다시 갈등이 폭발할 가능성은 얼마든지 있다.

걸림돌은 '북핵 요인'에만 있는 것이 아니다. 대표적으로 미국이 북한을 테러 지원국에서 해제하고 적성국 교역법 적용 대상에서 북한을 빼 줄 것인지가 관심사이다. 우선 미국 국무부는 테러 지원국을 지정할 때 전년도를 평가 대상으로 삼아 왔다는 점에서 2007년 2월 13일 합의를 근거로 2007년에 북한을 제외시킬 수 없으며, 2007년 보고서는 당연히 북한을 포함하고 있다.

또한 2·13 합의 직후 백악관 NSC 부보좌관인 에이브럼스가 아시아 정책 및 비확산 담당 관리들에게 이메일을 보내 미국이 북한을 테러 지원국에서 해제하는 과정을 시작하기로 한 것을 강력히 비판한 것에서도 알 수 있듯이 미국 내 불만세력도 만만치 않다.[101] 아울러 일본이 자국인 납치 문제가 해결되기 전까지 북한을 테러 지원국 지정에서 해제해선 안 된다며 부시 정부를 설득 압박할 가능성도 높다. 만약 부시 정부가 2007년에도 북한을 테러 지원국에서 해제할 기미를 보이지 않거나, 해제에 준하는 경제제재 해제 조치를 취하지 않으면, 북한의 강력한 반발과 맞물려 9·19 공동성명 이행은 또다시 난관에 빠질 수 있다.

---

101) *Washington Post*, February 15, 2007.

## 4) 정·반을 넘어 합의 시대로

이처럼 예상할 수 있는 변수와 함께 예상하지 못한 변수까지 포함한다면, 9·19 공동성명과 2·13 합의 이행을 통한 한반도 비핵화는 그야말로 험난한 길이 될 것이다. 그러나 한반도에서 정(正)과 반(反)이 악순환을 거듭하며 지연되어 왔던 합(合)의 시대를 열 수 있는 역사적 기회의 크기는 결코 작지 않다. 도저히 같은 하늘 아래에서 공존할 수 없었던 것처럼 보였던 김정일 정권과 부시 정부 사이의 모순관계가 지난 6년간의 격렬한 충돌을 딛고 합의 과정에 진입하고 있기 때문이다.

사실 북한이 2006년 7월에 탄도 미사일을 실험발사하고 10월에는 핵 실험마저 강행하면서 '6자회담은 죽었다'는 진단이 팽배했었다. 대북 강경파는 김정일 정권이 있는 한 핵 문제 해결은 불가능하다며 정권 교체를 소리 높여 외쳤다. 일부 통일운동 진영에는 북한의 핵 실험으로 미소 간의 냉전시대와 유사한 상황이 도래할 것이라는 과장된 반응을 보이기도 했다.

그러나 한반도 위기와 기회의 변증법은 이번에도 찾아왔다. 대북 강경책으로 일관했던 부시 정부는 북한과의 양자대화 수용 및 확실한 인센티브 제시 등 달라진 모습을 보였다. 무엇보다도 업적 부재에 직면한 부시 정부는 2008년 이내에 북핵 문제를 해결해 보겠다는 강한 의지를 내비치고 있다. 그리고 중동에 힘을 집중시키고자 하는 동기인 듯도 보이지만, 부시 정부의 이러한 태도 변화가 2·13 합의의 가장 큰 배경이었다는 점은 분명하다.

북한 역시 핵 실험을 통해 핵보유국으로서의 지위를 노렸다기보다는 '협상의 재구성'을 원했다는 것이 점차 드러나고 있다. 많은 사람들은 핵 실험까지 한 북한은 6자회담이 열리더라도 핵 군축 회담을 고집할 것이라고 예상했다. 그러나 막상 협상이 시작되자 북한이 핵보유국으로서의 지위를 요구하고 6자회담 의제가 핵 군축이 되어야 한다는 얘기는 거의 들리지 않았다. 비록 그 방식이 거칠고 때로는 위험하기도 하지만, 북한 역시 '핵에 의한 생존'보다 '다른 방식을 통한 생존'이 비교우위에 있다는 것을 잘 알고 있는 것으로 보인다.

특히 북한은 '약해진 부시 정부'와 '민주당이 장악한 의회'의 조합을 미국과 담판 지을 수 있는 절호의 기회로 인식했던 것으로 판단된다. 보수적인 부시 정부와 합의에 도달하면, 민주당이 장악한 의회가 제동을 걸고 나설 가능성도 낮고, 2008년 미국 대선 결과에 따라 북미 간의 합의가 위기에 봉착할 가능성도 낮기 때문이다. 이는 1994년 제네바 북미기본합의 직후 공화당이 상하원을 장악하면서 의회의 제동에 직면했던 것이나, 2000년 북미관계 정상화 문턱에서 부시 후보가 당선되면서 한반도 평화 프로세스가 중단되었던 것과는 상당히 다른 정치적 환경이 미국 내에서 조성되고 있다는 것을 의미한다. 6년 전 부시 정부의 등장이 '정'의 시대를 '반'의 시대로 되돌린 계기였다면, 지난 6년간 표출된 부시 정부 대북 정책의 모순은 역설적으로 '합'의 시대를 여는 밑거름이 되고 있는 것이다.

그러나 한반도 문제의 정·반·합의 변증법은 보다 거시적인 통찰과 전망을 요구한다. 우선 남북관계 차원이다. 1994년 제네바 북미기본합의가 부여한 합의 기회가 유실된 데에는 역사적 기회를 포착하지 못한 김영삼 정부의 책임이 결코 적지 않다. 반대로 9·19 공동성명과 2·13 합의가 나올 수 있었던 데에는 김대중·노무현 정부로 이어져 온 대북 관여정책의 성과가 적지 않다. 만약 두 정부가 한미관계의 '반'을 두려워해 부시의 대북 강경책에 편승했다면, 오늘날의 '지연된 기회'는 오지 않았을 수도 있다. 이러한 맥락에서 1차 핵 위기 때와는 질적으로 달라진 한국의 대북정책과 남북관계는 합의 시대를 열 수 있는 중요한 토대라고 할 수 있다.

둘째는 미중관계 차원이다. 2차 북핵 문제의 발생과 전개과정, 일정한 합의의 배경에 미국과 중국 사이의 갈등과 협력관계가 존재했다면, 합의 형태를 규정할 힘의 중심에도 미중관계가 존재한다고 할 수 있다. 특히 최근 미국 패권주의가 쇠퇴할 조짐을 보이고, 중국의 하드파워와 소프트파워가 급성장하고 있는 시기와 한반도 질서의 근본적인 재편 시점이 중첩될 가능성이 높아지고 있다. 더구나 이들 나라는 각기 남북한의 동맹국이자 6자회담의 핵심적 당사자이며 정전협정을 평화협정으로 대체할 평화포럼의 참가국이다. 이는 미국과 중국의 개별적인 정책과 미중관계의 향방이 한반도의 미래상에 중대한 변수가 될 것임을 예고한다.

다음으로 일본의 선택도 중요한 변수가 될 것이다. 일본인 납치 문제에 매달린 나머지 외교정책까지 납치당한 일본이 과연 한반도 평화 프로세스에 동참할 것인가의 여부는 한반도뿐만 아니라 동북아 질서 전반에 상당한 변수가 될 것이다. 무엇보다도 미일동맹의 문제가 남는다. 북핵 문제 해결과 북미·북일관계 정상화가 이뤄지는 합의 과정은 역설적으로 중국 대 미일동맹 사이의 모순관계를 분명하게 드러내는 반의 과정을 내포하고 있기 때문이다. 최근 러시아가 북대서양조약기구(NATO) 확대 및 폴란드와 체코에 MD를 배치하는 것에 격렬히 반발하고 있듯이, 한반도의 냉전 해체는 한미동맹과 미일동맹, 미국 주도의 동아시아 MD 체제에 대한 중국의 의구심을 증폭시키는 결과를 낳게 될 것이다.

결국 한반도 합의 시대의 개막은 크게 세 가지의 과제를 어떻게 수행하느냐에 달려 있다고 할 수 있다. 첫째는, '북핵 해결과 이에 대한 상응조치 사이의 복잡하고도 까다로운 문제를 어떻게 풀어 갈 것인가'라는 미시적인 과제이다. 둘째는, 한반도 합의 시대가 다가올수록 모순이 크게 나타날 수 있는 동북아의 잠재적 대결 구도를 어떻게 슬기롭게 풀 것인가라는 거시적인 과제이다. 그리고 끝으로 이 두 가지 과제 수행을 위한 가장 기본적인 과제로 한반도 내 잔존하는 냉전적 사고를 극복하고 한반도와 동북아의 선순환적 관계를 구축할 수 있는 한국의 상상력과 의지이다.

# 제3장
# 2·13 합의 이후 북핵

## 1. 들어가며

2·13 합의에서 북한의 핵 포기 초기 조치와 관련해 구체적으로 명시된 것은 "재처리 시설을 포함한 영변 핵 시설을 폐쇄·봉인하고 IAEA와의 합의에 따라 모든 필요한 감시 및 검증 활동을 수행하기 위해 IAEA 요원을 복귀"토록 하는 것과 "9·19 공동성명에 따라 포기하도록 되어 있는 사용후 연료봉으로부터 추출된 플루토늄을 포함한" 모든 핵 프로그램의 목록을 여타 참가국들과 협의한다는 것이다. 이들 초기 조치는 북미관계 정상화 회담, 테러지원국 지정 해제, 적성국 교역법 적용 해제, 북일관계 정상화 회담 및 중유 5만 톤 제공 등 상응조치와 병행해 60일 이내에 마무리되도록 했다.

2·13 합의는 그 다음 단계로 북한의 "모든 핵 프로그램에 대한 완전한 신고와 흑연감속로 및 재처리 시설을 포함하는 모든 현존하는 핵 시설의 불능화"를 명시했고, 이에 대한 상응조치로 "최초

선적분인 중유 5만 톤 상당의 지원을 포함한 중유 100만 톤 상당의 경제, 에너지, 인도적 지원이 제공된다"고 적고 있다.

그러나 핵 시설의 폐쇄 및 봉인과는 달리 그 구체적 시점은 명기되지 않았다. 또한 북한의 핵 프로그램 신고의 정확성과 완전성을 검증하는 절차 및 불능화의 정확한 개념도 포함되지 않았다. 이에 따라 북한의 신고 내용의 완전성과 정확성, 그리고 불능화의 개념을 둘러싼 갈등이 일어날 가능성을 배제할 수 없다. 우선 신고 대상과 관련해 2차 북핵 문제의 발단이 되었던 HEUP 포함 여부가 주목된다.

다른 하나의 갈등 요인은 북한이 이미 보유한 것으로 추정되는 핵무기와 플루토늄이라고 할 수 있다. 일단 2·13 합의에는 신고 대상으로 '모든 핵 프로그램'이라고 명시된 만큼, 북한은 핵무기와 플루토늄을 포함한 모든 핵 프로그램의 정확한 내역을 신고해야 한다. 문제는 북한이 신고한 내역을 검증하려면 강도 높은 사찰이 수반되어야 하는데, 이는 합의하기도 힘들 뿐더러 상당한 시간을 요한다. 특히 미국이 추정하는 양과 북한이 신고하는 양 사이에 불일치가 커질수록 이 문제를 둘러싼 갈등의 크기 역시 커지게 될 것이다.

불능화 정의 문제도 갈등의 소지를 담고 있다. 즉, 2·13 합의에서의 불능화란 잠정적 불능화를 의미하는지 아니면 영구적 불능화를 뜻하는지 모호하다. 아울러 중유 100만 톤 상당의 경제, 에너지, 인도적 지원 이외에 테러 지원국 해제 및 적성국 교역법 적용 종료 등 다른 상응조치의 이행 여부도 불능화 조치 이행의 변수가 될 것이다.

북한의 핵 프로그램 신고와 핵 시설의 불능화 조치가 마무리되면, 그 다음 단계는 폐기이다. 9·19와 2·13에 따르면 폐기 대상에는 핵 시설뿐만 아니라 핵무기와 플루토늄 등 모든 핵 프로그램이 포함된다. 이는 내용적으로 볼 때 경수로 제공, 북미·북일관계 정상화, 한반도 평화협정 체결, 관련국 사이의 군사적 신뢰 구축 등 보다 근본적인 상응조치와 연동되어 있다. 지난 6차 6자회담에서 BDA에 동결된 북한 자금의 송금이 '기술적 문제'로 지연되면서 2·13 합의가 지체되었던 것에서도 알 수 있듯이, 북핵의 불능화 및 폐기는 이에 대한 상응조치의 이행 수준과 맞물려 상당한 진통이 따를 전망이다.

북핵 폐기 과정은 핵 시설의 폐쇄·봉인→모든 핵 프로그램의 신고와 핵 시설의 불능화→ 핵무기와 플루토늄 해외 이전 및 폐기→모든 핵 시설 및 핵 프로그램의 폐기→ 환경 정화 순서로 진행될 것이다. 물론 각 단계마다 IAEA의 감시 사찰 검증이 동반되어야 하고, 북한의 비핵화를 지속적으로 유지한다는 차원에서 북한의 NPT 복귀 및 IAEA 추가의정서 서명·비준도 요구된다.

## 2. 제네바 합의를 넘어

주지하듯, 1994년 제네바 합의 때의 북핵 폐기는 경수로사업의 공기와 철저하게 연동되어 있었다. 사용후 연료 처리와 관련해 제네바 합의문에는 "사용후 연료봉을 경수로 건설기간 동안 안전하게 보관하고, 북한 내에서 재처리하지 않는 안전한 방법으로 처리될 수 있는 방안을 강구한다"고 되어 있고, 경수로 공급협정 부속문서에는 "경수로 1호기의 핵심 부품이 인도되기 시작하면"

북한으로부터의 이전이 시작돼 경수로 1호기의 완공 시점에 완료하기로 되어 있다. 흑연감속로를 비롯한 영변 핵 시설의 폐기 시점과 관련해서도 제네바 합의문에는 "경수로사업이 완료될 때"라고 규정하고 있고, 경수로 공급협정에는 "경수로 1호기가 완료되면 북한은 동결된 흑연감속로 및 관련 시설의 해체를 시작하여 경수로 2호기가 완료될 때 이러한 해체작업을 완료한다"고 되어 있다.

또한 경수로사업은 북한의 과거 핵 활동에 대한 사찰과 연계되어 있었다. 북한의 과거 핵 활동의 규명과 관련해 제네바 합의문은 북한의 핵 사찰 수용 시점을 "경수로사업의 상당 부분이 완료될 때, 그러나 주요 핵심 부품의 인도 이전"으로 잡고 있다. 이에 따라 경수로사업이 지연되면서 북한의 과거 핵 활동에 대한 사찰 시점은 부시 행정부 초기 북미 간 갈등의 주요한 요인이 된 바 있다. 더구나 사찰 기간에 대해서도 미국은 3년 이상이 걸리고, 북한은 3~4개월이면 된다는 주장을 편 바 있다.

제네바 합의체제의 두 가지 특징, 즉 북핵 폐기를 경수로사업 공기와 연계시키고, 경수로사업은 북한의 과거 핵 활동에 대한 사찰과 연계시킨 것은 제네바 합의 이행이 지지부진했던 핵심적인 이유 중 하나라고 할 수 있다. 이러한 맥락에서 볼 때, 제네바 합의 때와 마찬가지로 이번에도 북핵 폐기를 경수로사업 일정에 맞추면, 또다시 문제 해결은 상당히 지연될 수밖에 없다. 경수로 공사가 재개되더라도 완공까지 5년 이상은 족히 걸릴 것이기 때문이다. 공사 중단 시점에서의 공정률이 35%에 불과하고, 핵심 부품이 인도되기 위해서는 북미 간의 원자력 협정이 체결되어야 한다는 점을 고려할 때 그렇다. 더구나 제네바 합의처럼 경수로사업 일정에 북핵 사찰까지 포함한다면, 문제 해결의 시점은 더욱 멀어질 수밖에 없다.

이와 관련해 IAEA의 고위 관리는 북한이 IAEA에 전적으로 협력하더라도 사찰을 종료하는 데 수년이 걸릴 것이라고 말하기도 했고,[1] 또 다른 관계자는 2002년 12월 IAEA 감시단이 추방돼 이후 북한의 핵 활동을 알 수 없기 때문에, IAEA가 북한 핵 활동의 정보에 대한 손실을 만회하는 데에만도 7~8개월이 걸릴 것이라고 말했다.[2] 따라서 제네바 합의보다 나은 수준의 해법을 모색하기 위해서는 크게 두 가지 접근이 필요하다. 하나는 경수로사업을 북핵 폐기 과정으로부터 최대한 분리해 창의적인 해법을 모색하는 것이고, 다른 하나는 북한이 IAEA 추가의정서에 서명·비준함으로써 지속적인 검증을 가능케 하는 것이다. 이 가운데 두 번째 접근은 불능화, HEU, 핵무기 및 플루토늄 문제를 해결하는 데 공통적으로 적용될 수 있을 것이다.


## 3. 경수로

북핵 문제 해결의 가장 큰 걸림돌 가운데 하나는 경수로 문제이다. 지금까지 북미 양측의 입장을 고려할 때, 북한이 경수로를 포기할 가능성도, 미국이 조기에 공사 재개를 수용할 가능성도 낮기 때문이다.

우선 중요한 관건은 9·19 공동성명에 명기된 '적절한 시점'을

---

1) *The New York Times*, December 6, 2004.

2) *The Christian Science Monitor*, December 21, 2004.

언제로 잡느냐에 있다. 이와 관련해 부시 행정부는 "경수로 논의의 적절한 시점은 북한이 핵무기와 핵 프로그램을 모두 없애고, NPT에 복귀하고 IAEA의 안전조치를 받아 국제사회의 신뢰를 회복할 때"라는 입장을 견지했다. 이에 대해 북한은 9·19 공동성명 채택 직후 "미국이 대북 신뢰 조성의 기초로 되는 경수로를 제공하는 즉시 NPT에 복귀하고 IAEA와 담보협정을 체결하고 이행할 것"이라는 입장을 피력한 바 있다. 그러나 미국의 주장은 사실상 경수로를 제공하지 않겠다는 의미로 해석될 수 있어 북한이 받아들이기 어렵다. 북한의 주장 역시 경수로를 완공하는 데 최소 5년 이상은 걸릴 텐데, 경수로가 제공된 이후에 NPT와 IAEA에 복귀하겠다는 것은 북한의 핵 포기 의지에 대한 의구심만 불러일으킬 뿐이다.

이에 따라 이 문제는 '동시행동'의 원칙 및 신뢰 구축 조치를 바탕으로 단계적으로 추진할 수밖에 없다. 향후 경수로사업 일정을 논의 개시→ 공사 재개 합의→ 공사 재개→ 북미 원자력 협정→ 1호기 완공→ 2호기 완공으로 정리한다면, 이러한 사업 일정의 '초기'와 북한의 핵 포기 단계를 연계시켜 나가는 것이 현실적이라는 것이다. 북한의 핵 시설 폐쇄 및 봉인이 완료되고 불능화 단계에 돌입하는 동시에 경수로 논의를 재개하고, 불능화 단계가 완료될 때 공사를 재개하며, 북한이 NPT 및 IAEA에 복귀하고 핵무기 및 플루토늄 폐기 과정을 개시할 때, 북미 원자력 협정을 체결하는 순서로 문제를 풀어 나갈 수 있을 것이다. 이렇게 하면 제네바 북미기본합의가 배태하고 있던'핵 폐기 - 경수로 완료 - 과거핵 사찰'의 딜레마를 극복할 수 있을 것이다. 그러나 사실 제네바 합의도 행위주체들이 보다 명확한 기준과 시한과 보상규정을 정하고 동의했더라면, 그리고 그러한 동의를 시간에 맞춰 이행했다면 큰 문제가 없었을 것이다. 따라서 북미관계 정상화, 테러 지원국 해제, 적성국 교역법 적용 해제 등의 대북 인센티브가 보다 명확해졌다는 점에서, 핵 폐기와 경수로 완공 시점을 연계할 필요성은 적어졌지만, 핵 폐기 이후에도 경수로 공사가 계속된다면 앞에서 제시한 명확한 기준·시한·보상규정이 마련될 필요가 있을 것이다.

경수로 문제 해결의 또 한 가지 중요한 원칙은 경수로가 군사적으로 전용될 수 있는 소지를 원천봉쇄하는 방안을 강구하는 것이다. 이를 위해서는 경수로 제공 조건으로 북한이 핵무기 제조용으로 전용될 수 있는 우라늄 농축 및 재처리 시설을 완전히 포기하도록 해야 한다. 경수로가 있더라도 연료봉 제조에 필요한 우라늄 농축 시설이나 사용후 연료의 재처리 시설이 없다면, 경수로를 핵무기 제조용으로 전용하는 것은 원천적으로 불가능하다. 미국 역시 이란이 농축 및 재처리를 포기하면 평화적 핵 이용을 인정할 수 있다는 입장을 보여 왔다는 점에서, 이러한 접근법에 동의할 가능성이 있다. 또한 북한이 IAEA 안전조치협정에 재가입하고 추가의정서를 서명·비준함으로써 IAEA가 상시적으로 신속하게 경수로 운영을 감시할 수 있는 체제를 구축하는 것도 필요하다.

끝으로 경수로 문제를 포함해 북한의 에너지난을 해소하는 데 주도적 역할을 할 기구의 창설도 염두에 둘 필요가 있다. 북핵 문제 해결의 틀을 6자회담으로 짠 만큼 새로운 기구가 필요할 것이기 때문이다. 이와 관련해 제네바 합의의 산물인 KEDO를 확대·개편해 '동북아에너지협력기구(Northeast Asian Energy Cooperation Organization: NAECO)'를 창설하는 방안을 적극 검토할 필요가 있다. 이 기구에는 KEDO 회원국인 한국, 미국, 일본, 유럽연합 이외에도

6자회담 참가국인 북한, 중국, 러시아를 포함할 수 있을 것이다.

이 제안은 중유를 비롯한 대북 에너지 제공 주체로 KEDO 회원국이 아닌 중국과 러시아가 포함되었고, 향후 KEDO를 대체할 새로운 기구가 필요해질 것이며, 2·13 합의에서 경제 및 에너지 문제를 논의하는 실무그룹이 구성되었다는 점을 종합적으로 고려한 것이다. 아울러 에너지를 둘러싼 동북아 국가들의 각축전이 치열해지고 있고, 에너지 사용량의 폭발적인 증가로 인한 환경 문제도 심각해지고 있다는 점을 고려할 때, 향후 에너지 협력 문제가 동북아에서 중요한 현안으로 대두될 수 있다는 판단도 포함되어 있다.

실제로 동북아에너지협력기구가 할 수 있는 일은 다양하고도 중요하다. 중유 제공의 실행 주체가 될 수 있을 뿐만 아니라, 논란이 되고 있는 경수로 문제의 합리적인 해결 틀이 될 수 있기 때문이다. 북한이 경수로에 집착하는 이유는 경수로가 미국의 구체적 대북 신뢰 조치의 일환이자 김일성 주석의 유훈이라는 명분에만 있는 것이 아니다. 경제발전을 위해서는 전력수급체계를 다양화 안정화할 필요가 있고, 특히 400만 톤 이상의 가용 우라늄이 매장되어 있다는 실리적 판단도 중요하게 작용하고 있다고 볼 수 있기 때문이다.

그러나 우라늄 농축 시설의 이용 권리를 북한에게 허용할 경우, 핵무기 제조로 전용될 수 있다는 우려가 있다. 이는 한반도 비핵화 공동선언에 위배되기도 한다. 따라서 동북아 에너지 개발기구가 북한의 우라늄 광산을 이용해 경수로 발전용 원료를 제공하고 경수로 운영권을 갖는다면, 경수로 문제 해결의 기초를 마련할 수 있을 것이다. 특히 이렇게 되면 경수로는 IAEA 감시와 함께 동북아에너지협력기구의 통제 하에 놓이게 됨에 따라 핵무기 제조용으로 전용될 수 있는 소지를 완전히 없앨 수 있게 된다. 또한 향후 북한의 핵 시설 폐기 및 정화 문제도 중요하게 대두될 수 있고, 폐기 및 정화에 상당한 비용과 시간이 소요될 것이라는 점에서 동북아에너지협력기구에서 이 역할을 담당하는 것도 고려해 볼 수 있다. 전후 유럽에서의 석탄철강공동체의 형성은 유럽의 통합과 안보협력을 이끌어낸 중요한 이니셔티브였는데, 시사하는 바가 크다 할 것이다.

## 4. 핵 시설의 불능화와 폐기

북한의 핵 시설 문제 해결은 폐쇄 및 봉인→불능화→폐기→환경 정화의 과정을 밟을 수 있을 것이다. 물론 이러한 과정은 적절한 감시와 사찰을 통한 검증이 수반되어야 한다. 앞서 언급한 것처럼, 폐쇄와 봉인 일정 및 IAEA의 감시 문제는 2·13 합의에서 다뤄져 있다.

불능화와 관련해 핵심적인 문제는 두 가지이다. 하나는 그 대상이고, 다른 하나는 불가역성의 여부이다. 2·13 합의에는 '모든 현존하는 핵 시설'을 불능화의 대상으로 명시했다. 이에 따라 불능화 대상에는 2003년 초부터 재가동에 들어간 5MWe 원자로, 이 원자로에 핵연료를 제공해 온 핵연료 제조공장, 재처리 시설인 방사화학실험실 등이 핵심적인 대상이 된다. 이들 시설은 재가동되어 왔고, 또한 플루토늄 추출을 위한 핵심 시설이라는 점에서 명확한 불능화 대상이라고 할 수 있다. 이에 반해 50MWe 원자로와

200MWe 원자로는 건설 중인 시설이라는 점에서 공사 중단을 넘어 불능화 대상에 포함될 것인지의 여부가 중요한 관건이라고 할 수 있는데, 원칙적으로 이들 공사 중인 시설 역시 공사 재개 불능 조치를 취해야 할 것이다.

다음으로 불능화는 향후 핵 시설이 재가동되지 못하도록 불가역적인, 즉 영구적인 불능화 조치를 취하는 것을 원칙으로 해야 할 것이다. 이를 위해서는 핵 시설에서 제거된 핵심 부품을 고장내거나 폐기해야 한다. 이는 개념적으로 핵 시설의 구조물과 건축물의 해체를 포함하지 않는다면 점에서 완전한 폐기는 아니지만, 북한이 핵 시설을 재가동하기 위해서는 핵심 부품을 다시 조달해야 한다는 점에서 핵 시설 폐기 과정의 중요한 부분이기도 하다. 이는 '사실상' 핵 시설의 폐기로 해석될 수 있어 북한이 수용하려고 하지 않을 가능성이 있다는 것을 의미한다. 이에 따라 이 문제 역시 단계적으로 접근할 수 있을 것이다. 즉, 잠정적인 불능화 조치로 핵 시설에서 제거된 핵심 부품을 IAEA 사찰단의 감시 하에 두고 핵 시설의 전력 공급을 차단하는 조치를 취할 수 있을 것이고, 영구 불능화 단계에 해당하는 핵심 부품의 고장 및 폐기 조치는 '행동 대 행동' 차원에서 테러 지원국 해제 완료와 적성국 교역법의 종료, 경수로 공사 재개 등 북한의 핵심적인 요구 사항을 상응조치로 제시할 필요가 있다.

끝으로 핵 시설 폐기 및 환경 정화는 앞서 제안된 KEDO의 대체 기구인 동북아에너지협력기구의 주관 하에 진행하는 것이 바람직하다. 핵 시설 폐기 및 환경 정화는 상당한 비용과 시간, 기술력을 요한다고 할 때 이를 통해 효과적 협력적 이행을 담보할 수 있을 것이다. 이에 따라 환경 정화를 포함한 폐기 비용의 균등한 부담과 폐기 과정의 안정적 관리, 다자간 협력 증진을 위해서는 동북아에너지협력기구가 이 일을 맡는 것을 적극 검토할 필요가 있다. 물론 IAEA의 기술협력도 필수적인 요소이다.

핵 시설 폐기 개시 시점은 불능화 및 테러 지원국 해제와 같은 2·13 합의가 이행된 직후가 될 수 있을 것이며, 폐기가 완료될 때까지 수년은 족히 걸릴 것이라는 점에서 상응조치와 분리해 폐기를 진행하는 것이 바람직하다. 가령 북미 수교와 같은 중대한 상응조치는 불능화가 이뤄졌다는 전제 하에 핵 시설 폐기가 아닌 핵무기 및 플루토늄의 폐기와 연계시키는 것이 조속하고 안정적 문제 해결을 도모하는 길일 것이다.

거의 언급되지 않고 있으나 환경 정화도 중요한 문제이다. 북한의 흑연감속로와 재처리 시설의 관련 장비들은 방사능에 오염되어 있기 때문에 이 시설을 폐기할 때 각별한 관심과 주의가 필요하다.[3] 이와 관련해 미국은 북한의 핵 능력 제거에 초점을 맞추고 환경 치유에 관심을 갖지 않을 공산이 크다는 지적도 있다.[4] 이러한 상황을 예방하기 위해서는 환경 정화도 북핵 폐기 내용에 포함시켜야 할 것이다. 이에 대해서는 '협력적 위협감축(Cooperative Threat Reduction)' 프로그램을 논할 때 상세히 서술할 것이다.

3) David Albright and Corey Hinderstein, "Dismantling the DPRK's Nuclear Weapons Program," *Peaceworks*, USIP, January 2006.

4) 강정민, 「북핵 사찰검증 핵심 쟁점」, 『신동아』, 2006년 1월호.

## 5. 핵무기 및 플루토늄, 핵무기 관련 시설

북한 핵 시설의 불능화와 폐기가 북한이 플루토늄을 '더 이상' 확보하지 못하게 해 북한의 핵 무장 능력을 '동결'시키는 데 목적이 있다면, 북한이 보유하고 있는 것으로 추정되는 핵무기와 플루토늄, 그리고 이와 관련된 시설의 폐기는 핵무기 프로그램의 폐기에 해당된다. 이는 핵무기를 선군정치의 표상이자 대미 억제력의 핵심으로 간주해 온 김정일 정권의 가장 높은 수준의 전략적 결단을 요하는 문제이자, 이에 걸맞은 상응조치가 보장될 때 비로소 가능하다는 점에서 대단히 까다로운 협상 대상이 될 것이다.

또한 북한의 핵무기 프로그램이 플루토늄에 기반을 두고 있다는 점에서, 신고한 플루토늄의 정확성과 완전성을 검증하기도 어렵다. 1990년을 전후해 북한이 추출한 플루토늄의 양, 8,000여 개에 달했던 사용후 연료봉의 재처리 수준 및 추출된 플루토늄의 양, 2003년 이후 재가동에 들어간 5MWe 원자로에서 사용된 연료봉의 현 상태와 추출되었을지도 모르는 플루토늄의 양, 무기화된 핵무기 숫자 및 이에 투입된 플루토늄 양, 2006년 10월 핵 실험 당시 사용된 플루토늄 양 등을 정확히 파악해야 하는데, 이는 북한이 검증단에 전적으로 협력하더라도 2~3년은 걸릴 일이다.

폐기 대상에는 핵무기와 플루토늄뿐만 아니라, 핵무기와 관련된 시설도 포함되어야 한다. 여기에는 핵무기 및 부품 제조 시설, 고폭탄 실험 시설, 핵무기 저장고, 지하 핵 실험장 등이 포함된다. 이들 시설은 다른 핵 시설과는 달리 북한이 신고한 적이 없어, 신고의 정확성과 완전성을 우선적으로 확보하는 것이 중요하다.

이에 따라 북한의 핵무기 프로그램의 폐기는 크게 두 단계로 나누어 접근할 필요가 있다. 1단계는 핵무기와 플루토늄의 폐기이고, 2단계는 핵무기 제조 관련 시설의 폐기이다. 이미 앞선 단계에서 북한이 플루토늄을 추출할 수 있는 핵 시설의 불능화 조치를 취하게 되기 때문에, 북한의 핵무기와 플루토늄까지 폐기하면 일부 핵무기 제조 시설이 남아 있더라고 핵무기를 만들 수 없다. 핵무기와 플루토늄의 폐기는 적절한 상응조치가 이뤄지는 시점에 북한의 핵무기와 플루토늄을 러시아 등 제3국으로 이전해 폐기하는 방식이 좋을 듯하다. 이렇게 하면 완전하지는 않지만 높은 수준의 북핵 해결 시점을 핵무기 및 플루토늄의 폐기가 아니라 '이전'으로 잡을 수 있어 문제 해결 시점을 획기적으로 앞당길 수 있기 때문이다. 파악된 핵무기와 플루토늄을 먼저 이전·폐기하고 북한이 신고하지 않았거나 기술적 문제로 파악되지 못한 플루토늄에 대한 검증을 실시하며, 모든 핵 시설과 핵무기 제조와 연관된 시설의 폐기는 이때부터 본격화할 수 있을 것이다.

　물론 이러한 방식으로의 해결을 위해서는 북한의 결단에 걸맞은 상응조치가 제공되어야 한다. 가장 유력한 상응조치는 역시 북미관계 정상화라고 할 수 있다. 특히 김정일 국방위원장이 근본적인 문제 해결 방식으로 정상회담을 선호해 왔다는 점에서, 6자 혹은 북미 정상회담을 통해 이러한 합의에 도달하는 방안을 강구할 수 있을 것이다.

　북한의 핵무기 및 플루토늄 폐기와 북미·북일관계 정상화라는 근본적인 '동시행동'이 이행되면, 북핵과 관련해 남은 문제는 북한이 신고한 내용의 정확성과 완전성을 검증하기 위한 사찰과 핵 시설 등 남은 핵 프로그램의 완전한 폐기이다. 사찰과 관련해서는 북한이 IAEA 추가의정서에 서명·비준함으로써 IAEA나 국제사회 주도의 검증체제를 수용해야 한다. 문제는 시점이다. 이와 관련해 미국은 북미 수교를 북한의 핵무기 및 플루토늄의 폐기에 대한 검증 이후로 잡을 공산이 높고, 북한은 핵무기와 플루토늄 폐기 이전에 수교를 요구할 가능성이 높다. 북한이 신고한 핵무기와 플루토늄의 폐기를 북미관계 정상화와 교환하는 방법이 합리적이다.

핵 시설 등 남은 핵 프로그램의 완전한 폐기는 앞서 제안한 것처럼, 동북아에너지협력기구가 IAEA와의 기술협력을 통해 진행하는 것이 바람직하다. 시기적으로는 북미 수교 직후부터 개시되어야 할 것이다.


## 6. 우라늄 농축 프로그램

### 1) 우라늄 농축 프로그램에 대한 이해

북한의 이른바 HEUP 문제에 효과적으로 접근하려면 인과관계에 대한 역사적 이해를 도모하는 일과, 이러한 프로그램의 기술적 의미와 작동방법에 대한 이해를 도모하는 일이 필수적이다. 역사적 접근은 앞에서 이미 행했으므로, 여기서는 후자에 초점을 맞추도록 한다. 통상적으로 핵물리 엔지니어링의 분야에서 프로그램이라는 용어는 의도(intention)나 설계도(drawing)부터 무기급 고농축 우라늄을 산출할 수 있는 시설을 포괄하는 광범위한 개념이다. 따라서 미국이 북한이 보유하고 있는 것으로 추정하고 있는 우라늄 농축 관련 부품이나 원료 등을 '프로그램'이라 간주하고 이를 인정하고 제거하라고 한다면, 그리고 북한은 미국이 지적하는 것은 분명히 무기급 '고농축' 우라늄 프로그램이었으므로 그것을 보유하고 있지 않다고 반론한다면, 논리적으로는, 미국과 북한 모두 틀리지 않는 셈이다. 따라서 HEUP 문제에 대한 접근은 무엇보다 먼저 이것에 대한 정확한 정의를 내리고 실제에 이를 적용하는 일이다. 지금부터 이러한 점에 착상하여 구체적 해결책을 모색해 본다.

## 2) 우라늄 농축 프로그램 문제의 해결책

북미가 충돌하고 있는 북한의 우라늄 농축 프로그램에 대한 해결책은 두 가지로 요약될 수 있다. 미국이 주도하는 경우와 북한이 주도하는 방법이 그것이다.

### (1) 미국의 이니셔티브

앞에서 말했듯이, 우라늄 농축 문제 해결의 관건은 '프로그램'이라는 포괄적인 용어를 보다 구체적이고 협의적인 용어로 재정의하는 것이다. 미국의 북한 우라늄 농축 관련 정보가 무기급 고농축 우라늄 생산 시설을 포함하는 것이 아니라면, 그것을 구체적이고 협의로 재정의하여 북한이 개념이나 용어상의 모호성에 책임을 전가하거나 도피하지 못하도록 하는 것이 문제 해결에 절대적으로 유익할 것이다.

간단히 말해, 미국은 북한의 우라늄 농축 관련 정보를 프로그램이 아닌 장비나 부품(equipment or parts) 수준에서 재정의하는 한편, 자신이 갖고 있는 증거를 제시하고 북한이 적절히 설명하도록 해야 한다. 지금 제시되고 있는 해결책이 미국의 이니셔티브라 명명되었지만, 한국 정부의 대미 설득과 협력이 절대적으로 필요하다는 점이 강조되어야 한다. 이런 맥락에서 한국 정부는 미국이 동시이행(parallel- processing) 방식으로 북한의 플루토늄 활동을 동결시키는 가운데 우라늄 농축 문제에 관한 전문가 회의를 소집하여 장비나 부품 차원의 증거를 제시하는 것이 북한의 도피를 방지하여 자신의 이익을 관철하는 데 도움이 될 것임을 이해시키도록 노력해야 한다. 한국 정부는 미국이 전문가 회의에서 자신의 주장을 뒷받침할 증거들을 제시함으로써 우라늄 농축을 둘러싼 모호성을 분명히 제거할 수 있을 뿐 아니라 이라크의 핵무기와 관련한 정보의 왜곡 문제에 따른 부시 정부의 신뢰 회복을 효과적으로 제고할 수 있다는 점을 지적하면서 역사적 결단을 촉구해야 할 것이다.

미국은 우라늄 농축 프로그램에 대한 정보원을 밝힐 경우 북한이 이를 찾아내어 이 정보원을 통해 수집된 정보를 왜곡 또는 무력화하거나 향후 정보 누출을 차단할 것이라고 우려할 수 있다. 그러나 미국은 그 정보가 어떻게 획득되었는지 밝히지 않은 채 고강도 알루미늄 관이나 원심분리기 등 북한이 확보했다고 믿고 있는 부품이나 장치들의 리스트만을 제시하면 된다. 만일 미국이 갖고 있는 정보원이 김정일 위원장이 전적으로 신임하는 최고위 관료일 수 있다고 가정한다 해도 '미래 정보' 수집보다는 핵무장한 북한이 더욱 중대한 사안이며 이에 따르는 결과는 막대한 만큼 한국 정부는 '증거 제시 불가' 전략이 미국의 국가이익을 훼손하는 결과가 될 것임을 인식시키도록 해야 한다.

한국 정부는 분별력 있는 방법으로 미국 시민과 의회가 이 문제의 중요성을 인식하도록 조치를 강구할 필요가 있다. 한국의 전문가나 시민단체의 Track-II 접근을 장려하고 북핵 문제의 심각성과 외교적 해결의 중요성에 대한 토론과 의사교환을 적극적으로 추진해야 한다. 가능하면 북한 인사를 미국에 초청하여 한국·북한·미국 3자 Track-II 회담도 실시할 필요가 있다. 어떤 경우든 한국 정부로서는 미국이 보유하고 있다고 주장하고 있는 증거를 제시하고, 북한이 그것에 대해 설명하도록 하는 것이 중요하다.

<그림 1>에서 보듯, 전문가 회의가 열리고 미국이 증거를 공개한다면 북한은 그것에 대해 설명하도록 요구받게 될 것이다. 이때 미국은 북한의 자백에 따른 부담을 줄이도록 유연한 자세를 취해야 한다. 예를 들어 북한이 연료 주기를 완성하기 위해 우라늄 농축을 시도하려 했다고 하면 그것을 전략적 차원에서 받아들여야 한다는 말이다. 미국 상원 외교위원장인 리처드 루거 상원위원이 지적했듯이,5) 2002년의 북일 평양선언은 일본인 납치 문제와 관련한 김정일 위원장의 설명을 받아들인 고이즈미 총리의 유연한 자세 때문에 가능했다는 점을 상기해야 한다.

만일 미국의 증거와 북한이 제시하는 장비나 부품 리스트가 큰 차이가 없고 북한의 적절한 설명이 뒷받침된다면, 북한이 그러한 장비와 부품을 보유하고 있는 것 자체가 제네바 북미기본합의의 정신과 한반도 비핵화 공동선언 등 다른 합의에 위배되는 것이기 때문에 미국과 다른 참가국들은 그 장비와 부품의 폐기를 요구할 권리를 갖고 있다. 그러나 북한이 보상을 요구할 가능성이 있는데, 이는 한국·중국 등이 주도적으로 해결할 수 있는 사안이라

---

5) Richard G. Lugar, Opening Statement for Hearing on North Korea and the Six Way Talks, Senate Committee on Foreign Relations, July 15, 2004.

<그림 1> 미국의 이니셔티브

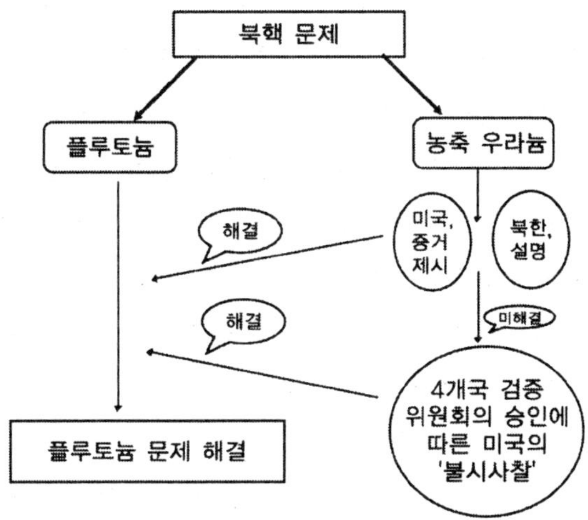


판단된다. 미국과 일본이 재정적 보상에 참여할 가능성은 높지 않지만, 제3차 6자회담에서의 미국의 제안을 고려할 때 '넌-루거(Nunn-Lugar)'식의 협력적 위협감축(cooperative threat reduction) 또는 '예방적 방위(preventive defense)' 접근이 갖는 실용성은 이들의 묵인이나 소극적 협력을 충분히 도출할 수 있을 것이다. 우라늄 농축 문제의 해결은 분명히 플루토늄 문제 해결에 긍정적인 효과를 줄 것이고, 문제 해결 과정에 진전을 가져올 것이다.

이러한 방법을 통해서도 의혹이 해소되지 않을 수 있다. 또한 미국이 증거 제시를 꺼려하는 이유 중 하나는 일단 증거가 제시되면 북한이 그 프로그램을 다른 장소로 이동시켜 미국 측 주장이 거짓이라고 주장할 것이라는 점이다. 따라서 북한의 '속임수'를 막기 위한 방법으로 미국에게 사전 예고 없이 불시사찰권을 주는 방법이 고려될 수 있다. 그러나 이는 '주권침해'로 이해되어 북한의 반발을 살 가능성이 높다. 따라서 양자가 수용할 수 있는 타협점을 찾아야 한다. 물론 북한이 9·19와 2·13에 합의했으므로 IAEA가 사찰과 검증의 권한을 갖도록 하는 것이 합리적이다. 그러나 이러한 옵션과 함께 대안적 제도를 강구하고 차선을 마련하는 것도 창의적이고 생산적일 수 있다. 예를 들어, IAEA를 편파적이라 간주하는 북한의 입장과 제3세계의 이익이 지배할 수 있고 기술적 능력도 부족하다고 판단하는 미국의 입장을 동시에 고려하여 6자회담 참가국 중 북한과 미국을 제외한 4개국으로 이루어진 검증체제를 만들 수 있을 것이다.

이 검증체제에 따르면, 미국이 북한의 핵 활동을 발견했거나 그러한 의혹을 갖고 있다면 '4개국 검증위원회'에 NPT 1997 추가 의정서(Additional Protocol to NPT[INFCIRC/ 540]) 수준의 불시사찰을 요구할 수 있다(<그림 1> 참조). 4개국 검증위원회가 허용할 경우 미국은 국제법적 구속력이 있는 불시사찰권을 행사하게 될 것이다. 4개국 검증위원회의 장점은 중국·러시아·한국이 위원국이므로 비합리적 의사결정에 따른 강제적 사찰을 받아들이기 어려운 북한의 부담을 줄일 수 있고, 미국으로서는 제3자가 아닌 자신이 직접적이고 즉각적인 사찰 및 검증을 실시할 수 있다는 점이다. 1999년 금창리 사찰이 대표적 사례다.

### (2) 북한의 이니셔티브

한국 정부는 북한 우라늄 농축에 관한 미국의 '재정의'와 '증거 제시'를 통한 북핵 문제의 해결을 도모하는 가운데, 북한으로 하여금 자신의 체면을 세우면서 실익을 얻을 수 있는 방법을 분별력

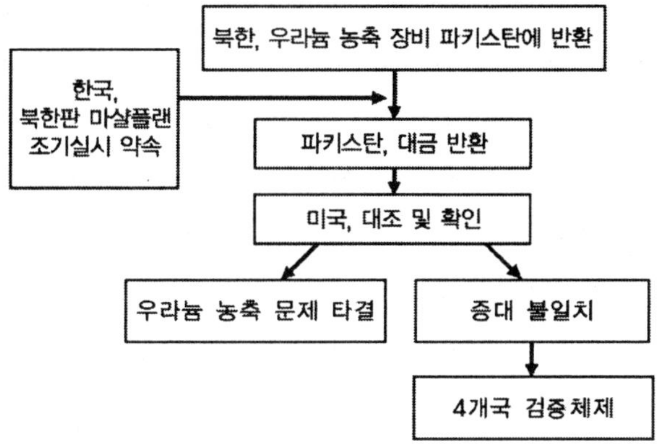


있는 수단으로 설명·설득할 수 있어야 한다. 이러한 접근은 우라늄 농축 프로그램을 협의적으로 재정의함으로써 북한의 도피를 방지한다는 실용주의의 유용성과 우라늄 농축 기술이 이중용도라는 점에 착안한 것으로, 한국 정부의 결단력과 6자회담 참가국들의 재정적 협조가 이루어진다면 의외로 문제를 쉽게 해결할 수 있는 잠재력을 가지고 있다고 판단된다. <그림 2>에서 보듯이, 북한 이니셔티브의 방법과 순서는 다음과 같다.

첫째, 북한이 파키스탄의 A. Q. 칸 등으로부터 수입한 장비들을 '북한이 원하는 용도(예를 들어, 의약용)'로 효과적으로 사용할 수 없으므로 반환하겠다고 통보한다. 여기서는 북한의 '재정의' 노력이 문제 해결의 핵심이다. 즉, 우라늄 농축 프로그램 차원을 장비나 부품의 차원으로 협의화·구체화하는 작업을 북한이 시작한다는 발상이다. 다시 말해, 미국이 재정의를 통한 북한의 도피를 막는 방법(미국 이니셔티브)과 함께, 북한으로 하여금 서로 다른 정의에 따른 모호성과 이견을 걸어 내도록 설득한다는 것이다. 북한의 도피를 자신이 거부한다는 뜻이다.

미국으로서는 이중용도 우라늄 농축 장비나 기술이 북한에 의미하는 바를 잘 알고 있을 것이나, 북한의 이니셔티브를 큰 그림 속에서 파악하여 문제 해결을 위한 전략적 차원에서 이러한 북한의 이니셔티브를 수용하도록 한국 등이 권고하면 받아들일 가능성이 높다고 판단된다.

한국 정부는 북한이 이러한 접근법에 호응하려는 자세를 취할 경우 이를 추동하기 위해 경제협력 확대, 비료 및 식량지원, 나아가 일정량의 전력 공급 등 대북 지원을 강화하며, 이를 미국과의 교감 속에서 이루어지도록 한다.

둘째, 파키스탄은 북한의 요구를 받아들이고 대금을 반환한다. 북한의 이니셔티브가 실현가능성을 보이는 시점에 한국 정부와 미국은 북한이 대금 반환을 요구하면 파키스탄이 이를 수용하도록 분별력 있는 채널과 방법을 통해 사전조치를 취해 놓는 것이 중요하다.

셋째, 미국은 북한이 파키스탄에 반환한 우라늄 농축 장비 및 부품 등을 자신의 확보된 증거와 대조 확인한다. 미국의 증거와 북한이 반환한 우라늄 농축 장비 및 부품이 중대한 불일치를 보이는 경우 미국은 이를 전문가 회의에서의 증거제시 등을 통해 북한의 거듭된 반환 또는 적절한 설명을 요구하도록 한다. 즉, 미국이 우라늄 농축의 증거를 먼저 제시하는 데 부담을 느껴 북한의 선조치를 요구하는 입장이므로 북한이 적어도 상당한 양의 우라늄 농축 장비 및 부품을 파키스탄에 반환한다면 미국의 자세도 이에 상응한 유연성을 보일 것으로 예상되기 때문에 '불일치'를 해소하기 위한 미국의 증거 제시는 현실성을 확보한다고 판단된다.

넷째, 한국 정부는 북한이 첫째 과정을 이행하는 경우 북한판 마셜플랜을 조기 실시할 것임을 구체적으로 약속한다. 북한판 마셜플랜에 대한 중국의 지원을 확보하고 미국과 일본의 협력 가능성을 높이기 위한 다각적 외교 노력을 경주한다.

다섯째, 미국의 증거제시에도 불구하고 중대한 불일치가 계속되는 경우, 미국 이니셔티브의 마지막 단계인 4개국 검증체제를 설치하고 그에 따른 접근을 시도한다. 미국의 이니셔티브가 성공할 경우와 마찬가지로, 북한의 이니셔티브에 의한 우라늄 농축 문제의 해결 역시 플루토늄 문제 해결에 긍정적인 효과를 줄 것이고, '한반도 문제' 전체의 해결 과정에 진전을 가져올 것이다.

우라늄 농축 문제와 관련하여 미국의 이니셔티브를 통해서든 혹은 북한의 이니셔티브를 통해서든 북한이 미국의 의혹과 우려를 성공적으로 해소하고 미국이 북한 김정일 위원장 체제의 안전을 보장하기로 한다면, 북한 핵 전체에 대한 협상은 빠른 진전을 이룰 수 있을 것이다. 플루토늄 재고나 핵무기 해체, '과거' 핵에 대한 투명성 보장 문제는 예민하긴 하나 우라늄 농축 문제의 해결은 북한의 전략적 전환을 상징하는바, 협상 외적 원인에 의한 중대한 일탈이 없는 한 성과를 낼 것으로 예상된다.

**제4장**

# 북핵 이후_I
− 테러 지원국 및 경제제재 문제−

## 1. 들어가며

앞서 말했듯이, 북핵의 해결은 한반도 문제의 해소로 이어지지 않을 것이다. 북핵 이후의 문제가 도사리고 있기 때문이다. 다른 각도에서 보면, 북핵 해결 과정은 상당한 진척이 있다 해도 북핵 이후의 문제가 대두할 경우 심각한 위기에 빠질 것이다. 이 장에서는 이러한 문제들에 대한 토론과 해법을 제시할 것이다.

북미관계의 현안에서 빼놓을 수 없는 것 중 하나가 테러 지원국(State Sponsors of Terrorism) 및 이와 관련된 경제제재 문제이다. 북한은 줄곧 테러 지원국 및 경제제재 해제를 요구해 왔고, 미국은 이를 일축하듯 매년 북한을 테러 지원국으로 지정했다. 한국전쟁 발발 이후 북한을 적성국으로 분류해 전면적 경제봉쇄 정책을 채택했던 미국은 1987년 대한항공기 폭파 사건을 이유로 이듬해인 1988년부터 북한을 테러 지원국으로 지정해 왔다.

이에 따라 북한은 미국의 한층 강력해진 경제제재를 받게 되었고, 이는 북미관계 개선 및 북한의 경제 회생을 어렵게 하는 요인 가운데 하나로 거론되어 왔다. 이러한 맥락에서 볼 때, 테러 지원국 및 경제제재 해제 문제는 2·13 합의 이행과 관련하여 가장 중요한 초기 의제가 될 것으로 전망된다.


## 2. 북미관계와 테러 지원국

클린턴 정부 말기인 1999년과 2000년 테러 지원국 지정 해제 문제는 북미 협상의 핵심적 의제 가운데 하나였다. 1990년대 후반 미국의 제네바 북미기본합의의 부진한 이행에 대한 북한의 불만이 커지고 금창리 핵 의혹 시설 논란 및 1998년 8월 말 북한의 인공위성 발사(대포동 1호), 공세적인 성격의 작전계획 5027의 공개 등으로 북미관계는 악화일로를 걸었다. 그러나 북한의 미사일 시험발사 유예와 미국의 대북 경제제재 부분해제를 골자로 한 베를린 합의가 체결된 1999년 9월부터 북미관계는 개선되기 시작했다.

이러한 흐름을 반영하듯 클린턴 정부는 2000년 테러 지원국 보고서에서 북한을 '우려국가(state of concern)'라고 표현했다. 이는 클린턴 정부가 북한을 테러 지원국 목록에서 제외시키기 위한 예비적 조치로 해석되었다. 북한 역시 2000년 10월 12일 북미공동코뮤니케에서 "모든 국가와 개인에 대한 테러행위를 반대한다"며 테러 관련 모든 국제협약에 가입할 의사를 표명했다.

그러나 2000년 11월 미국 대선에서 대북 강경 성향의 부시 후보가 당선되면서 이와 같은 화해 국면은 종말을 고하고 말았다. 부시 정부는 출범하자마자 북한과의 협상을 중단하고, 북한의 미사일 위협을 제기하며 MD에 박차를 가하기 시작한 것이다. 더구나 2001년 9·11 테러가 발생하자 부시 정부는 북한에 대한 강경 자세를 더욱 강화했다. 북한은 9·11 테러가 발생한 직후 반테러 입장을 거듭 밝혔고, 2001년 11월 12일에는 '테러 자금 조달 억지를 위한 국제협약'과 '인질억류방지에 관한 국제협약'에 서명했다. 아울러 그해 12월 북한을 방북한 스웨덴 대표단에게 서명하지 않은 5개의 반테러 협약에 가입할 뜻을 밝히기도 했다.[1]

그러나 부시 정부는 이와 같은 북한의 성의 표시를 일축하듯, 2002년 1월 연두교서를 통해 북한을 이란·이라크와 함께 '악의 축'으로 규정했다. 특히 북한의 대량파괴무기 및 탄도 미사일 수출 문제를 비난하면서 필요하다면 북한에 대해 선제적 군사 행동도 가능하다는 점을 암시하기도 했다. 이러한 부시 정부의 태도는 북한의 강력한 반발 및 북핵 문제 재발과 맞물려 북미관계를 최악의 상황으로 몰아 갔다. 2002년 10월 2차 북핵 문제가 발생한 직후 북미 양측은 제네바 북미기본합의 파기의 책임을 상대방에게 떠넘기면서 위기를 고조시켰는데, 2003년 8월부터 6자회담이 시작하면서 북핵 문제는 대화와 갈등이 반복되는 국면으로 접어들어 오늘날에 이르고 있다.

부시 정부 출범 이후 미 국무부는 현재까지 모두 5차례에 걸쳐

---

1) 북한이 아직 가입하지 않은 반테러 국제협약은 '핵 물질 방호에 관한 협약', '가소성 폭약의 탐지용 식별조치에 관한 협약', '폭탄테러 억지를 위한 국제협약', '황해의 안전에 대한 불법적 행위의 억지를 위한 의정서', '대륙붕상에 고정된 플랫폼의 안전에 대한 불법적 억지를 위한 의정서' 등 5가지이다. 정준오, 「북한의 테러 지원국 지정 해제논의」, 『동아시아연구』, 제8호, 2004년, 51쪽.

테러리즘 보고서를 발표했다.[2] 2001년 4월 보고서에는 북한이 2000년 북미공동코뮤니케에서 반테러 입장을 밝혔으나, 1970년 일본 항공기를 납치한 적군파 요원에게 은신처를 제공하고, 필리핀의 모로 이슬람 해방전선(Moro Islamic Liberation Front)을 비롯한 테러 집단에게 직간접적으로 무기를 판매한 혐의가 있다며 북한을 테러 지원국으로 묶어 두었다.[3]

2002년에 발표한 보고서에는 북한에 대한 비난의 강도가 높아졌다. 부시 정부는 "테러와의 전쟁을 위한 국제사회의 노력에 대한 북한의 반응은 실망스럽다"며, 9·11 테러 이후에도 북한이 반테러 입장을 밝혔지만, 이를 뒷받침하는 실질적 조치들을 취하지 않았다고 비난했다. 특히 북한이 제네바 북미기본합의의 개선된 이행을 위한 부시 정부의 협상 제안을 수용하지 않았고, 대량파괴무기와 테러리즘 사이의 위험한 연계를 인식하라는 부시 대통령의 요구도 수용하지 않았다고 밝혔다. 아울러 부시 정부는 일본 적군파에게 은신처를 제공하고 테러 집단에게 무기를 판매한 의혹도 테러 지원국 재지정의 배경이라고 설명했다.[4] 2003년 보고서에서도 이 같은 입장을 재확인하면서 "북한은 미국이 테러 지원국으로 지정한 시리아와 리비아 등에 탄도 미사일 기술을 계속 수출해 왔다"[5]는 점을 추가했다.

---

2) 참고로 미국 국무부가 매년 발표하는 테러리즘 보고서는 전년도의 판단을 기준으로 한 것이다.

3) Patterns of Global Terrorism-2000, April 30, 2001. http://www.state.gov/s/ct/rls/pgtrpt/2000/2441.htm.

4) Patterns of Global Terrorism -2001, May 21, 2002. http://www.state.gov/s/ct/rls/pgtrpt/2001/html/10249.htm.

5) Patterns of Global Terrorism-2002, April 30, 2003. http://www.state.gov/s/ct/

2004년 보고서부터 눈에 띄는 대목은 북한의 일본인 납치 문제
이다. 이 보고서에는 2002년 9월 17일 북일 정상회담 때 김정일
국방위원장이 고이즈미 총리에게 납치 사실을 시인하고 납치에
책임 있는 요원을 처벌했다고 말한 점을 적시했다. 아울러 생존자
5명을 일본에 송환하는 한편, 납치자 가족의 송환 문제도 협의하
기 시작했다고 덧붙였다. 그러나 부시 정부는 북한이 '국제 테러
리즘과의 전쟁'에 협력하기 위한 실질적 조치를 취하지 않고 있다
며, 북한을 테러 지원국으로 계속 남겨 두었다.<sup>6)</sup> 보고서에는 실질
적 조치가 무엇을 의미하는지 언급하고 있지 않지만, 테러에 대한
정보 제공, 대량파괴무기 등 무기 수출 중지 등을 의미하는 것으
로 보인다.

2005년 보고서에서도 일본인 납치 문제를 상세히 언급하면서,
북한이 일본의 요청에 따라 건네준 요코다 메구미 유골의 가짜
논란도 소개했다. 아울러 북한이 1987년 KAL기 폭파 사건 이후
테러리즘을 지원한 적이 없다는 점을 거듭 확인하고, 적군파 요원
과 그 가족을 일본에 송환했다는 점을 언급하면서도 북한을 이란·
쿠바·시리아·리비아·수단 등과 함께 테러 지원국으로 재지정했
다. 한편 부시 정부는 2005년에 2004년까지 포함돼 있던 군정 하의
이라크는 제외시켰다.<sup>7)</sup>

이러한 부시 정부의 조치에 대해 북한은 강하게 반발했다. 북한

---

rls/pgtrpt/2002/html/19988.htm.

6) Patterns of Global Terrorism-2003, April 29, 2004. http://www.state.gov/s/ct/rls/
   pgtrpt/2003/31644.htm.

7) Country Reports on Terrorism, April 27, 2005. http://www.state.gov/s/ct/rls/
   c14818.htm.

이 9·11 테러 이후 반테러 국제협약에 가입하는 등 나름대로 성의를 보였지만 미국이 테러 지원국을 재지정하자 "미국이 누구도 인정하지 않는 테러 모자를 씌우겠으면 씌우고 말겠으면 말라는 것이 우리의 입장"이라며, "저들의 말을 고분고분 듣지 않는 나라에 이른바 테러 딱지를 붙여 놓는 것은 '몽둥이 정책'을 추구하기 위한 상투적인 수법"이라고 미국을 비난했다.[8] 또한 미국이 북한을 테러 지원국으로 계속 지정하는 이유 중 하나로 일본인 납치 문제를 거론하자 "부시 정부가 우리에게 테러 전적이 없다는 것을 인정하면서도 우리와 일본 사이에 이미 말끔히 해결된 납치 문제를 들어 우리를 계속 테러 지원국으로 몰아붙이고 있다"[9]고 반발했다.

## 3. 대북 경제제재

미국이 북한에 경제제재를 부과해 온 근거는 크게 네 가지이다. 첫째, 북한이 미국의 국가안보를 위협함에 따라 '적성국 교역법(Trading with the Enemy Act)' 및 '국가비상법(National Emergencies Act)'에 의해 규제를 받는다. 이는 후술하겠지만 주로 미국의 대북 수출통제와 관련되어 있다. 둘째, 미국 국무부가 북한을 테러 지원국으로 지정함에 따라 '수출관리법(Export Administration Act of 1979)'에 의해 제재를 부과하는데, 이는 미국의 대북 경제제재의 가장 큰 근거로 작용하고 있다. 셋째, 북한은 공산국가(비시장국가)이기 때문에 '수

---

8) 『조선중앙통신』, 2002년 5월 25일.
9) 『연합뉴스』, 2005년 5월 2일.

출입은행법(Export-Import Bank Act of 1945)'과 '대외지원법(Foreign Assistance Act of 1961)'의 규제를 받는다. 미국은 북한을 쿠바와 함께 관세 부과 '칼럼 2(Column 2)'로 분류하는데, 이는 북한의 상품에 고관세가 부과돼 북한의 대미 수출이 사실상 불가능하다는 것을 의미한다. 마지막으로 북한이 미사일 등 대량파괴무기 확산에 관련되어 있어 '무기수출통제법(Arms Export Control Act)', '수출관리법', '이란확산금지법(Iran Proliferation Act of 2000)'을 통해 제재를 받아 왔다.[10) 2005년 10월 미국이 북한의 8개 기업에 제재를 부과한 것은 이러한 법률에 근거를 두고 있다.

이러한 네 가지 가운데 대북 경제제재의 가장 큰 근거가 되고 있는 것은 북한이 테러 지원국 명단에 올라 있다는 사실이다. 미국에 의해 테러 지원국으로 지정되면 크게 네 가지 조치가 취해지는데, 무기 관련 수출 및 판매 금지, 이중용도 품목 수출 통제, 경제지원 금지, 금융 등에 대한 제한조치 부과 등이다. 이러한 조치는 주로 무기수출통제법 및 수출관리법에 따른 것인데, 앞서 언급한 네 가지 미국의 대북 경제제재 부과 근거들 가운데 가장 광범위하고 엄격하게 적용되고 있다.

실제로 미국은 북한에 대해 경제제재를 부분적으로 완화해 왔지만, '테러 지원국'으로 계속 지정함으로써 경제제재 완화의 실질적 효과는 거의 없었다. 1989년에는 북한 주민의 최소한 인도적 요구를 충족시키기 위해 생필품에 대한 수출 규제를 완화했고, 제네바 북미기본합의 이후인 1995년 1월에는 미국 내 북한 동결자산 일부 해제, 북한의 미국 은행 시스템 이용 허가, 북한산 마그네

---

10) Dianne E. Rennack, "North Korea: Economic Sanctions," *Report for Congress*, Updated January 24, 2003.

사이트 수입 허용, 북미 간 직통전화 개설 허용, 미국민의 북한 여행 자유화 등의 조치를 취했다.

또한 1999년 9월 베를린 합의를 통해 경제제재 완화 조치를 취하기로 했는데, 이 조치는 2000년 6월 19일 『연방관보(*Federal Registry*)』를 통해 공지된 이후에 비로소 발효되었다. 미국 정부는 이 조치를 통해 북한과의 수출입 규제를 완화하는 한편, 개인적·상업적 금융 거래 및 미국 국적의 선박과 항공기의 북한 경유도 허용했다. 이러한 조치에도 불구하고 미국 정부는 북한을 테러 지원국에서 해제하지 않음으로써 군사용으로 전용될 수 있는 이중용도 품목의 수출입과 국제금융기구 가입 및 차관 제공을 엄격히 통제함으로써 대북 경제제재 해제의 실질적 효과는 미미했다.[11]

미국은 1989년 북한을 가장 엄격한 수출통제국인 'Z그룹'에서 'E그룹'으로 완화시켰으나 수출통제는 여전히 엄격하다. E그룹에 속한 북한은 컴퓨터, 소프트웨어, 국가안보통제 품목, 상무부 통제목록(CCL: Commerce Control List), 이들 품목에 대한 용역 및 보수 등에 대한 접근을 차단당해 왔다. 또한 북한은 공산국가라는 이유로 미국이 라이센스를 보유한 품목에 대한 최종 사용(end-use)에도 제한을 받는데, 이들 품목을 사용하기 위해서는 미국 상무부의 승인을 받아야 한다.[12] 개성공단에 사용되는 한국의 전략물자가 개성에 반입되기 전 상무부 승인 절차를 밟는 것도 이 같은 미국의 국내법에 기인한 것이다.[13] 북한이 이 같은 엄격한 수출통제에

---

11) Seth Brugger and Matthew Rice, "U.S. Eases Sanctions After North-South Summit," *Arms Control Today*, July/August 2000.

12) Dianne E. Rennack, "North Korea: Economic Sanctions."

13) 한국의 국외 전략물자 반출은 다국적 체제와 미국의 EAR에 따라 규제를

서 벗어나려면 테러 지원국에서 해제되는 것이 필수적이다.

이러한 맥락에서 볼 때 미국이 대북 경제제재를 해제할 경우 북한의 경제난 해소에 상당히 기여할 것으로 보인다. 세계은행 및 국제통화기금 등 국제금융기관의 차관 지원 금지 조치가 해제되는 것은 북한이 국제자금을 통해 경제를 회복시킬 수 있는 길이 트이는 것을 의미한다. 수출입은행법 등에 따른 원조 및 금융거래 금지 해제는 미국 기업인은 물론 국제사회의 대북 투자에 상당한 영향을 미쳐 무역거래 또한 활성화될 수 있다. 또한 미국의 대북 경제제재 해제는 북한 상품에 부과한 관세의 인하로 이어져 북한의 대미 수출이 늘어날 수 있다.[14] 아울러 미국의 수출통제품목이 대폭 완화되어 북한에 대한 설비 투자가 활성화될 수 있다. 물론 이를 위해서는 북한이 경제개혁을 지속적으로 추구함으로써 미국의 수출입은행법 및 대외지원법의 규제로부터 해제되는 것 역시 필요하다.


## 4. 전망

미국의 대북 테러 지원국 및 경제제재 해제 문제는 북핵 문제 해결 과정의 핵심 쟁점 가운데 하나이다. 참고로 3차 6자회담에서

---

받는다. 바세나르 협약 등 다국적 체제는 자발적 수출 규제인 반면에, EAR은 위반 국가에 대해 제제를 부과할 수 있기 때문에 한국은 미국 기술 및 소프트웨어가 10% 이상인 제품을 북한에 반출할 경우 사전에 미국 상무부의 승인을 받아야 한다.

14) 북한이 미국의 비시장국가에 따른 수입 규제에서 해제될 경우, 정상무역관계(과거에는 최혜국대우) 지위를 부여받아 관세율이 크게 낮아질 수 있다.

북한은 핵 동결 조치에 대한 상응조치의 하나로 테러 지원국 및 경제제재 해제를 요구했고, 미국은 핵 폐기 준비단계에 들어가고 이것이 확인되면 협의를 시작할 수 있다는 입장을 제시했다. 2·13 합의와 현재 진행 중인 초기 조치들은 이러한 상호적 조치에 대한 논의를 가능케 하고 있다.

일단 북한을 테러 지원국 지정에서 해제하는 권한은 미국 정부가 갖고 있다. 북한을 테러 지원국 지정에서 해제하려면 대통령의 지침을 받은 국무부가 상하원의 관련 위원회에 보고서를 제출해야 하는데 보고서에는 크게 두 가지 내용이 포함되어야 한다. 하나는 정부가 북한이 지난 6개월 동안 국제 테러를 지원한 바가 없다는 것을 확인해 주어야 하고, 다른 하나는 북한 정부가 앞으로 테러를 지원하지 않겠다는 보장을 미국 정부에 제공해야 한다. 정부로부터 통보를 받은 의회가 북한을 테러 지원국 목록에서 제외시키는 것을 막으려면 새로운 법률을 제정해야 한다.[15]

2000년 클린턴 정부는 북한에게 테러 지원국 지정 해제를 위해 네 가지 조치를 요구했다. ①더 이상 테러리즘에 연관되지 않겠다는 문서화된 형태의 보장을 제공하고, ②지난 6개월간 테러 행위와 연계되지 않았다는 증거를 제시하며, ③반테러 국제협약에 가입하고, ④과거의 테러와 관련된 문제들을 해소해야 한다.[16]

국무부 보고서가 밝힌 것처럼 북한은 1987년 KAL기 폭파 사건 이후 테러를 지원하지 않았고, 2000년 북미공동코뮤니케에서 반테러 입장을 밝힌 바 있고, 2개의 반테러 국제협약에 가입하고

---

15) *CRS Memorandum*, March 5, 2004. http://www.nautilus.org/DPRKBriefingBook/terrorism/CRS-NKTerrorList.pdf.

16) *CRS Memorandum*, March 5, 2004.

나머지 협약에도 가입 의사를 밝혔으며, 일본인 납치를 시인·사과하고 생존자와 그 가족을 일본으로 보냈고, 적군파 4명의 가족 5명도 일본으로 송환했다. 클린턴 정부의 기준으로 볼 때 북한이 테러 지원국 지정 해제에 필요한 요건을 상당 부분 충족했다는 것을 알 수 있다.

그러나 부시 정부는 테러 지원국 지정 해제와 관련 클린턴 정부보다 까다로운 조건을 제시했다. 2003년 12월 자발적으로 대량파괴무기를 포기한 리비아에게 미국이 경제제재 해제 및 관계 정상화 조치를 취한 것은 이로부터 30개월이 지난 2006년 5월이었다. 북핵 문제가 해결 국면에 접어들더라도 리비아보다 WMD 문제가 훨씬 복잡하고 신뢰관계도 미약한 북한에 대한 경제제재 해제는 이보다 훨씬 오랜 시간이 걸릴 가능성이 높다. 북핵 문제가 해결 국면에 접어든다고 해도 부시 정부가 북한을 테러 지원국에서 쉽게 해제할 것인지는 미지수이다.

대북 테러 지원국 지정 해제와 관련해 한국과 일본의 입장도 중요하다. 김대중 정부 이후 한국 정부는 테러 지원국 지정 해제를 미국에게 요구해 왔다. 특히 납북자 문제와 관련해 남북대화를 통해 풀겠다는 의사를 전달하면서 납북자 문제와 테러 지원국 지정을 연계시키는 것을 반대해 왔다. 일본은 납치 문제가 해결되기 전까지 북한을 테러 지원국 목록에서 제외시키는 것을 반대해 왔고, 이는 미국의 대북 정책에도 상당한 영향을 미쳤다. 2005년 11월 북일 교섭이 재개된 이후 일본은 납치 문제에 대한 재조사를 요구하고 있고, 북한은 진상조사가 마무리되었다는 입장을 보이고 있다.

## 5. 해결책

2·13 합의에 따르면 초기 조치 이행 단계부터 이 문제에 관한 토론이 개시되도록 되어 있다. 한국 정부는 우선 미국에게 이 문제와 관련해 경직된 입장을 고수할 경우 북핵 문제 해결에도 부정적 영향을 줄 수밖에 없다는 점을 주지시켜야 한다. 오히려 북핵 해결의 진전 수준과 테러 지원국 지정 해제 조치를 명확히 연계해 북한의 핵 포기를 유도하는 것이 현실적이라는 점을 설득할 필요가 있다. 가령 2·13 합의에서처럼 '북한이 핵 폐기의 사전 단계로 핵 동결을 할 때 테러 지원국 지정 해제를 추진하고', 나아가 '핵 폐기에 돌입할 때 완료한다'는 수준의 한미 공조안을 강구할 수 있을 것이다. 테러 지원국 지정 해제와 관련해 북한에게 핵 문제 이외에 추가적으로 요구할 수 있는 사항으로는 미사일 수출 영구 중단 및 반테러 국제협약 가입 등이다.

미국의 대북 테러 지원국 지정 해제와 관련하여 북미 등이 관리해야 하는 변수는 이미 북핵 문제 해결에 큰 걸림돌이 되었던 북한의 위조지폐 및 돈 세탁, 마약 유통 의혹과 이에 대한 미국의 금융제재이다. 주지하듯, 미국은 2005년 9월 16일 북한이 위조지폐와 마약 밀매를 통해 대량파괴무기 개발비용을 충당하고 있다고 보고, 북한이 금융거래를 해 온 마카오의 중국계 은행인 BDA를 '돈 세탁 우려대상 기관'으로 지정함으로써 북한에 대해 사실상의 금융제재를 실시했다.

이러한 장애가 다시 발생하지 않도록 하기 위해 북미 등 6자회담 참가국들은 협력할 필요가 있다. 예를 들어, 참가국들은 2006년 3월 초 북미 간의 뉴욕 접촉에서 북한이 미국에게 제안한 금융문제 논의를 위한 비상설 협의체 창설과 북한의 자금 동향을 감시할 수 있도록 미국 내 금융시스템을 북한이 이용하도록 하는 방안 등에 대해 진지하게 검토할 수 있을 것이다.

남북대화를 통해 북한이 테러 지원국 지정 해제를 위한 신뢰 구축 조치에 적극 나설 것을 권장하는 것도 중요하다. 북한이 취할 수 있는 신뢰 구축 조치로는 테러에 반대한다는 입장을 거듭 밝히면서, 이를 위한 구체적 조치로 북한이 가입 의사를 밝혔으나 아직 가입하지 않은 5개의 반테러 국제협약에 가입할 것을 주문할 수 있다. 또한 9·11 테러 이후 미국이 테러리즘과 대량파괴무기 확산을 연계시키는 경향이 강해진 만큼, 북미 간 협상이 본격화되면 대량파괴무기 확산 방지 의지를 분명히 하는 것도 북미 간의 신뢰 구축에 도움이 될 것이다.

아울러 일본인 납치 문제 등 북일관계도 미국의 대북 테러 지원국 지정 해제 문제와 연동되는 경향이 있는 만큼, 북일관계 개선을 측면 지원하기 위한 노력도 필요하다. 이와 관련해 노무현 정부는 대일 외교에 대한 전략적 접근을 취할 필요가 있다. 일본 수상의 야스쿠니 신사 방문에 대해 반대 입장을 분명히 하고 설득하기 위한 노력과 함께 일본인 납치 문제 등 북일관계 개선의 촉진자 및 중재자 역할도 병행해야 한다.

이를 위해서는 한일 정상회담을 비롯해 양국 사이의 고위급 대화를 복원할 필요가 있다. 이러한 맥락에서 볼 때, 야스쿠니 문제에 대해서는 고이즈미보다 유연한 입장을 갖고 있으나 대북 정책에는 보다 강경한 아베 정권은 한국의 대일 외교의 기회와 도전을 동시에 내포하고 있다.

사실 북일관계의 정상화는 남북관계 못지않게 중요하다. 북한의 입장에는 경제협력 형태로 제공될 식민 지배에 대한 배상금을 기반으로 경제 회생의 발판을 마련할 수 있고 국제적 고립도 완화될 수 있다. 일본의 입장에서도 대북 경제협력 사업을 통해 경제 활성화를 도모할 수 있고, 동북아에서의 고립이 완화되어 재편되고 있는 동북아 질서에 능동적으로 참여할 수 있는 기반이 될 수 있다. 이러한 외교적 이미지 제고는 일본이 숙원 사업의 하나로 삼고 있는 유엔 안보리 상임이사국 진출에 도움이 될 것이라는 점은 자명하다. 한국이 전략적 관점에서 대일 외교를 펼쳐야 할 이유도 바로 여기에 있으며, 이를 위해 한일 간 전략적 대화를 고려해 볼 수 있을 것이다

# 제5장

# 북핵 이후_II
### ─북한의 탄도 미사일 문제─

## 1. 들어가며

　부시 대통령이 2002년 1월 29일 밤 상하원 합동연설에서 북한을 이란·이라크와 함께 '악의 축'이라고 규정한 직후, 가장 큰 근거로 내세운 것은 북한의 탄도 미사일 문제였다. 특히 부시 정부는 북한이 9·11 테러 이후 오히려 "미사일 수출을 늘려오고 있다"며, "이러한 미사일이 테러 집단으로 흘러들어 갈 수 있다"면서 북한의 미사일 문제와 테러리즘을 연계시키려고 했다.

　9·11 테러 이후 부시 정부의 북한 미사일 문제에 대한 인식은 고위 관료들의 발언을 통해서도 잘 알 수 있다. 콘돌리자 라이스 당시 백악관 안보보좌관은 여러 차례에 걸쳐 "북한은 세계 1위의 미사일 수출 국가"라고 말했고, 콜린 파월 당시 국무장관 역시 2월 3일 CBS 방송 회견에서 "북한은 부시 대통령이 국정 연설을 하던 그날도 미사일 수출을 계속했으며, 수출이 가능한 미사일 시스템의 능력을 개선하는 데 주력했다는 사실을 공교롭게 알게

됐다”고 말했다. 그는 이어 “우리가 식량 지원할 때 북한이 미사일을 개발·수출하는 것을 이해할 수 없다”며 북한에 노골적인 불만을 나타냈다.[1] 즉, 북한이 미사일을 비롯해 대량파괴무기를 개발·수출해 오고 있기 때문에 악의 축에 들어갔고, 이는 그럴 만한 이유가 된다는 것이다.

부시 정부가 북한의 미사일 문제에 대해 지대한 관심을 갖고 있다는 것은 2002년 3월 19일 미 상원 청문회에 출석한 미 정보기관 수뇌부의 발언에서도 확인된다. 조지 테닛 CIA 국장은 북한의 미사일을 비롯한 대량파괴무기가 미국에 대한 커다란 위협의 하나라고 재차 강조했고, 윌슨 국방정보국(DIA) 국장은 “우리는 북한 미사일을 모든 정보, 특히 군사정보 수집 활동의 최우선 목표로 간주하고 이를 추적하고 있다”[2]고 강조하기도 했다.

이러한 부시 정부 내의 분위기는 여전히 북한의 미사일 문제가 한반도는 물론 세계전략 차원에서 중요하게 다뤄지고 있다는 것을 말해 주고 있다. 이는 특히 부시 정부가 북한을 ‘악의 축’ 국가로 지목한 가장 큰 이유가 미사일 문제이고, 이에 따라 북한의 미사일 문제를 ‘테러와의 전쟁’의 관점에서 다루겠다는 의미를 함축하고 있어 북한 핵 문제와 함께 한반도는 물론 향후 세계정세에서 중요한 변수가 될 것임을 예고하고 있다. 북핵 문제가 해결 가닥을 잡으면 1990년대와 흡사하게 북한의 미사일 문제가 북미 관계의 최대 쟁점으로 부상할 공산이 크다.

그러나 미사일 문제는 미국에 의해 일방적으로 제기되는 것만은 아니다. 북한 역시 ‘외교적 카드’나 ‘억지력 강화’의 목적으로

1) 『연합뉴스』, 2002년 2월 4일.

2) 『동아일보』, 2002년 3월 21일.

미사일 카드를 들고 나올 수 있기 때문이다. 2006년 7월 4일 미국의 독립기념일에 강행된 북한의 탄도 미사일 시험발사는 이러한 분석을 뒷받침해 준다. 이는 결국 북한의 미사일 문제 역시 미국이 대북 강경책을 정당화하거나 북미관계 개선의 문턱을 높이기 위해 미사일 문제를 제기할 수 있다는 '미국 측 요소'와 북한이 미국의 무시 정책이나 군사적 위협에 대응하기 위해 미사일 시위를 강화할 수 있다는 '북한 측 요소'가 함께 얽혀 있다는 것을 의미한다.

이러한 문제의식을 바탕으로 북한 미사일 문제에 대한 부시 정부의 인식 및 그 능력에 대한 평가를 분석하고, 이러한 인식과 평가의 적실성을 판단해 보자. 아울러 클린턴 정부 때 이뤄졌던 북미 간의 미사일 협상과정과 내용을 소개하고 앞으로 야기될 수 있는 문제점들을 분석하여 미사일 문제가 북미관계의 쟁점으로 부상할 경우 이에 대한 대응책을 마련하는 데 기초로 삼고자 한다. 또한 분석 대상을 북한의 탄도 미사일로 한정하는데, 북한은 다양한 능력을 가진 미사일을 보유하고 있으나 북미 간의 주요 쟁점이 탄도 미사일이기 때문이다.

## 2. 북한의 탄도 미사일 개발 과정

북한이 탄도 미사일 개발에 첫 발을 내디딘 때는 중국과 둥펑(DF)-61호를 공동 개발하기로 합의한 1970년대 중반이다. 그러나 사거리 600km에 탄두 중량 1,000kg인 1단계 탄도 미사일 DF-61 공동 개발 사업은 1978년 전격 취소됐다. 북한은 비슷한 시기에 소련에

게 스커드 미사일의 지원을 요청했으나 거절당했다. 그러자 북한
은 스커드 미사일을 이집트로부터 수입해 '역설계(reverse-engineer)'
하는 방향으로 탄도 미사일 개발 프로그램을 전환했다. 1980년을
전후해 이뤄진 이 계획으로 북한은 소련제 스커드-B 미사일을
역설계하는 데 성공해, 1984년 스커드 개량형 A를 시험발사했다.
그러나 이 미사일은 시험용으로만 생산되고 실제로 배치되지 않
은 것으로 알려지고 있다.[3]

북한은 스커드 개량형 A의 중량을 줄이고 추진엔진의 출력을
강화시켜 1985년부터 '개량형 B'를 생산하기 시작했다. 이 미사일
의 사거리는 300km에서 340km까지 늘어났지만, 소련제 스커드 미
사일과 마찬가지로 정확도는 높지 않다. 당시 이라크와 전쟁 중이
던 이란은 1980년대 중반 북한에 이 미사일 개발을 재정적으로
지원하고 그 대가로 미사일을 받기로 했다. 북한은 1986~1987년
본격적인 생산을 시작했는데, 1987년 가을에는 이란에 '개량형 B'
100여 기를 제공했다. 북한은 또한 스커드 미사일의 몸체를 키워
서 엔진의 연료량을 늘리는 방법을 이용해 스커드 개량형 C를
1989년부터 생산하기 시작하여 1990년 6월 첫 시험발사를 했고,
이듬해부터 본격적인 생산에 들어갔다. 이 개량형은 600~700kg의
탄두 중량에 500~600km의 사거리로 추정된다. 대개 여기까지를
북한 미사일 개발의 '1단계'라고 부른다. 소련제 스커드-B에 기초
한 미사일 개발이, 연료를 50% 이상 증가시키더라도 사거리 증가

---

3) 북한이 이집트로부터 스커드-B 미사일을 수입한 시점에 대해 연구자 및 추정
   기관에 따라 약간의 차이가 있다. 이에 대한 상세한 설명으로는 Daniel A.
   Pinkston, "The DPRK's Nuclear and Missile Programs and Northeast Asian
   Stability", *KNDU Review*, Volume 6, Number 1, June 2001, p.100. 참조.

는 10% 정도에 머물기 때문에 '개량형 C'로 거의 한계에 이른 것이다.[4]

이에 따라 북한이 미사일의 사거리를 늘리기 위해서는 보다 강력한 추진력을 갖는 엔진을 새로 개발하거나, 스커드 개량형-B 미사일의 엔진 여러 개를 같이 묶어서 추진체로 사용하는 방법이 필요했다. 미국과학자협회(FAS)는 광범위한 자료를 분석해 북한의 노동 미사일이 구소련의 초기 잠수함 발사 탄도 미사일(SLBM)인 'SS-N-4/5'를 모델로 개발되었다고 결론지었다. 노동 미사일 및 노동 미사일을 모델로 개발된 이란의 '샤하브-3(Shahab-3)'과 파키스탄의 '가우리-2(Ghauri-2)'는 하나의 큰 연소실을 갖고 있는 엔진을 사용하는 'SS-N-4/5'와 같은 모델이라는 것이다. 그러나 FAS는 이것은 놀라운 일이 아니라고 지적한다. 구소련의 SLBM 초기 모델은 "북한에서도 사용된 스커드 미사일 기술을 단계적으로 발전시킨 모델"이기 때문이다.[5] 따라서 북한의 노동 미사일 개발은 자신이 발전시켜 온 스커드 미사일 개량 기술과 구소련의 초기 SLBM 기술을 결합한 것으로 보면 정확할 것이다. 이는 곧 북한이 기존의 스커드 미사일을 뛰어넘은 새로운 엔진을 개발했다고 보기는 어렵다는 것을 의미한다.

노동 미사일 개발에 성공한 북한은 1993년 5월 시험발사에 성공했다. 시험 당시 노동 미사일은 500km를 비행했으나, 미사일의 크기와 형체를 기초로 추산한 사거리가 1,000km이었고, 탄두 중량

---

4) 서재정, 「북한 미사일과 미국 미사일 방어계획」, 이삼성·정욱식 외, 『한반도의 선택: 부시의 MD 구상이 노리는 것은』, 삼인, 2001.

5) 이에 대한 자세한 내용은 FAS 홈페이지 http://www.fas.org/nuke/guide/dprk/missile/nd-1.htm 참조.

을 1,000kg에서 700kg으로 줄일 경우 1,300km까지 늘릴 수 있을 것으로 분석되었다. 그러나 노동 미사일도 기본적으로는 스커드 미사일과 같은 조종장치를 사용하므로 부정확하기는 마찬가지여서 1,300km의 사거리에 공산오차반경(CEP: Circular Error Probable)[6]이 3,000m 이상 될 것으로 추산된다. 또한 기술적 장애와 재정난으로 최초 생산에 들어간 시점은 1997년으로 알려지고 있다.[7]

북한은 여기서 한 걸음 더나가 3단계 미사일에 해당하는 대포동 개발에도 성공했다. 1998년 8월 31일 실험발사된 대포동 미사일(북한은 이를 인공위성 광명성 1호라고 칭함)은 북한이 대륙간탄도미사일(ICBM) 전단계인 3단계 미사일 개발에 성공한 것으로 평가돼 전 세계를 놀라게 했다. 특히 대포동 1호 발사 2주 전에는 금창리 핵 시설 의혹 사건이 제기되었고, 이에 앞서서는 럼스펠드 위원회에서 이전의 CIA 평가를 뒤집고 "북한이 5년 이내에 미국 본토 공격이 가능한 ICBM 개발이 가능하다"[8]는 결론을 내린 때라는 점에서 북한 위협론이 미국을 비롯한 국제사회에서 급부상하는 계기가 되기도 했다.

그렇다면 북한은 어떻게 3단계 미사일 개발에 성공했을까? 노

---

6) 원형공산오차는 미사일의 정확도를 산출하는 기준으로, 발사된 탄두의 50% 이상이 낙하되는 시점의 크기를 원으로 표시할 경우 최소인 원의 반경 혹은 발사지점으로부터 투하지점까지의 각도를 ML로 나타낸 값을 말한다. 즉, CEP가 1km라 함은 주어진 목표를 향해 발사한 미사일의 50%가 목표지점으로부터 1km 반경에 떨어지고 나머지는 50%는 1km보다 먼 곳에 떨어진다는 의미이다. 『대량파괴무기 문답백과』, 국방부, 2002, 183쪽.

7) 함택영·서재정, 「북한의 군사력 및 남북한 군사력균형」, 북한대학원대학교 엮음, 『북한군사문제의 재조명』, 한울아카데미, 2006, 391-393쪽.

8) Unclassified Report to Congress on the Acquisition of Technology Relating to Weapons of Mass Destruction and Advanced Conventional Munitions, 1 July Through 31 December 2003. http://www.cia.gov/cia/reports/721_reports/july_dec2003.htm.

동 미사일 사거리를 더 늘리는 방법은 세 가지가 있다. 첫째는 로켓의 몸체를 알루미늄-마그네슘 합금으로 만들어 중량을 줄이는 것인데, 이는 사거리를 늘리는 데 한계가 있다. 두 번째로는 새로운 강력한 엔진을 개발하는 것인데, 이 방법은 북한이 지금까지 개발해 온 로켓 엔진과는 다른 새로운 엔진을 개발해야 하므로 상당한 자금과 시간, 연구 및 실험이 필요하다는 문제점이 있다. 따라서 북한이 선택한 방법은 세 번째, 즉 노동 미사일과 스커드-C를 결합한 다단계 방식을 활용하는 것이었다. 이 방법도 지금까지와는 다른 기술을 요구하지만, 이미 성능에 자신을 가지고 있는 엔진을 계속 사용할 수 있다는 이점이 있었던 것이다.[9] 대포동 미사일은 1998년 8월 발사에서 두 번째 로켓이 1,320km 시점에 떨어졌으나, 탄두 중량을 조절할 경우 최대 사거리는 2,200km에 다다를 것으로 추정되고 있다.[10]

1998년 8월의 시험은 크게 두 가지 점에서 주목을 끌었다. 첫째는 북한이 다단계 미사일을 개발한 경험이 없는데도 2단계 로켓을 건너뛰어 3단계 로켓을 만들었다는 점이다. 둘째는 이 로켓의 3단계 추진체가 고체 연료를 이용했다는 점이다. 북한은 3단계 미사일로 1단계는 노동 미사일의 로켓을, 2단계는 개량형 스커드 로켓을 장착했고, 3단계는 인공위성(광명성 1호)을 지구 궤도상에 올려놓는 고체 연료 추진 방식인 'SLV(Space Launch Vehicle)'를 채택했다. 이 시험발사를 두고 북한은 인공위성을 궤도에 올리는 데 성공했다고 주장한 반면에, 미국 정부는 3단계 분리에 문제가 있어

---

9) 서재정, 「북한 미사일과 미국 미사일 방어계획」.

10) 박종철, 『북미 미사일 협상과 한국의 대책』, 연구총서 2001-17, 통일연구원, 2001.

인공위성 궤도 진입에는 실패했다고 결론내렸다. FAS에는 고체 추진 연료가 발화되기 전에 추진체가 폭발함으로써 소형 인공위성을 탑재한 SLV가 궤도 진입 속도에 다다르기 전에 파손된 것으로 분석했다.[11]

1998년 8월 말 이후 북한은 8년 만에 탄도 미사일 시험발사를 재개했다. 2006년 7월 초에 실시된 미사일 시험발사는 스커드·노동 미사일 6기와 대포동 2호 1기가 발사된 것으로 추정되었다. 스커드·노동의 경우 북한이 사전에 설정한 항해금지구역에 약 400km를 비행한 후 정확히 떨어진 것으로 알려져, 북한의 중단거리 탄도 미사일의 정확도가 향상되었다는 것이 한미일 세 나라의 분석이다.[12] 그러나 대포동 2호의 경우에는 이륙 후 40여 초 만에 발사대로부터 1.5km 지점에서 폭발했거나 부러져 미사일 잔해물이 북한 해안 인근에 떨어진 것으로 알려졌다.[13] 이러한 분석을 종합해 보면, 북한은 7월 4일 미사일 시험발사를 통해 중단거리 미사일의 정확도는 높였으나, 장거리 미사일 성능 향상에는 또다시 한계를 드러냈다고 볼 수 있다.


## 3. 북한의 탄도 미사일 위협 평가

미국은 북한의 탄도 미사일 위협을 다양한 수준에서 평가해

---

11) 대포동 1호의 재원과 기술적 특성에 대한 자세한 내용은 http://www.fas.org/nuke/guide/missile/td-1.htm 참조.

12) 『동아일보』, 2006년 8월 7일; 『연합뉴스』, 2006년 9월 16일.

13) 『중앙일보』, 2006년 8월 1일; 『연합뉴스』, 2006년 9월 16일.

왔다. 수백 기의 탄도 미사일을 보유하고 있고 미국 본토를 공격할 수 있는 ICBM도 개발에 성공했거나 임박했다, 핵무기를 소형화해 핵미사일을 갖고 있을 가능성이 있다, 수천 톤의 화학무기와 생물무기를 보유하고 있고 이들을 탄두화하고 있다, 중동 및 아프리카 국가와 테러 집단에 탄도 미사일을 수출하고 있다는 평가 등이다. 또한 미국의 개입을 차단해 한반도의 적화통일을 달성하는 데 탄도 미사일 개발의 주된 목적이 있다는 주장도 있다.

그러나 이러한 평가의 타당성과 객관성에 의문도 제기되어 왔다. 대부분의 연구기관이나 연구자가 인정하듯 북한의 미사일 보유 수치는 '추정치'에 불과하거나, 최악의 가정[14] 혹은 탈북자의 증언[15]에 바탕을 둔 것이다. 또한 미국이 냉전 시대 소련의 군사력을 과장함으로써 군비증강을 합리화했던 것과 유사하게 주적이 사라진 이후 북한과 같은 반미 성향 국가의 군사력을 과대평가해 온 측면도 있다.

---

14) 북한의 탄도 미사일 위협을 강조하는 보고서들은 대체로 최악의 가정을 상정하는 경우가 많다. 북한 미사일 위협을 강조하는 미 정보기관이나 공화당 보고서는 "중국이나 러시아가 북한 미사일 개발을 지원한다면", "북한이 미사일 개발을 꾸준히 진행한다면", "북한에 지원된 물자가 미사일 개발에 사용된다면" 등의 표현들이 많이 사용되고 있다. 미 정보기관 관리조차도 "우리는 가장 극단적인 언어로 보고서를 작성하고 있다"며 "솔직히 이것은 난센스이다"고 말할 정도이다. Steven Lee Myers, "U.S. Study Reopens Division over Nuclear Missile Threat," *New York Times*, July 5, 2000.

15) 일례로 2000년 1월 미국으로 망명한 한 탈북자는 "북한은 현재 사정거리 6,000km의 장거리미사일 개발을 완료했으며, 미국 전역이 사정권에 들어가는 사거리 10,000km의 대포동 3호 미사일 개발에 전력을 기울이고 있다"고 증언했다. 『조선일보』, 2000년 1월 18일.

## 1) **미국의 북한 미사일 위협 평가**

CIA 등 미국의 정보기관은 북한을 비롯한 이른바 '깡패국가'의 미사일이 미국과 국제사회에 새로운 형태의 위협을 제기하고 있다는 근거로 다음과 같은 네 가지를 제시했다. 첫째, '깡패국가'들의 미사일은 주로 중단거리 미사일이지만, 이들 국가들이 미국 본토까지 사정거리에 둘 수 있는 장거리 미사일 개발 및 보유가 멀지 않았다. 북한의 1998년 8월 대포동 1호 시험발사는 이러한 우려를 입증시키는 사례이다. 둘째, 중장거리 미사일을 보유할 경우, 위기 시 미국의 정책결정을 복잡하게 만든다. 즉, 미사일 전력을 갖출 경우 비록 군사적으로 미국을 이길 수는 없지만, 미국의 군사적 승리의 비용을 높이고 미국의 개입을 억지할 수 있는 힘을 갖게 된다. 셋째, 냉전시대보다 핵이나 생화학무기 등 이른바 대량파괴무기를 탑재한 미사일이 미국에 사용될 위험이 커졌고, '깡패국가'들은 미사일로 대량파괴무기를 사용할 의지를 보여왔다. 끝으로, 9·11 테러 이후에는 '깡패국가'들이 탄도 미사일을 테러 집단에 수출할 가능성이 높아지고 있다.

미국 정부가 '깡패국가'들 가운데 북한의 미사일 위협을 1순위로 올려놓은 때는 1999년 9월에 발표된 보고서부터이다. 1999년 보고서에서 국가정보위원회(NIC)는 북한이 2015년까지 러시아·중국과 함께 미국에 ICBM 위협을 가할 수 있는 국가로 명시했다.[16] 그러나 럼스펠드 보고서가 나오기 전에 미국 정보기관은 북한이

---

16) Foreign Missile Developments and the Ballistic Missile Threat Through 2015, National Intelligence Council, September 1999. http://www.nautilus.org/DPRK BriefingBook/missiles/missilethreat1999.pdf.

나 이란 등 미국이 지목한 '깡패국가'들이 2015년까지는 미국 본
토를 공격할 수 있는 ICBM 개발 가능성이 낮은 것으로 평가했었
다. 럼스펠드 위원회에서 군수업체 기술자의 자문을 받아 "북한
이나 이란은 5년 이내에 ICBM 개발이 가능하다"는 결론을 내리고,
정보기관의 평가에 강한 의문과 불만을 나타내자 이후 발표된
보고서에서도 북한의 미사일 위협이 앞당겨진 것이다.

부시 정부는 출범 첫해인 2001년 12월에 발표한 NIC 보고서에서
1999년 CIA 때의 평가보다 훨씬 앞당겨 북한의 ICBM 개발 가능성
을 제기했다. 이 보고서에는 "2단계 대포동 2호의 사정거리는 1만
km로, 알래스카와 하와이, 미국 본토의 일부까지 다다를 수 있다"
고 평가했고, "만약 북한이 3단계 로켓체를 이용하면 사정거리가
1만 5천km에 달해 미국 전체를 공격할 수 있다"[17]고 평가했다.
1999년 NIC 보고서에서 2015년에 가능할 것 같다는 북한의 ICBM
보유가 아무런 근거 제시 없이 '현재' 시점으로 앞당겨진 것이다.

2002년 10월 발생한 '2차 북핵 문제'는 미국의 북한 위협 평가
에서 새로운 계기로 작용했다. 이전까지 북한이 탄도 미사일에
핵무기를 장착할 수 있다는 점에 대해 확신하지 못했던 부시 정부
는 북핵 문제의 재발을 계기로, 북한의 '핵미사일' 보유를 기정사
실화하고 나선 것이다.

조지 테닛 CIA 국장은 2004년 2월 14일 상원 정보위원회 증언에
서 "북한은 핵탄두를 탑재할 수 있고 미국 본토를 사정거리에
둔 다단계 대포동 2호의 시험발사를 준비하고 있는 것으로 보인

---

17) Foreign Missile Developments and the Ballistic Missile Threat Through 2015,
National Intelligence Council, December 2001. http://www.nautilus.org/DPRK
BriefingBook/missiles/missilethreat2001.pdf.

다"18)고 밝혔다. 미사일방어국(MDA) 국장인 로날드 카디쉬 공군 중장도 2004년 7월 1일 북한이 미국 본토를 사정거리에 둔 ICBM을 포함해 미사일 전력을 획기적으로 증강시키고 있다고 주장했다. 그는 북한이 탄도 미사일 시험발사를 중지하기로 한 1999년 베를린 합의를 준수하고 있지만 "미사일 개발을 중단한 것은 아니다"며, 이와 같이 주장했다.19) 2기 부시 정부의 국무부 군축 담당 차관보인 스티븐 레이드메이커 역시 북한이 언제라도 미국 본토를 사정거리에 둔 핵탄두 장착 대포동 2호 미사일을 발사할 수 있다고 경고했다. 그는 대포동 2호가 수백 킬로그램의 탄두를 장착해 1만 5,000km에 달한다고 주장했다.20)

이와 같은 부시 정부의 북한 미사일 위협에 대한 평가는 최근까지 이어지고 있다. 2004년 12월 15일 실시된 '지상 미사일 방어체계(GMD)' 실험이 실패로 끝나고 MD에 대한 비판 여론이 비등해지자, 미 국방부는 "북한이 미국 본토까지 공격할 수 있는 대포동 2호 미사일을 언제든지 발사할 수 있다"며, '북한 위협론'을 재차 들고 나왔다. 또한 2005년 2월 14일 GMD 실험이 또다시 실패한 직후 럼스펠드 국방장관은 "북한의 미사일 능력을 고려할 때 북한의 핵보유 선언은 대단히 우려되는 사안"이라며 북한의 핵과 미사일이 연계된 위협을 강조했다. 포터 고스 CIA 국장 역시 2월 16일 상원 정보위원회에 출석해 "북한은 장거리 미사일인 대포동 2호

---

18) The Worldwide Threat 2004: Challenges in a Changing Global Context Testimony of Director of Central Intelligence, George J. Tenet before the Senate Select Committee on Intelligence, 24 February 2004. http://www.cia.gov/cia/public affairs/speeches/2004/dci_speech_02142004.html.

19) *Bloomberg*, July 1, 2004.

20) *Reuters*, December 18, 2004.

를 포함해 언제든지 미사일 시험을 재개할 수 있다”면서 “우리는
대포동 2호가 핵무기 크기의 탄두를 탑재하고 미국에 도달할 능
력이 있는 것으로 평가한다”고 말했다. MD와 관련해 미국 내 중요
한 정책 결정이 있거나 논란이 거세질 때 미국 내 강경파가 북한
의 미사일 위협을 단골 메뉴처럼 들고 나오는 것을 거듭 확인할
수 있는 대목들이다.

부시 정부가 북한의 장거리 탄도 미사일 개발·보유 의혹과 함께
집중적으로 문제 삼고 있는 것은 북한의 미사일 수출이다. 부시
정부는 북한을 이란·이라크와 함께 ‘악의 축’으로 규정한 직후,
이를 정당화하기 위해 북한의 미사일 수출 문제를 집중적으로
거론했다. 콘돌리자 라이스 당시 백악관 국가안보보좌관은 “북한
은 현재 세계 1위의 탄도 미사일 장사꾼이며, 구매자의 의도가
얼마나 사악한 것인지에 상관없이 누구와도 거래를 하고 있다”[21]
고 비난했고, 콜린 파월 당시 국무장관은 “미국이 언제 어디서나
아무런 전제조건 없이 대화하겠다고 했지만, 북한은 이에 대답하
기보다는 미사일을 계속 개발·수출하는 것을 선택했다”며 “북한
이 미사일을 포기해야 대화에 나설 것”이라고 ‘대북 대화의 전제
조건’을 제시하기도 했다.[22] 조지 테닛 CIA 국장 역시 상원 특별위
원회에서 “북한의 경우 이란, 리비아, 시리아, 이집트 등과 같은
국가에 미사일을 계속 판매하고 있다”고 강조하면서, “대량파괴
무기의 전 세계적 확산은 결정적인 위험수위에 도달했다”[23]고 경
고했다. 2003년 CIA 보고서에서도 북한이 2003년 상반기에도 중동,

---

21) *Washington File*,31 January 2002.

22) 『문화일보』, 2002년 2월 6일.

23) 『연합뉴스』, 2002년 2월 7일.

남아시아, 북아프리카에 탄도 미사일 관련 장비, 부품, 물질을 판매했다며, 북한은 미사일 수출을 외화 수입원으로 삼고 있고, 이는 북한의 자체적인 미사일 개발과 생산으로 사용되고 있다고 주장했다.[24] 특히 부시 정부는 "북한의 미사일 수출이 9·11 테러 이후 늘어났다"며, 북한의 미사일이 테러 집단에 넘겨질 가능성을 제기하면서 '예방 조치'를 강조했다.

요약하자면, 미국의 '북한 미사일 위협론'은 순환구조를 형성하면서 확대 재생산되어 왔다. 북한이 9·11 테러 이후에도 미사일 수출을 늘려 왔고, 이러한 미사일 수출로 인해 테러 집단의 미사일 보유 가능성이 높아지고 있으며, 북한이 수출로 벌어들인 돈으로 다시 미사일 등 대량파괴무기를 만들고 이 가운데 일부를 또 수출하는 악행을 반복하고 있다는 것이다.

### 2) 북한의 탄도 미사일, 정말 위협적인가?

이와 같은 미국의 북한 미사일 위협 인식에는 중대한 결함이 있다. 첫째, 북한의 대포동 1호 시험을 주된 근거로 북한은 물론 이란·이라크 등이 ICBM 개발 및 보유가 임박했다고 보는 것이 타당한가의 문제이다. 나중에 상술하겠지만, 대포동 1호는 ICBM과 근본적인 차이가 있다는 점에서 설득력이 약하다. 둘째, 위기 시 미국의 개입을 억지할 수 있는 수단을 보유한다는 것이 곧 위협이라는 것은 전형적인 미국 중심주의적 사고방식이다. 이를

---

24) Unclassified Report to Congress on the Acquisition of Technology Relating to Weapons of Mass Destruction and Advanced Conventional Munitions, 1 July Through 31 December 2003. http://www.cia.gov/cia/reports/721_reports/july_dec2003.htm

뒤집어 생각하면, 북한 등이 미사일을 보유함으로써 미국의 군사력 행사를 보다 신중하게 만듦으로써 전쟁 가능성을 줄인다는 측면이 있다는 말이다. 미국의 군사력 행사를 자유롭게 하는 것이 곧 평화일 수는 없는 것이다. 셋째, 장거리 미사일에 핵, 생화학무기 등 대량파괴무기를 장착하는 것은 별도의 문제이다. 장거리 미사일에 핵이나 생화학무기를 장착하는 것은 기술적으로도 대단히 어려울 뿐만 아니라, 이들 무기를 국제적인 압력을 극복하고 만들어야 하는 또 다른 차원의 난관이 도사리고 있기 때문이다.

그러나 미국 정부는 북한의 탄도 미사일 위협을 강조해 왔다. 특히 부시 정부는 이렇다 할 근거 제시 없이 북한의 ICBM 보유 및 핵무기 등 대량파괴무기 탑재 능력을 기정사실화해 왔다. 이 과정에서 럼스펠드는 특히 중요한 역할을 했다. 그는 1998년 7월에 발표된 럼스펠드 위원회의 보고서에서 "북한의 지도부가 결정하면 5년 이내에 미국 본토에 다다를 수 있는 ICBM 개발이 가능하다"[25]고 주장했다. 그러나 '북한 지도부가 결정하면'이라는 단서는 이 보고서의 예측이 조건부이며, 더구나 이 보고서가 "북한 지도부가 언제 그러한 결정을 할지는 알 수 없다"고 지적한 것은 그러한 조건조차도 정치적 판단에 의한 것임을 암시한다 하겠다. 나아가 미 의회의 요청에 따라 미국이 직면한 탄도 미사일 위협을 객관적으로 평가하기 위해 구성된 럼스펠드 위원회는 9인의 위원 중 6명이 공화당 의원에 의해 임명됨으로써 이미 당파적인 속성을 내포하고 있었다. MD 구축에 사활을 걸고 있었던 공화당이 이를 정당화하기 위해 북한의 미사일 위협을 과장했을 가능성이

---

25) Baker Spring, "The Rumsfeld Commission Corrects a Faculty Assesment of The Missile Threat," *Heritage Foundation Executive Memorandum*, No. 543. July 24, 1998.

제기될 수 있었다.

럼스펠드 보고서의 객관성과 타당성에 대한 논란에도 불구하고 이 보고서는 MD에 대한 논란을 배치 '여부'에서 배치 '시기'로 올려놓는 데 결정적인 기여를 했다.[26] 이로부터 1년 뒤 발표된 CIA 보고서에는 북한 미사일 위협을 미국 안보에 가장 큰 위협 요인으로 뽑고, 가능한 빨리 MD를 배치해야한다고 권고했다.[27] 1999년 CIA 보고서에는 러시아와 중국을 제외할 경우 북한의 탄도미사일 개발능력이 가장 뛰어난 것으로 보고 2015년 이내에 소량의 생화학무기를 탑재한 ICBM으로 미국 본토 공격이 가능할 것으로 전망했다. 이러한 미국 정보기관의 평가는 부시 정부 출범 이후 '기정사실'이 되고 있고, 9·11 테러 및 북한의 미사일 수출 문제와 맞물려 '북한 위협론'을 지역적인 수준에서 세계적인 수준으로 확대하는 데 결정적인 배경이 되었다.

럼스펠드 보고서에 대한 미국 내 비판에도 주목할 필요가 있다. 『워싱턴 포스트』는 럼스펠드 위원회가 군수업체의 평가에 의존해 보고서를 작성했다고 심층 취재를 통해 비판했다. 이 신문은 럼스펠드 위원회에 민주당 측의 추천으로 참여한 배리 블랙만 헨리 스팀슨 센터 소장을 비롯한 미국 안팎의 미사일 문제 전문가와의 인터뷰 및 광범위한 자료 수집을 바탕으로, 미사일 위협과 미국 내 정치의 함수관계를 파헤친 장문의 기사를 2002년 1월 13일과 14일 이틀에 걸쳐 게재했다.[28] 『워싱턴 포스트』의 취재 결과,

---

26) William D. Hartung and Michelle Ciarrocca, *Tangled Web: The Marketing of Missile Defence 1994-2000*, Arms Trade Resource Center Special Report, May 2000.

27) National Intelligence Council, Foreign Missile Development and the Ballistic Missile Threat to the United States Through 2015, September, 1999.

미 정보기관을 비롯한 미국 당국의 미사일 위협 평가가 획기적으로 변화된 계기는 북한·이란 등의 미사일 실험이나 인도·파키스탄의 핵 실험과 같은 외부적 변수보다는 MD 구축을 열망하는 커트 웰든 등 공화당 정치인의 집요한 공세를 비롯한 미국 국내 정치가 크게 작용한 것으로 나타났다. 그리고 부시 정부가 출범하자 CIA의 북한 미사일 위협 평가의 '정치성'은 더욱 두드러지게 나타나기 시작했다.

실제로 부시 정부는 출범 직후부터 MD 구축을 최대의 과제로 내세우고 이에 대한 명분을 획득·강화하기 위해 북한 미사일 위협론을 전면적으로 제기했다는 것은 이미 널리 알려진 사실이다. 이 과정에서 부시 정부는 클린턴 정부 때의 '유망한 요소(promising elements)'를 무시하고, 위협만을 강조하는 편향된 모습을 보였다. 이를 뒷받침하기 위해 북한이 취한 긍정적 측면, 즉 미사일 협상이 진행되는 동안 중장거리 미사일 시험발사를 유예하겠다고 약속하고 이를 지켜 온 점은 철저하게 무시되었다. 클린턴 정부 말기 6·15 남북 정상회담을 비롯한 남북관계의 급진전 및 북한의 국제적 이미지 제고 등으로 '국가 미사일 방어체계(NMD)'의 명분이 약화됨으로써 NMD 구축을 차기 정권으로 넘긴 것을 잘 알고 있는 부시 정부로서는 북한의 미사일 위협을 보존·과장할 필요성을 한층 강하게 느낀 것이다. 이처럼 미국 정부의 북한 미사일 위협 평가는 근본적으로 MD 구상 및 이를 대하는 정부 태도에 따라 춤추는 과정을 밟았다. 즉, 북한 미사일 위협 평가는 객관적

---

28) Michael Dobbs, "A Story Of Iran's Quest for Power," *The Washington Post*, January 13, 2002; Michael Dobbs, "How Politics Helped Redefine Threat," *The Washington Post*, January 14, 2002.

인 사실에 기초하기보다 '정치적' 필요에 종속되어 온 것이다.

부시 정부가 미국 및 국제 평화를 위협한다고 주장하는 대상도 정치적 필요에 따라 바뀌어 왔다. 출범 이후 9·11 테러 이전까지는 북한의 탄도 미사일을 최대 위협 요인으로 지목했다가 극히 원시적인 무기인 칼로 무장한 테러리스트에 의해 9·11 테러를 당하자 '테러리즘'을 가장 큰 위협으로 지목했다. 그러나 미국 내에서 MD에 대한 비판론이 거세지자 부시 정부는 다시 미사일 및 이에 탑재될 수 있는 대량파괴무기 위협을 강조하기 시작했다. 9·11 테러와 연계가 없었던 북한·이란·이라크를 대량파괴무기 개발 의혹을 근거로 '악의 축'이라고 규정하면서 세계에서 가장 위험한 정권이라고 비난하고 나선 것은 이를 상징적으로 보여 준다. 이 과정에서 9·11 테러 이전에는 미사일 위협이, 9·11 테러 이후에는 비미사일(non-missile) 위협이, '악의 축' 발언 이후에는 다시금 미사일 위협이 최대의 위협이 되고 있다고 평가했다.[29]

이러한 정치적 문제와 함께 기술적 측면에서 보더라도 부시 정부의 북한 탄도 미사일 위협 평가가 과장돼 있다는 주장도 만만치 않게 제기되어 왔다. 북한의 미사일 위협은 사거리뿐만 아니라, 탑재 가능 중량, 재진입 기술, 정확도, 시험발사 횟수, 탄두 탑재가 가능한 대량파괴무기 등을 종합적으로 분석할 때 비로소 객관적인 판단이 가능한데, 부시 정부는 이렇다 할 근거 제시도 없이

---

29) 이와 관련해 9·11 테러 직후에 공개된 2001년 CIA 보고서에는 비미사일 수단이 미사일보다 저렴하고, 은밀히 사용될 수 있으며, 미사일보다 신뢰성과 정확도가 높고 생물무기를 유포시키는 데 미사일보다 더 효과적이며, MD를 피할 수 있다는 점을 근거로 "정보기관은 미국 영토가 비미사일 수단을 이용한 공격에 더 취약하다"고 결론내렸다. 그러나 2002년 초 부시 대통령의 악의 축 발언 이후에는 다시 미사일이 가장 큰 위협이라고 불과 한 달 사이에 가장 큰 위협을 뒤바꾸는 혼란을 보이고 있다.

북한의 탄도 미사일 위협을 강조했다는 것이다.

그러나 부시 정부 때 작성된 NIC 보고서의 평가와 클린턴 정부 때 작성된 1999년 보고서 사이에는 큰 차이를 발견하게 된다. 우선 1999년 보고서에는 북한이 ICBM에 장착할 수 있는 소형 핵탄두의 개발 가능성이 거의 없다고 본 반면에, 2001년부터는 증거 제시도 없이 핵무기를 이미 만들었고 이를 장착할 수 있다는 가능성을 제기하고 있다. 또한 1999년 보고서에는 북한이 ICBM 개발에 성공하기 위해서는 1998년 8월 실험에서 실패한 SLV 및 새로운 기술로 탄두를 대기권으로 재진입시키는 기술 개발에 성공해야 한다고 적고 있으나, 2001년 보고서에는 이러한 중요한 기술적 부분들이 누락되었다.

앞에서 설명한 것처럼, 북한의 대포동 1호는 새로운 로켓을 사용한 것이 아니라 기존의 개량형 스커드 미사일-C(1단계)와 노동 미사일(2단계)의 로켓을 접목시키고, 여기에 3단계로 고체 추진 SLV를 장착한 것이다. 이에 따라 SLV를 제외한 2단계 대포동 1호의 최대 사거리는 2,200km이다. 이것도 탄두 중량을 최대한 줄일 때 가능하다. 이에 따라 북한이 대포동 2호나 3호 미사일을 개발하기 위해서는 기존의 로켓보다 훨씬 강력한 로켓과 지구 궤도상에 탄두를 안전하게 올려놓을 수 있는 SLV, 탄두가 대기권으로 재진입할 때 엄청난 고열로부터 탄두를 보호할 수 있는 재진입체(reentry vehicle)를 만들어야 한다. 그러나 북한이 재진입체 제조 기술은 물론이고, ICBM급의 새로운 로켓체를 개발했다거나 1998년 8월 인공위성 발사 실패 원인인 SLV 문제를 극복했다는 신빙성 있는 근거는 제시되지 않고 있다. 더구나 북한이 ICBM을 실전배치하기 위해서는 10차례 정도의 시험발사가 필요한데, 북한이 지금까지 다단계 탄도 미사일을 발사해 본 경험은 1998년 8월과 2006년 7월 정도이다. 많은 전문가들이 북한의 ICBM 개발이 10년 이내에는 도저히 불가능하다고 보는 이유도 바로 여기 있다.[30)

북한이 탄도 미사일에 핵무기를 장착할 수 있는 능력을 보유했다는 주장 역시 과장되었을 가능성이 높다. 북한이 핵탄두를 ICBM에 장착하기 위해서는 핵탄두를 소형화해야 하는데, 이를 위해서는 핵 실험을 통해 고성능 기폭장치를 개발해야 한다. 1999년 NIC 보고서가 적어도 2015년까지는 북한의 핵탄두 제조 가능성을 낮게 본 이유도 여기에 있다. 따라서 부시 정부 일각에서 주장하고 있는 핵탄두 장착 ICBM 위협론은 극적인 돌파구, 즉 러시아와 중국의 대폭적인 지원이 있지 않는 한 당분간 불가능하다고 할 수 있다.

2001년 NIC 보고서가 강조하고 있는 생화학무기가 장착된 탄도 미사일 위협도 과장된 것으로 판단된다. 미국의 군사 전문가인 존 멀러와 칼 멀러는 "효과적으로 생화학 무기를 운반하기 위해서는 단순히 탄두가 지상에 떨어지면 되는 것이 아니라 저고도에서 뿌려져야 하는데, 이것은 대단한 기술적 정교함이 필요한 것"이기 때문에 현실적인 위협이 되기 어렵다고 분석했다. 또한 북한의 장거리 미사일이 화학무기를 운반할 만큼 중량의 탄두 탑재 기술을 가지고 있다고 보기도 어렵다. 하버드 대학교의 생물학자인 매튜 메슬손에 따르면 1평방킬로미터의 개방된 공간에서 많은 살상자를 내려면 1톤의 신경가스나 5톤의 이페리트(독가스의 일종)

---

30) David Wright, "Assessment of the North Korean Missile Threat", Global Security Program, M.I.T., March 18, 2003. http://www.nautilus.org/DPRKBriefingBook/missiles/DPRKMissileThreat.html.

가 사용되어야 한다고 한다.[31] 그런데 NIC 보고서도 탄두 덩어리의 3분의 2 정도는 탄두를 보호할 수 있는 탄피로 구성되기 때문에 실제 무기 중량은 3분의 1이 된다고 분석하고 있다. 즉, 탄두가 1톤이라면 실제 탑재 가능한 생화학무기는 300~400kg이 되는 것이다. 이는 핵무기도 마찬가지이다. 일부에서 주장하는 것처럼 북한이 ICBM을 보유하더라도 이 미사일에 탑재될 '탄두' 중량은 1톤을 넘기 어려우며, 설사 1톤이 된다 하더라도 '무기' 중량은 300~400kg을 넘지 못한다. 고도의 정확성을 갖추더라도 '위협'이 되기에는 원시적 수준인 것이다.

그러나 현재의, 그리고 앞으로도 상당 기간 동안 북한이 미사일의 사거리를 늘릴 경우 탄두 중량과 함께 정확도 역시 현격하게 떨어질 수밖에 없다. 이 점은 NIC 보고서도 인정하고 있는 내용이다.[32] 현재 북한이 보유한 탄도 미사일의 공산오차반경(CEP)은 3km 안팎으로 이 미사일의 사거리를 ICBM급으로 늘릴 경우 CEP는 40km 정도까지 높아져 정확도가 현격하게 떨어진다.[33] 이는 최악의 가정에 따라 북한이 생화학무기를 ICBM에 장착하더라도 실질적 위협이 되기 힘들다고 볼 수 있는 또 다른 이유이다. 더구나 생화학무기는 저고도에서 분사되어 떨어지고 기후 조건도 고려되어야 하며, 핵무기와는 달리 방호 장비 및 응급조치를 통해 인

---

31) John Muller & Karl Muller, "Sacntions of Mass Destruction," *Foreign Affairs*, May/July, 1999.

32) 클린턴 정부 때 작성된 NIC 보고서는, 북한 등의 탄도 미사일은 정확도가 떨어지기 때문에 '공포 조성용'으로는 의미가 있지만 군사적 용도로는 부적합하다는 결론을 내렸다. 부시 정부 이후 이러한 내용이 누락되었다.

33) Ronald H. Siegel, "The Missile Programs of North Korea, Iraq, and Iran," IDEAS Working Paper, September 3, 2001, http://www.idds.org.

명 피해를 줄일 수 있다는 점에서 대량파괴무기로 분류하는 것 자체가 무리라는 반론도 있다.

북한이 탄도 미사일 수출을 계속 늘려 왔다는 부시 정부의 주장 역시 과장되었을 가능성이 높다. 미사일을 포함해 한 나라의 대외 무기 이전을 객관적으로 평가할 수 있는 자료는 '무기 수출' 규모 이다. 미 국무부 군축과의 자료에 따르면, 북한의 무기 수출 총액 은 1987년 5억 2,300만 달러, 1988년 8억 8,500만 달러로 정점에 올라 섰다가, 1990년대 초반에는 2억 달러 안팎, 1990년대 후반 이후에 는 1억 달러 미만으로 급격하게 위축되었다.[34] 아울러 북한의 최 대 미사일 수입 국가로 미국이 지목해 온 이란은, 북한 미사일 부품의 질이 낮은 반면 가격은 대단히 높다고 불평한 것으로 알려 지고 있다. 특히 북한에서 수입한 미사일 엔진에 결함이 많아 이 란은 북한의 미사일 엔진을 분해해 재조립하는 방법을 통해 기술 적 장애를 극복하려고 했으나 성공하지 못했다고 한다.[35]

이처럼 부시 정부의 북한 미사일 위협에 대한 평가는 과학적인 분석보다는 정치적 필요에 경도되어 있다고 할 수 있다. 이러한 분석을 뒷받침하듯 부시 정부의 고위 관리들은 사석에는 북한 미사일 위협을 대수롭게 여기지 않고 있다고 한다. 『뉴욕 타임즈』 가 고위 관료들을 취재한 결과를 보면, "북한은 미국에 대한 미사 일 공격이 자신의 종말을 가져올 것이라는 것을 알고 있다"며 북한에도 억지 전략이 통용될 수 있다고 인식하고 있다는 것이다.

---

34) Anthony H. Cordesman, *The Asian Military Balance: An Analytic Overview*, Center for Strategic and International Studies, February 26, 2000.

35) Micheal Dobbs, "The Missile Trail, A Story Of Iran's Quest for Power," *Washington Post*, January 13 2002.

특히 북한 위협을 강조하면서 대북 강경책을 주도해 온 체니 부통령은 북한의 미사일 기술이 "매우 초보적이다(fairly rudimentary)"[36]라고 말한 바 있다.

### 3) 북한의 탄도 미사일 개발·보유 의도에 대한 과장된 평가

실제로 북한의 탄도 미사일을 둘러싼 안팎의 논란은 가장 상식적인 문제를 도외시한 채 '북한은 깡패국가'라는 '낙인론' 하에 이루어지는 특성을 보이고 있다.[37] 가장 기본적인 문제는 냉전시대에 소련에 통용되었던 핵 억지력이 소련과 비교하는 것조차도 민망할 정도의 군사력을 갖고 있는 북한 등에 '왜 적용되지 않느냐'의 문제이다. 클린턴 정부 때 사뮤엘 샌디 버거 전 백악관 국가안보보좌관은 "북한과 이란의 점증하는 위협이 미국이 직면한 가장 큰 도전 가운데 하나"라며 "이들 국가는 소련을 상대할 때 통용됐던 '억지력'도 소용없을 것"[38]이라고 말한 바 있다. 이에 대해 랜드 연구소의 조나단 폴랙은 "이러한 검증되지 않은 가정은 비정상적인 것"이라며 "가장 큰 문제는 모든 국가에게 적용되어 온 핵 억지력이 북한과 이란과 같은 국가들에게는 소용없다는

---

36) *The New York Times*, June 25, 2006.

37) 미국이 집착해 온 깡패국가 독트린과 미사일 방어체계의 상관관계를 잘 보여 주는 글은 Ivan Eland and Daniel Lee, "The Rogue State Doctrine and National Missile Defence," *Cato Foreign Policy Briefing*, No.65, March 29, 2001이다. http://www.cato.org/pubs/fpbriefs/fpb-065es.html 참조.

38) 그러나 샌디 버거 전 안보보좌관은 2001년 2월 13일 『워싱턴 포스트』에 기고한 칼럼에서 "우리는 왜 스탈린이나 그의 후계자들에게 먹혀들었던 억지력이 후세인과 같은 악한들에게는 소용없다고 믿는지 다시 생각해 봐야 한다"며 NMD 정책을 전면 재검토해야 한다고 주장했다.

인식에 있다"고 비판한 바 있다. 러시아 의회 국제관계 위원회 의장인 드미트리 로고진 역시 미국은 북한 위협론을 과장하고 있다고 지적하면서 "대포는 파리를 잡는 데 가장 좋은 무기가 아니다"며 북한 위협론을 빌미로 MD를 강행하려는 미국을 풍자한 바 있다.[39]

그러나 북한에 대한 비합리적 판단은 부시 정부 출범 이후 더욱 두드러지게 나타나고 있다. 부시 정부는 북한 등의 국가에게는 핵 억지력이 불충분하다는 근거로 ①냉전 해체 이후 세계는 여전히 위험하며 더욱 불확실해지고 있으며 예측하기도 힘들고, ②세계에서 가장 무책임한 국가들 가운데 몇몇 국가의 수중에 대량파괴무기가 있는 것을 포함해 현재의 안보환경의 현실을 반영한 더욱 향상된 억지 개념이 필요하며, ③이들 국가의 지도자들은 미국의 사활적인 이해가 걸려 있는 지역의 우방과 동맹국을 돕기 위해 접근하는 것을 예방하기 위한 수단으로 대량파괴무기 및 장거리 미사일을 획득하고 있으며, 흥망을 건 대도박을 할 의사가 있음을 증명해 왔다고 설명했다.

이에 따라 "냉전시대의 억지력으로는 이들 국가를 효과적으로 억지할 수 없다"며, 그 대안으로 "무책임한 독재자의 무모한 행동을 응징하기 위해 핵무기로 대량 보복 공격을 할 경우 수많은 무고한 시민을 죽일 수도 있다는 점에서, 그리고 미국 정부가 대량보복 공격을 지시하는 것을 더욱 엄격하게 할 것"이라는 점에서 MD 구축이 대안이 될 것이라고 주장했다.[40] 그러나 『뉴욕 타임

---

39) Steven Mufson, "'Rogue' States: Is It Reality or Rhetoric?," *Washington Post*, May 29, 2000.

40) *Administration Missile Defense Papers*, August, 2001.

즈』가 보도한 것처럼, 부시 정부의 고위 관료들은 사적으로는 억지력의 유용성을 인정하고 있다.

북한 미사일 위협에 대해 가장 그럴 듯하지만 극단적인 해석은 북한이 미국 본토나 주일미군 기지에 미사일 위협을 가함으로써 미국의 개입을 차단한 채 남침을 시도할 수 있다는 것이다. 이러한 가정이 성립하기 위해서는 위협을 느낀 미국이 개입하지 않는다는 보장과 북한이 남한과의 전쟁에서 이길 수 있다는 확신이 있어야 한다. 그러나 미국의 동아시아 군사전략은 미일, 한미 군사동맹의 지속적인 유지·강화와 전진 배치 군사력 및 장거리 타격 능력의 강화에 초점이 맞추어져 있다. 미국 정부 스스로 강조하듯이 미국은 아시아·태평양 국가이고 이 지역에 사활적인 이해를 가지고 있다. 이를 뒷받침하듯 부시 정부는 군사력 강화 및 임무 확대를 골자로 한미동맹과 미일동맹의 재편을 추진해 왔다.

또한 북한이 미사일을 개발하는 주된 목적이 미국을 위협해 개입을 차단하는 것이라면, 1990년대부터 주한 미군 주둔을 용인할 수 있다는 입장을 보여 온 것이나 가공할 살상력을 보유한 핵무기 개발 포기 의사를 밝히고 있는 것을 설명하기 어려워진다.[41] 또한 경험적으로 볼 때도 미국은 탄도 미사일과 생화학무기를 보유한 이라크가 19990년 쿠웨이트를 침공했을 때 주저 없이 개입해 이라크를 패퇴시킨 바 있다.

---

41) 부시 정부를 비롯한 대북 강경파들은 북한의 핵 포기 의지에 대해 근본적인 불신을 갖고 있다. 그러나 제네바 북미기본합의 과정에서도 나타난 것처럼, 북한은 핵 포기에 대한 정치적·경제적·안보적 조건이 상당 부분 충족될 수 있다고 인식할 때 비로소 핵 포기 조치를 취한다. 이러한 맥락에서 볼 때 대북 강경파들은 북한의 핵 포기 의지를 의심하기 이전에 북한을 협상 상대로 인정했는지, 북한의 핵 포기에 따른 상응조치를 제공하려고 했는지 자문해 봐야 할 것이다.

가능성 없는 얘기지만 미국이 북한의 위협에 두려움을 느끼거나 남한의 전략적 가치를 수정해 북한의 남침에 개입하지 않는다고 하더라도, 북한이 남침하거나 남한과의 전쟁을 통해 승리할 것이라고 가정하는 것 역시 비현실적이다. 근본적으로 미국의 개입이 없다 하더라도 북한이 한반도를 무력으로 공산화할 만큼 강력한 군사력과 이를 뒷받침할 수 있는 국력을 갖고 있다고 보기 어렵다. 최근 20년간 누적된 군비 지출이 남한의 5~6분의 1 정도이고 경제력이 30분의 1 정도밖에 안 되는 북한이 남한을 무력으로 통일할 수 있다고 생각하는 것 자체가 이미 비현실적인 가정인 것이다.

일각에는 북한이 전격전으로 남한 영토의 일부를 차지하고 핵 미사일로 미국의 개입을 억지한 채 대남 협상을 제안할 경우도 상정한다. 그러나 북한이 남한의 영토 일부를 점령할 수 있는 전력을 갖고 있다고 보기는 어렵다. 한국전쟁 때 맹위를 떨친 전차부대의 효용성은 현대전에는 크게 반감된 상황이고 KIA 1을 비롯한 최신형 전차로 무장한 한국군을 능가한다고 보기도 어렵다. 또한 북한의 공중·해상 전력은 남한에 비해 이미 크게 뒤처진 상황이고, 정보전력도 미미한 수준이다. 특히 훈련 수준이 극히 미비한 상황인데, 이와 관련해 주한 미군 사령관과 태평양 사령관의 발언을 주목할 필요가 있다. 이들은 2005년 3월 8일 미 의회 청문회에서 "북한의 비행 훈련은 연 12~15시간인 반면에 한국과 주한 미군 공군은 월평균 15시간"이고, "지난 수년 동안 북한군의 여단급 훈련조차 거의 보지 못했다"며, "사단 및 군단 훈련은 대규모의 기동 훈련이 아니라 지휘소 훈련(command post exercises)으로 이뤄지고 있다"는 점을 들어, "확실히 군사적 준비태세로는 부족하

다"고 말했다.[42]

이러한 점들을 종합해 볼 때, 북한이 탄도 미사일을 보유하고자 하는 동기는 보다 상식적인 관점에서 이해할 필요가 있다. 이는 강성대국으로서의 이미지 확보라는 국내적 목적과 함께 크게 안보적·외교적 동기로 나누어 볼 수 있다. 안보적 동기로는 적대 관계에 있는 미국·일본·한국과의 군사력 격차가 갈수록 벌어지고 있고 미국과의 적대관계가 청산되지 않고 있는 상황에서 탄도 미사일이 억지력 확보에 필수적이라는 인식이다. 1999년 9월 북한을 방문하고 돌아온 윌리엄 페리 전 대북 정책조정관은 북한의 미사일 개발 이유에 대해 "주된 목적은 안보, 즉 억지력 확보라고 볼 수 있다. 우리는 우리가 북한에게 위협이 되지 않는다고 생각하지만, 북한은 우리를 위협으로 간주하고 있다"[43]고 밝혔다.

외교적 목적과 관련해서는 스톡홀름국제평화연구소(SIPRI)의 진단이 핵심을 짚고 있다. SIPRI는 "북한이 미사일 계획을 갖고 있지 않다면(그리고 생화학무기를 위한 관련 계획이 없다면), 다른 국가들은 북한과 인도주의적인 지원 이외에 토론할 만한 것이 거의 없을 것이다"라고 말함으로써, 기본적으로 북한의 탄도 미사일 계획이 다른 국가와의 유용한 정치적·경제적 협상 도구로서의 의미를 갖는다고 분석했다.[44] 1994년 제네바 북미기본합의 이후 국제사회, 특히 미국의 관심권 밖으로 밀려났던 북한이 1998년 8월 인공위성 발사로 미국을 다시 협상 테이블로 끌어들인 사례는 이러한

---

42) http://www.pacom.mil/speeches/sst2005/050308fallon_sasc_oral.shtml.

43) Selig S. Harrison, "The Missiles of North Korea: How Real a Threat?," *World Policy Journal*, Vol.XVII, No.3, Fall 2000.

44) SIPRI, 아태평화재단 역, 『SIPRI Yearbook 2000』, 문원출판, 2001, 720쪽.

분석을 뒷받침해 준다.


## 4. 북미 미사일 협상의 재인식

### 1) 북미 미사일 협상과정

북한과 미국이 미사일 문제를 해결하기 위해 첫 대면한 때는 1996년 4월 20일이었다. 탐색전의 성격을 띤 1차 회의에서 미국은 테러 지원국 지정 해제 검토 및 추가적인 경제제재 완화를 협상안으로 북한의 미사일 수출을 중단시키고 미사일 기술통제(MTCR)에 가입시키려고 했고, 북한은 경제제재 해제는 제네바 북미기본합의의 약속 사항임으로 미사일 포기의 대가가 될 수 없다고 맞섰다. 특히 북한은 미사일 개발과 생산, 배치는 자주권에 속하는 문제라고 주장하며 북미 간의 포괄적인 타결을 선호했다. 북미 간의 이러한 입장 차이는 2차 회담에서도 좁혀지지 않았고, 협상 타결의 전망이 불투명한 상황에서 최대의 변수를 만나게 됐다. 1998년 8월 31일 북한의 대포동 1호 시험발사가 그것이다.

앞서 설명한 것처럼 북한의 3단계 미사일 발사는 미국과 일본에서 북한 위협론을 재점화하는 계기가 되었던 동시에 '페리 프로세스'의 불을 지펴 북미 협상을 시작케 하는 데에도 역할을 했다. 또한 클린턴 정부가 공화당의 MD 구축 요구를 놓고 정파적 논쟁을 벌이고 있을 때 시험발사가 실시돼, 북한의 미사일 문제가 미국의 MD 구상과 밀접하게 연관되는 분수령이 된 사건이기도 했다. 클린턴 정부가 북한의 미사일 수출보다 미사일 '개발'에 더 큰 비중을 두기 시작한 것도 이때부터이다.

2차 회담 이후 1년 반의 공백기를 거쳐 1998년 10월 초에 재개된 미사일 협상에서 북한은 중요한 제안을 했다. 미국이 3년간 매년 10억 달러씩 총 30억 달러를 보상하면, 미사일 수출을 중단하겠다는 것이다. 또한 1999년 2월에는 유엔 주재 이근 차석대사가 북한의 인공위성 발사는 전적으로 주권국가의 권리라며 추가적인 인공위성 발사 가능성을 내비치면서도, 북한은 미국과 미사일 협상에 임할 준비가 되어 있고 북미 평화협정 체결 등 미국의 대북한 정치적·경제적 관계가 정상화될 경우 미사일 문제가 순조롭게 풀릴 수 있다는 점을 강조했다.

이러한 북한의 입장은 1999년 3월 말 4차 회담에서도 재확인되었다. 그러나 미국은 현금 보상 불가 방침을 고수했고, 북한과의 포괄적인 타결에 주저했다. 이는 북한의 요구안, 특히 현금 보상 요구를 미국이 수용하기 힘든 측면도 있었으나, 미국 내에서 MD 구상을 놓고 정파적인 논쟁이 거세지면서, 강경파가 북한 미사일 위협론을 전면으로 부각시키면서 '협상'에 제동을 걸고자 했던 것도 크게 작용했다.

1994년 핵 위기에 버금가는 거친 언사가 오고가던 위기 국면은, 미사일 문제와 함께 1998~1999년 한반도 위기의 진원으로 작용했던 금창리 핵 의혹 시설 방문 결과 '텅 빈 동굴'로 판명되고, 북한이 추가적인 미사일 발사를 자제하면서 대화 국면으로 전환되기 시작했다. 이 과정에서 윌리엄 페리 당시 대북 정책조정관이 1999년 5월 하순 평양을 다녀와서 북한의 미사일은 기본적으로 '억지력'의 성격을 갖고 있다는 발상의 전환이 큰 역할을 했다. 페리는 북한이 미사일을 개발하는 가장 큰 이유는 '안보와 억지력'이라며, "우리는 북한을 위협하지 않는다고 생각하지만, 북한은 우리를 위협으로 간주하고 있다"고 말했다. 또한 그는 당시 미국 내에서 팽배했던 북한 붕괴론을 일축하면서 "우리는 우리가 원하는 북한 정부가 아니라 있는 그대로의 북한을 상대해야 한다"[45]고 강조했다. 당초 강경한 내용을 담을 것으로 보였던 페리 보고서가 포용정책을 기조로 삼을 수 있었던 이유도 바로 이러한 페리의 대북관의 변화와 무관하지 않다고 할 수 있다. 아울러 금창리 핵 의혹 시설 논란과 북한의 광명성 1호 발사로 위기가 조성된 상황에서 김대중 정부가 북한의 핵, 미사일 문제 해결과 대북 경제제재 및 북미관계 정상화를 연계시켜 해결하는 '일괄타결안'을 미국에게 적극적으로 설득한 것도 주효했다. 이에 따라 클린턴 정부는 페리 프로세스를 중심으로 대북 협상에 임했다.

이러한 분위기 속에서 1999년 9월 12일에는 북미 미사일 협상의 큰 진전이라고 할 수 있는 베를린 합의가 도출되었다. 이 합의에서 북한은 미사일 협상이 진행되는 동안 미사일의 추가 발사 시험을 유예하기로 했고, 미국은 경제제재를 일부 해제하고 북미 고위급회담을 개최하기로 했다. 북한이 강하게 요구해 온 경제제재 해제와 관련해 미국은 1999년 9월 17일에 실무 작업에 착수한 지 9개월이 지난 2000년 6월 19일이 되어서야 공식적으로 완수할 수 있었으나, 그 내용은 북한의 경제난 해소에 도움을 주지 못하는 '상징적인 수준'에 머물고 말았다. 미국은 부분적으로 북한과의 수출입 규제를 완화하고, 금융거래 및 미국 국적의 화물선과 항공기의 북한 경유를 허용했으나, 테러 지원국으로 계속 묶어 둠으로

---

45) 1999년 9월 17일 페리와 PBS 인터뷰 전문은 http://www.pbs.org/newshour/bb/asia/july-dec99/perry_9-17.html 참조.

써 실질적 효과는 거의 없었던 것이다. 이에 따라 북미 간의 협상은 미사일 문제와 함께 미국이 1988년부터 적용한 북한의 테러지원국 지정 해제 문제가 중요한 현안으로 떠오르게 되었다. 미국이 실질적으로 경제제재를 완화·해제하기 위해서는 북한을 테러지원국에서 해제해야 하는 선행 조치가 이뤄져야 하기 때문이다.

베를린 합의를 비롯해 이후 북미 간의 협상은 주로 'K-K 라인'이라고 불리는 북한의 김계관 외무성 부상과 미국의 찰스 카트먼 한반도평화회담특사 간의 접촉을 통해 이뤄졌다. 이들은 2000년 들어 1월 22~28일(베를린), 3월 7~15일(뉴욕), 5월 24~30일(로마), 9월 27일~10월 2일(뉴욕) 등에서 연쇄적인 회담을 갖고, 북한의 미사일 수출 및 개발 포기와 이에 대한 미국의 보상 방안, 북한의 테러방지 국제협약 가입, 북한의 아세안지역안보포럼(ARF) 가입, 북미 기본합의 이행 방안, 대북 지원과 경제제재 해제, 북미 최고위급 회담 및 관계 정상화 방안 등을 협의했다.

이 과정에서 6월 남북 정상회담과 7월 푸틴의 평양 방문, 북한의 ARF 참가 및 한국·미국·일본 외무장관과의 연쇄 회담 등이 북미 간의 협상 분위기에 긍정적인 영향을 미치기도 했다. 특히 7월 푸틴 러시아 대통령의 평양 방문 때에는 김정일 국방위원장이 미국이 인공위성을 대신 발사해 줄 경우 장거리 미사일을 포기할 수도 있다는 협상안을 내비치기도 해, 북미 간의 미사일 협상이 진전되는 계기가 만들어지기도 했다.

그러나 전반적인 대화 분위기에도 불구하고 북미 간의 입장 차이는 쉽게 줄어들지 않았다. 2000년 7월 10~12일 콸라룸푸르에서 열린 5차 미사일 회담은 양국 간의 시각 차이를 잘 보여 주었다. 당시 북한은 미사일 시험발사 유예를 재확인하고 미국은 5만 톤의 식량을 북한에 지원하기로 함으로써 적어도 북한의 미사일 '수출' 문제에서는 타결이 유력한 것으로 전망되었으나 보상 수준을 놓고 큰 이견을 보였다. 북한은 이전까지 고집해 온 현금 보상 요구를 현금에 상응하는 현물로도 보상이 가능하다고 양보안을 제시했으나, 미국은 북한의 현물 보상 규모도 터무니없는 것으로 간주하고 이를 거부했다. 미국은 미사일 문제와 관련해 수출과 개발 문제가 모두 타결될 경우 북한의 대외교류가 확대되면서 자연스럽게 정치·경제적으로 혜택을 받을 수 있다는 점을 강조하면서 북한을 설득하려고 했지만, 북한은 직접적인 보상 및 북미관계가 포괄적으로 개선되어야 한다는 입장을 고수했다. 또한 검증 방안에 대한 양측의 입장 차이도 컸다. 미국은 현장 사찰(on-site inspection)을 주장한 반면에, 북한은 주권 침해를 들어 난색을 표한 것이다.

그러나 이 회담은 두 가지 측면에서 중요한 의미를 갖는다. 하나는 양측이 큰 시각 차이에도 불구하고 미사일 협상의 타결 의지를 강하게 내비쳤고, 다른 하나는 결국 미사일 문제를 포함한 주요 현안을 해결하려면 최고위급 회담이 필요하다는 점을 확실히 인식하게 제기되었다는 점이다. 이에 따라 7월 27일에는 방콕에서 열린 아세안지역안보포럼에 참석한 백남순 북한 외무상과 매들린 올브라이트 미국 국무장관이 최초로 북미 외무장관 회담을 갖고 미사일 문제를 중심으로, 테러 지원국 지정 해제 문제, 양국 관계의 정상화 방안 등을 논의했다. 또한 북한의 조명록 특사 일행이 10월 9일부터 나흘간 워싱턴을 방문해 클린턴 대통령, 올브라이트 국무장관, 윌리엄 코언 국방장관 등과 연쇄 회담을 갖고, 1994년 제네바 북미기본합의에 버금가는 중요성을 갖는 북미공동코뮤니케를 발표했다. 이 공동성명에는 정전체제를 평화체제로 전환하는 과정에서 4자 회담의 중요성 인식,[46] 자주권 존중과 내정불간섭, 경제교류·협력의 확대, 제네바 북미기본합의 이행 의지 재확인, 반테러 입장, 북한에 대한 인도주의적 지원, 클린턴 대통령의 방북 등과 함께 최대 현안인 미사일 문제 해결 노력 등이 담겨져 있다. 또한 북한은 주한 미군이 대북 적대적인 성격에서 중립적인 성격으로 바뀔 경우 주한 미군 주둔을 용인할 수 있다는 입장을 재확인했고, 미국과의 적대관계가 완전히 종식될 경우 재래식 군사력까지 감축할 수 있다는 의견을 내비치기도 했다. 결과적으로 때늦은 감이 있었지만, 북미 간의 관계가 얼마나 '정상화' 단계로 접어들고 있었는지를 보여 주는 사례라고 할 수 있다.

조명록 특사 일행의 워싱턴 방문에 대한 답방 및 클린턴 대통령의 방북 문제를 논의하기 위해 올브라이트 국무장관은 10월 23~25일 평양을 방문하고 김정일 위원장과 회담을 가졌다. 올브라이트의 방북은 미국의 외교 수장이 북한의 최고 지도자를 만나 진의를 파악하고, 뒤이어 북미 정상회담의 의제 및 타결안을 조율한다는 점에서 대단히 중요한 의미를 가졌다. 이 회담에서 김정일 위원장은 2003년까지 미사일 발사를 하지 않겠다는 약속을 거듭 확인하면서 미국이 인공위성을 대리 발사해 주고, 현물 보상을 할 경우 중장거리 미사일 개발 포기 및 수출 중단 등을 제안하기도 했다. 이는 북한이 미국으로부터의 적절한 정치적·경제적 보상이 있을

---

46) 북한이 공동성명에서 "쌍방은 조선반도에서 긴장상태를 완화하고 1953년의 정전협정을 공고한 평화보장체계로 바꾸어 조선전쟁을 공식 종식시키는 데서 4자회담 등 여러 가지 방도들이 있다는 데 대하여 견해를 같이했다"고 합의한 것은 중대한 의미를 갖는다. 북한이 이전까지 평화체제의 당사자는 북한과 미국이라는 입장을 고수하며 북미 평화협정 체결을 주장했다.

경우 미사일을 기꺼이 포기할 의사가 있음을 최고지도자가 직접 밝혔다는 점에서 큰 의미가 있었다.

김정일 위원장과 올브라이트 국무장관 회담에 대한 긍정적 평가는 비밀 해제된 미국 문서에서도 확인된다. 올브라이트와 이바노프 러시아 외교부 장관 사이의 전화 통화를 위해 국무부가 작성한 문서는 김정일과의 회담이 북미관계 정상화를 향해 "좋은 출발점이었다"며, 기술적으로 논의해야 할 것이 많이 남아 있지만 미사일 협상에서 "중요한 진전이 있었다"고 강조했다. 특히 올브라이트는 김정일에 대해 "실용적이고, 결단력이 있으며, 이데올로기에 경도되지 않았다(practical, decisive, and seemingly non-ideological)"는 인상을 받았다고 평가했다.[47]

이처럼 북한과 미국은 김정일-올브라이트 회담을 통해 총론상의 대체적인 합의를 보고 기술적이고 구체적 문제를 논의하기 위해 2000년 11월 1일부터 사흘간 콸라룸푸르에서 6차 미사일 회담을 개최했다. 양측은 최대 현안이었던 북한의 중장거리 미사일 개발 포기와 미국의 위성 대리 발사 문제에 대해 원칙적인 합의를 이뤘고, 미국은 북미 정상회담에서 서명할 기본협정 초안과 세부적인 의무사항을 명기한 비공개서한을 북한에 전달해 클린턴 방북의 길을 닦기도 했다. 그러나 인공위성의 발사 횟수 및 기술이전, 북한의 미사일 수출 중단에 대한 보상 수준, 북한의 MTCR 가입 문제, 북한의 미사일 포기를 검증하는 방법 등에서 이견을 보이기도 했다.[48]

---

47) State Department Paper, Talking Point for S/Ivanov Telephone Call, October 29, 2000, http://www.gwu.edu/~naarchive/NSAEBB/NSAEBB164/EBB%20Doc%2020.pdf.

48) Michael R. "Gordon, How Politics Sank Accord on Missiles With North Korea,"

이러한 와중에 미국의 대선에서 공화당의 조지 W. 부시 후보가 대통령에 당선됨으로써 북미 간의 미사일 대타협 및 클린턴의 방북에 먹구름이 드리워지기 시작했다. 클린턴 대통령은 임기 막바지까지 방북을 고려했으나, 공화당 및 민주당 일부, 미국 주류 언론의 반대로 무산되었다. 결국 미국의 정권 교체와 미국 내 정치의 혼란 속에서 북미 간의 대타협은 부시 정부로 넘겨지게 되었고, MD 구축을 전면에 내세우고 이른바 '비클린턴주의(Anything But Clinton)'를 표방하던 부시 정부는 결국 북미 간의 미사일 협상을 중단하고 말았다.

### 2) 잃어버린 기회, 그리고 그 후 7년

현재에 대한 안타까움은 종종 지나간 과거에 대한 '반사실적' 가정을 통해 더욱 절실하게 와 닿곤 한다. 만약 클린턴 대통령이 평양을 방문해 김정일 위원장을 만나 미사일 문제를 비롯한 여러 현안을 놓고 대타협을 이뤘다면? 북한이 진작에 미사일 협상에 적극적으로 임해 미국 대통령 선거전에 타협을 이끌어 냈다면? 한반도는 많이 달러졌을 것이다.

물론 당시 상황은 그리 간단치 않았다. 실제로 미사일 문제를 놓고 북미 간의 인식에는 근본적인 차이가 있었다. 미국은 북한의 미사일 문제를 대량파괴무기 확산금지라는 세계전략적 차원에서 접근했으나, 북한은 미국으로부터의 체제안전 보장 및 북미관계 개선의 관점에서 바라봤던 것이다. 이에 따라 미사일 회담의 미국

---

*The New York Times*, March 6, 2001.

측 대표는 주로 비확산 및 군축문제 전문가인 로버트 아인혼 국무부 부차관보가 맡은 반면, 북한 측 대표는 대미 외교전문가인 이형철 외교부 미주국장이 맡았었다.[49] 이는 1990년대 초 한반도 위기의 진원으로 작용했던 북한 핵 문제를 놓고 갈등했던 북미 간의 입장 차이와도 대단히 흡사한 성격을 갖고 있다. 미국이 줄곧 북한을 MTCR에 가입시키는 것을 협상의 목표로 삼으면서 북한의 미사일 포기에 대한 대가 지불에 인색했던 것이나, 북한이 MTCR 가입을 거부하면서 미사일 포기에 따른 체제안전 보장과 경제적 보상 및 외교관계 정상화를 요구해 온 것은 이러한 시각 차이의 반영이라고 할 수 있다.

그러나 이러한 시각 차이 및 접근 방식의 차이는 미국의 클린턴 정부가 북한의 입장을 부분적으로 이해하고 북한이 미사일 개발은 전적으로 주권 사항이라는 기존의 입장에서 후퇴함으로써 좁혀지기 시작했다. 1999년 베를린 합의를 통해 좁혀지기 시작한 양측의 시각 차이는 2000년 후반 들어 미국이 미사일 문제를 북한과의 정치협상적 성격으로 받아들이면서 급물살을 타기 시작했다. 북미 간의 회담 의제가 미사일 문제를 중심으로, 테러 지원국 및 경제제재 해제, 제네바 북미기본합의의 원활한 이행 문제, 정전체제의 평화체제로의 이행 문제, 주한 미군 문제, 미국의 대북 체제안전 보장 문제, 북미 외교관계 정상화 문제 등으로 확대되고, 협상 당사자도 차관(보)급에서 장관급, 이후에는 (비록 무산되었지만) 최정상급으로 점차 높여진 것은 북미 미사일 협상이 기본적으로 북미 간의 정치적 문제라는 것을 보여 주었다. 이는 곧 북한

---

49) 박종철, 『북미 미사일 협상과 한국의 대책』, 29쪽.

측의 입장과 요구를 더디지만 미국이 수용하기 시작했다는 것을 의미하며, 미사일 협상이 지연된 이유도 기본적으로는 미국의 뒤늦은 깨달음, 즉 미국이 원하는 북한이 아닌 '있는 그대로'의 북한과 협상해야 한다는 페리 프로세스의 발상의 전환이 클린턴 정부의 임기 마지막 해인 2000년에 들어서야 비로소 작동되었기 때문이라는 것을 암시한다.

협상 지연의 배경에는 북한 강경파의 반발도 작용했다고 할 수 있다. 북한의 강경파가 핵에 이어 탄도 미사일까지 포기하는 것에 대해 반감을 갖고 있었다는 것은 김정일-올브라이트의 회담에서도 확인된다. 올브라이트가 자서전을 통해 공개한 내용에 따르면, 김정일은 "군부는 미사일 장비를 개선하기를 원한다", "(주한 미군 문제를 비롯해) (북한) 내부에도 다르게 생각하는 사람이 있다"고 말했다고 한다. 이에 반해 김정일은 주한 미군을 한반도의 안정자로 보고, 북미관계가 정상화되고 남한이 500km 이상의 미사일을 개발하지 않는다면 북한도 미사일 문제와 관련해 획기적인 양보 조치를 취할 수 있다고 말했다고 한다.[50]

미사일 문제에 대한 북미 양측의 인식 차이보다 더 본질적인 문제는 바로 MD에 있었다. 북한의 미사일 위협 때문에 MD가 필요하다는 논리를 뒤집어서 생각하면, 북한의 미사일 문제가 해결되면 MD 구축의 명분의 약화된다는 것을 의미한다. 실제로 클린턴 정부 막바지에 미사일 협상이 타결되지 못한 데는 MD를 둘러싼 미국 내 강온파의 갈등도 큰 몫을 했고, MD 구축에 사활을 걸었던 공화당이 미국 대선에서 승리하면서 미사일 협상은 중단되고 말

---

50) Madeleine Albright, *Madam Secretary*, Miramax Books, 2003, pp.463-465.

았다. 한반도의 평화는 기회를 잃어버리고 불안과 긴장 속에서 7년을 보내게 되었다.

부시 정부가 핵 문제 해결을 비롯한 북한과의 관계 개선을 꺼리는 이유 가운데 하나로 'MD 명분 강화'를 들면 이를 '음모론'으로 일축하는 경향이 있지만, 부시 정부가 출범 이후 보여 준 모습을 보면 결코 그렇지 않다. 출범하자마자 부시 정부가 제일 먼저 취한 조치는 콜린 파월 국무장관도 언급한 '북한과의 협상에 갖는 유망한 요소'를 무시하고, 북한 위협론을 전면에 내세우면서 MD 구축을 선언한 것이었다. 또한 2001년 3월 김대중 대통령의 방미를 앞두고 한국이 MD 참여를 약속하고 오면 한미 정상회담은 분위기가 좋을 것이라며 노골적인 압력을 행사하기도 했다.[51]

부시 정부가 "깡패국가들의 미사일 위협에 대비한다"며 MD 구축에 박차를 가하고 있을 때 여객기를 사용한 9.11 공격을 당하면서 MD 구축은 위기에 직면하는 듯했다. 그러나 부시 정부는 대량파괴무기와는 관계없는 9·11 테러를 '대량파괴무기 위협'을 극대화하는 데 활용했고, 가장 큰 근거를 북한으로 들면서 이라크·이란과 함께 '악의 축'이라고 규정했다.

2002년 10월 '제2차 북핵 파문'이 불거진 이후 부시 정부는 이를

---

51) 당시 한미 정상회담 직전에 열린 한러 정상회담에서 양 정상은 공동성명을 통해 "ABM 조약의 보존과 강화를 지지한다"고 발표했는데, 이는 MD에 사활을 걸고 있었던 부시 정부에게 한국이 MD에 반대하는 것처럼 비춰지게 했다. 이에 대해 한국 정부는 그런 뜻이 아니라고 해명했고, 부시 정부는 김대중 대통령이 방미에 앞서 MD를 지지하고 참여할 의사를 밝힐 것을 요구하는 문서까지 보냈으나, 김 대통령은 이를 거부했다. 이는 당시 한미 정상회담이 '파탄'에 가까운 결과를 낳은 중대한 요인이었다. 이에 대해서는 정욱식, 「공약으로 끝난 약속: 한국의 MD 참여」, 『2003년 한반도의 전쟁과 평화: 부시의 예방전쟁과 노무현의 예방외교』, 삼인, 2003 참조.

MD 구축 강화 및 동맹국들의 참여를 이끌어 내는 근거로 적극 활용했다. 2003년부터 북한에 대한 억지력 강화를 명분으로 패트리어트 최신형인 PAC-3를 남한에 배치했고, 일본의 MD 정책도 미국과의 공동개발에서 미국제 무기를 직구매해 조기에 배치하는 것으로 바꾸어 놓았다. 호주도 MD에 동참하겠다고 선언했다. 이는 북미관계를 MD와 함께 바라봐야 보다 정확하게 이해할 수 있다는 것을 의미한다.[52]

## 5. 전망

이상의 논의를 통해 북핵 문제가 해결 국면에 접어들고 북미관계 정상화 문제가 본격적으로 논의되기 시작하면, 어떤 형태로든 북한의 탄도 미사일 문제가 북미 간의 핵심 쟁점으로 부상할 가능성이 높다는 것을 알 수 있다. 아울러 2002년 북일 정상회담 때 채택된 평양선언에도 나와 있는 것처럼, 북일 수교 협상과정에서도 미사일 문제는 핵심적 의제가 될 것이다.[53]

이러한 전망이 북핵 문제가 해결 국면에 접어든다는 것을 전제

---

52) 이와 관련해 MD 및 대북정책을 둘러싸고 부시 정부가 갈등을 겪었던 김대중 전 대통령은 한 잡지와의 인터뷰에서 부시 정부의 대북 정책에 막강한 영향력을 갖고 있는 네오콘이 MD 구축 등 중국 견제를 위해 "북한을 악용하고 있다"고 말하기도 했다. 『르몽드 디플로마티크』, 2006년 9월 15일, 창간호.

53) 2002년 9월 17일 채택된 평양선언에서는 "(북일) 쌍방은 핵 및 미사일 문제를 포함한 안전보장상의 제반 문제와 관련해 유관국들 사이의 대화를 촉진하여 문제 해결을 도모해야 할 필요성을 확인했다. 조선민주주의인민공화국 측은 이 선언의 정신에 따라 미사일 발사의 보류를 2003년 이후 더 연장할 의향을 표명했다"고 밝히고 있다.

로 한 것이라면, 2006년 7월 초 북한의 탄도 미사일 발사 시험은 북핵 문제 해결의 지연에 따라 북한의 미사일 문제가 대두될 수도 있다는 것을 보여 준다. 당시 북한의 미사일 시험발사는 대외관계의 맥락에서 볼 때, 두 가지 차원에서 분석할 수 있다. 하나는 대북 금융제재 해제 및 북미 직접 대화 요구를 거부해 온 부시 정부의 '무시' 정책에 대한 '외교적 대응'이다. 북한 지도부가 1998년 8월 발사를 통해 자신의 존재를 미국에게 환기시키면서 북미간 고위급 회담을 재개시킨 것과 같은 외교적 효과를 기대했을 가능성이 있다는 것이다. 다른 하나는 부시 정부의 협상 의지에 대해 근본적인 회의감을 품고 향후 제기될 수 있는 미국 혹은 미국 주도의 동북아 동맹체제의 군사적 위협에 대한 대응책의 일환으로 '억지력'을 강화하려는 의도에서 비롯되었을 가능성도 높다.

그렇다면 만약 북핵 문제가 해결 국면에 접어들어 미사일 문제가 핵심 의제가 되면 어떤 상황이 전개될까? 클린턴 정부 때와는 달리 부시 정부는 북한과 단 한 차례의 미사일 회담도 가진 바 없기 때문에 미사일 문제가 협상 테이블에 올라오면 어떤 형태로 협상이 진행될 것인지 예측하기 어렵다. 그러나 몇 가지 쟁점은 예측 가능하다.

첫 번째 문제는 미사일 문제 해결과 북미관계 정상화 사이의 선후(先後)에 대한 근본적인 시각 차이이다. 이와 관련해 김정일 국방위원장은 2005년 6월 17일 정동영 당시 통일부 장관과의 면담에서 "미국과 수교하고 우방이 된다면 일반적으로 한 개 국가가 가질 수 있는 미사일만 가지고 장거리 미사일과 대륙간 (탄도) 미사일을 다 폐기하겠다"[54]라고 말한 것으로 알려졌다. 이는 클린

턴 정부와 협상한 내용과 비슷하며, 기본적으로 '선 북미관계 정
상화, 후 미사일 문제 해결'을 선호하고 있다는 것을 보여 준다.
다만 부분적인 양보 조치로 미사일 시험발사 유예 지속 및 보상을
전제로 한 미사일 수출 포기 등은 관계 정상화 이전에도 가능하다
는 입장을 갖고 있는 것으로 보인다.

이에 반해 부시 정부는 전반적으로 미사일 문제가 해결된 이후
에 관계 정상화가 가능하다는 입장이다. 부시 정부는 2001년 6월
6일 대북 정책 방향을 발표하면서 미사일 문제를 3대 의제 가운데
하나로 제시했다. 부시 대통령은 제네바 북미기본합의의 개선된
이행 및 재래식 군사력의 위협 감소와 함께 미사일 수출 중단
및 미사일 프로그램에 대한 '검증 가능한 제한(verifiable constraint)'을
협상 의제로 제시했고, 이러한 문제들이 포괄적으로 해결되어야
관계 개선이 가능하다고 밝혔다. 이는 미사일 문제와 관련해서도
'선 미사일 문제 해결, 후 관계 정상화'의 입장을 갖고 있다는
것을 의미하며, 2005년 10월 하순 해들리 안보보좌관의 발언에서
도 알 수 있듯이 이러한 입장은 오늘날까지도 유지되고 있다.

이와 같은 근본적인 입장 차이를 고려할 때, 부시 정부가 북한
과의 협상과정에서 미사일 포기를 북미 수교의 또 다른 전제조건
으로 제시할 경우 북한이 강하게 반발할 가능성이 높다. 특히 9·19
및 2·13 합의에는 북미관계 정상화의 조건으로 미사일 문제가 직
접 거론되지 않았다는 점을 고려할 때, 북한은 미국의 태도가 합
의의 위반이라며 강하게 반발할 것으로 예상된다.

두 번째 문제는, 부시 정부가 상정하는 미사일 문제 해결의 '수

---

54) 『연합뉴스』, 2005년, 6월 20일.

준'이다. 이와 관련해 부시 정부가 2001년 6월 6일 대북 정책 방향을 발표하면서 제시한 것은 두 가지였다. 하나는 미사일 수출 중단이고, 다른 하나는 미사일 프로그램에 대한 '검증 가능한 제한'이다. 전자는 구체성을 띠고 있는 반면에, 후자는 모호하다. 그러나 과거의 사례와 부시 정부의 성향을 고려할 때 '검증 가능한 제한'이란 북한의 MTCR 가입 및 사찰을 통한 검증을 의미하는 것으로 볼 수 있다. 만약 부시 정부가 북한과의 관계 정상화 교섭 과정에서 이를 관철하려고 할 경우, 북한과의 마찰이 예상된다. MTCR이 미사일 수출을 자발적으로 제한하는 것에 초점을 두고 있는 만큼, 북한이 여기에 가입하는 문제는 협상의 여지가 있다고 할 수 있다. 그러나 북한의 탄도 미사일 폐기 범위와 이의 검증 문제는 난제가 될 것이다.

세 번째 문제는, 북한의 미사일 포기에 대한 보상이다. 클린턴 정부 때 북한은 미사일 수출 중단의 대가로 상당한 수준의 현금 내지 현물 보상을 요구했다. 그러나 이러한 보상 방안에 강력하게 반발했던 공화당이 정권을 잡고 있는 오늘날, 미국이 북한의 미사일 수출 중단에 대한 보상을 제공할 가능성은 상당히 낮다. 또한 북한이 대륙간탄도 미사일 및 장거리 미사일 포기 조건으로 내세웠던 '미국의 인공위성 대리 발사' 방안에도 부시 정부는 반대할 가능성이 높다. 다만 부시 정부가 직접 보상은 아니더라도 '포괄적인 보상'의 관점에서 인도적 지원 및 북한의 경제개발 지원, 테러 지원국 및 경제제재 해제, 정전체제의 평화체제로의 전환, 북미 수교 등 이른바 '근본 문제'에서 상당한 유연성을 보이면서 북한에게 미사일 포기를 요구할 경우 협상의 접점은 넓어질 수 있을 것이다.

지금까지 언급한 세 가지 문제가 북미 간의 관계 정상화 협상에 '내재된' 문제들이라고 한다면, MD 및 한미동맹 재편은 이 틀 밖에 있지만 북한의 미사일 문제에 상당한 영향을 미칠 변수라고 할 수 있다. 앞서 약술했듯이 1기 부시 정부는 MD의 명분을 잃지 않기 위해 북한과의 협상에 대단히 미온적이면서 북한의 위협을 강조했다. 만약 앞으로도 부시 정부가 이러한 전략적 계산을 우선시한다면, 타결을 위한 미사일 협상에 미온적일 가능성이 높다. 이를 뒷받침하듯 부시 정부는 2006년 7월 북한의 미사일 발사를 전후해 북한의 행동을 변화시키기 위해 대북 특사 파견 등 추가적인 유인책 제공이 없을 것임을 분명히 했고, 미사일 시험발사 직후에는 일본과 함께 MD 구축 가속화의 명분으로 삼았다.

주한 미군의 변형을 비롯한 한미동맹의 재편에 대한 북한의 인식 및 군사적 대응도 중요한 변수이다. 미국이 계획한 일정에 맞춰 2사단과 용산 기지를 후방으로 재배치하면서 해·공군력 및 MD, 정보력의 강화를 통해 북한에 대한 정밀타격능력을 강화하면 북한은 상당한 위협을 느끼게 될 것이다. 특히 한강 이북에 주한 미군이 사실상 사라지면, 지금까지 북한이 강력한 대미 억지력으로 삼아 온 장사정포를 비롯한 야포 전력은 무력화될 수밖에 없다. 이는 군사적인 관점에서 볼 때 미사일의 가치가 더욱 커지게 된다는 것을 의미한다. 마땅한 억지력이 없는 북한으로서는 남한 후방에 있는 주한 미군 기지는 물론이고 주일미군 및 미국 본토에 대한 보복 능력을 갖고 싶어 할 것이기 때문이다. 이러한 분석을 뒷받침하듯 북한은 2006년 7월 모두 7발의 미사일을 발사했는데, 이들 미사일은 남한을 사정거리에 둔 스커드, 일본을 사정거리에 둔 노동, 미국 본토까지 날아갈 수 있다는 대포동 2호였다. 이는 북한이 한미일 삼각 군사협력체제에 대응해 '맞춤형 억지력'을 추구하고 있다는 분석을 가능케 한다.

미사일 문제가 다뤄지는 형식도 복잡할 것으로 예상된다. 국가 간의 관계에서 볼 때, 미사일 문제는 북미관계를 중심으로 하되 북일관계도 연동되어 있다. 북미관계가 원만하게 개선되는 상황에서 미사일 문제 해결에도 진전이 있으면 북일관계 개선도 탄력을 받는 구조이다. 물론 그 반대의 경우도 상정할 수 있다. 또한 미사일 문제는 북미 간에 집중적으로 논의되겠지만, 이 과정에 일본도 개입하려고 들 것이다. 일본은 폐기 대상에 장거리 미사일뿐만 아니라 일본을 사정거리에 둔 노동 미사일까지 포함시켜야 한다는 입장을 제시하려고 할 것이기 때문이다. 아울러 북한과 미국이 미사일 문제를 따로 떼어 별도의 회담을 진행할 것인지, 아니면 관계 정상화 교섭의 한 분야로 다루게 될 것인지도 불확실하다.

미사일 문제가 다뤄지는 시점도 중요하다. 이는 기본적으로 북핵 문제의 해결 수준에 종속되어 있다. 미국은 북핵 문제가 해결 가닥을 잡기 시작하면 미사일 문제를 공론화할 것으로 보인다. 북한은 관계 정상화 후 협상하길 원할 것이나, 일정한 정도 유연성을 가질 것으로 보인다. 반면에 북핵 문제 해결이 지연되거나 파국을 맞이할 경우 미사일 문제는 협상 의제가 되지 않을 것이며, 오히려 7월 북한의 미사일 시험발사 및 이에 대한 한미일 3국의 강경 대응에서도 알 수 있듯이 또 다른 '위기의 불씨'가 될 수도 있다.

## 6. 해결책

이러한 분석을 종합해 볼 때, 북한의 미사일 문제도 결코 쉬운 문제가 아닐뿐더러 자칫 '역류' 현상이 벌어져 핵 문제 해결의 걸림돌로 작용할 수 있다. 이는 한국도 이 문제에 대한 대응책을 미리 마련해야 한다는 것을 의미한다. 그러나 미사일 문제는 핵 문제와는 달리 북미·북일 등 양자회담에서 다뤄질 가능성이 높다는 점에서 한국의 개입 여지는 그만큼 좁아질 수 있다. 이에 따라 한국은 남북대화 및 한미·한일대화를 통해 미사일 문제에 대한 원만한 문제 해결을 유도하는 전략을 세우는 것이 필요하다.

대응 방향과 방안은 다음과 같이 생각해 볼 수 있다. 일단 대전제는 미사일 문제가 핵 문제 해결 및 평화체제 구축에 걸림돌이 되어서는 안 된다는 것이고, 이를 한국의 입장으로 정해 관련국을 설득하는 노력이 필요하다. 이를 위해서는 북한의 미사일 문제를 관계 정상화의 조건으로 삼지 않도록 미국과 일본을 설득하는 것이 중요하다.

우선, 핵 문제가 해결되면 북한의 미사일 위협이 크게 줄어들 것임을 강조할 필요가 있다. 탄도 미사일은 기본적으로 운반체이기 때문에 핵탄두가 장착되지 않으면 대량파괴무기로서의 효용은 크게 떨어진다. 아울러 테러리스트에게 탄도 미사일은 대단히 비싸고 은폐하기도 어려우며 발사 시 노출이 불가피하다는 점에서 북한의 탄도 미사일과 테러리즘을 연계시키는 것은 비현실적이라는 점도 강조할 필요가 있다. 아울러 북한을 설득하는 노력도 병행되어야 하는데, 북핵 문제가 평화적으로 해결돼 북한이 핵을 포기하게 되면 미사일이 가지는 의미는 별로 없다는 점을 제시할 필요가 있다. 핵탄두가 없는 미사일은 실질적 억지력을 갖기 어렵기 때문이다.

둘째, 북한의 미사일 문제와 관련해 비교적 해결에 용이한 영역부터 합의에 도달하게 함으로써 북미·북일 간의 신뢰 구축에 기여하고 까다로운 문제 해결의 토대를 쌓아야 한다. 북미·북일 간 합의에 도달하기 가장 쉬운 문제는 탄도 미사일 발사 시험 유예 '재개'이다. 비록 북한이 국제사회의 경고에도 불구하고 2006년 7월 미사일 시험발사를 강행했다고 하더라도, 1999년 북미 간의 베를린 합의와 2002년 북일 평양선언 등 과거의 전례를 볼 때, 향후 북미·북일 회담이 재개되면 이러한 내용을 재확인하는 것은 어렵지 않을 것이다.

그 다음으로 합의하기 쉬운 것은 미사일 수출 중단이다. 북한이 미사일 수출을 영구히 중단하기로 한다면, 미사일 확산 방지를 대외정책의 핵심 목표로 삼고 있는 미국과의 신뢰 구축에서 크게 진전할 것이다. 이 문제는 클린턴 정부 때 북미 간의 협상안을 바탕으로 타협안을 만들 수 있을 것이다. 타협안의 내용으로는 북한의 미사일 수출 영구 중단 조치에 대한 보상으로 현금이 아닌 식량과 에너지 등 현물 보상을 원칙으로 삼는 것이다. 단 이 문제의 해결 시점은 북핵 폐기와 북미관계 정상화가 이뤄지는 때를 고려해서 추진되어야 할 것이다.

셋째, 일본을 사정거리에 둔 노동 미사일 이상의 중거리, 장거리 미사일의 포기 문제이다. 이 문제는 다양한 영역을 포함하고 있어 난제가 될 수밖에 없다. '포기'의 의미를 중·장거리 탄도 미사일 개발을 중단하고 더 이상 생산하지 않는다는 수준으로 한정할 것인지, 아니면 이미 보유하고 있는 중·장거리 미사일의 폐기까지 확장할 것인지가 쟁점이 될 것이다. 또한 추후 북한의 보유가 인정되는 미사일의 사정거리도 관건이다. 아울러 북한의 미사일 포기에 대한 상응조치에 합의하는 것도 대단히 어려운 일이 될 것이다. 일례로 미사일 포기의 시점을 들 수 있다. 이들 문제에 대한 해결 방향은 북한이 중·장거리 탄도 미사일을 개발 중단을 공약하고 이를 이행하는 조치로 MTCR에 가입하는 것과 북미·북일 수교 체결을 동시에 이행토록 하는 것이 바람직할 것이다. 국교 수립을 통해 북미·북일관계가 안정화되면, 북한은 노동 미사일 이상의 사정거리를 지닌 모든 미사일을 폐기해야 할 것이다.

제6장

# 북핵 이후_III
－북한 생화학무기 문제－

## 1. 들어가며

9·11 테러 직후 탄저균 공포가 미국을 강타하자 생화학무기 위협에 대한 관심이 높아지고 있다. 특히 부시 정부는 9·11 테러에 대한 보복으로 알카에다와 탈레반 정권을 공격한 후 '테러와의 전쟁'을 확대해 핵무기 및 생화학무기, 그리고 이들 무기의 운반체인 탄도 미사일 등 이른바 대량파괴무기 위협 제거에 초점을 맞추겠다는 의지를 공언해 왔다. 이는 기존의 북한의 핵 및 미사일 문제에 생화학무기 문제까지 추가되면서 북미관계의 험난함을 예고하고 있다. 이러한 우려를 뒷받침하듯, 미국은 생화학무기 위협에서도 북한은 가장 큰 위협 국가의 하나로 분류했고, 최근 북한의 생물무기 프로그램에 '심각한 우려'를 표명했다.[1]

북한은 2005년 8월 미국 국무부가 북한의 생물무기 보유를 주장

---

1) American Forces Press Service, August 26, 2005. http://usinfo.state.gov/eap/Archive/2005/Aug/29-44230.html.

하면서 강도 높게 비난하고 나서자 "단 하나의 생물무기도 가지고 있지 않다"며 미국의 주장을 일축했다. 특히 "지난 1987년 생물무기금지협약에 가입한 이후 협약 이행을 성실히 해 왔다"며, "생물무기의 개발과 사용을 반대하는 북한의 입장은 확고부동하다"[2]고 강조했다.

이는 북핵 문제가 해결 국면에 접어들고 북미관계 정상화 논의가 본격화되면, 미국이 북한의 탄도 미사일, 인권 문제 등과 함께 생화학무기 문제도 거론할 수 있음을 예고한다. 특히 북한은 핵무기와 미사일 프로그램과는 달리 생화학무기는 개발 자체를 부인하고 있어, '있다'는 미국과 '없다'는 북한 사이에 치열한 공방이 예상된다. 더구나 생화학무기 프로그램은 '2차 북핵 문제'의 원인이었던 우라늄 농축 문제 못지않게 검증하기가 어려운 대상이다.

이 장에서는 한미 당국의 북한 생화학무기 위협에 대한 평가는 어떤지, '북한 생화학무기 위협론'이 얼마나 타당한 것인지, 이것이 갖는 위험성은 무엇인지, 이 문제를 풀기 위해서는 어떠한 정책적 노력이 필요한지 등을 분석해 보고자 한다.


## 2. 북한 생화학무기 위협에 대한 평가

### 1) 생화학무기란 무엇인가?

생물무기는 "여러 유형의 살아 있는 유기체에서 만들어지는

---

2) *YTN*, 2005년 9월 12일.

독성 물질을 사람·동물·식물을 살상할 목적으로 침투·살포·오염시키는 무기"이다. 화학무기는 보통 "사람, 동물 및 식물에게 직접적인 독성 효과를 주기 위해 사용되는 기체, 액체 또는 고체 상태의 물질"이 "생명과정에 대한 화학작용을 통해 인간 또는 동물에게 사망, 일시적 무능화 또는 영구적 상해를 유발하는 효과를 발휘하는 무기"라고 정의된다. 생물무기의 재료로 사용되는 독소와 화학작용제의 차이점은 "독소란 살아 있는 유기체로부터 생성되는 것이며, 화학작용제는 '합성'으로 만들어지는 것"[3]이다.

일반적으로 생화학무기는 '가난한 자의 핵무기'로 불린다. 이는 생화학무기가 핵무기 못지않은 살상력을 가지고 있지만, 핵무기에 비해 적은 비용으로 손쉽게 만들 수 있다는 인식 때문이다. 미국의 한 연구자가 "1평방킬로미터 내에 있는 비보호 민간인을 살상하는 무기를 만드는 데, 재래식 무기는 2천 달러, 핵무기는 800달러, 신경가스는 600달러, 생물무기는 단 1달러의 비용이 들어간다"고 주장한 것이나, 전 CIA 국장인 제임스 울시가 "B 플러스 이상 받은 고등학생도 생물무기를 만들 수 있다"며 "생물무기는 맥주를 만드는 만큼 쉽다"고 말한 것 등은 이러한 인식을 잘 보여준다.[4] 또한 9·11 테러 이후 미국에서 탄저균 공포가 확산되면서 미국의 일부 언론이 생물무기는 뒤뜰에 양동이 하나만 갖추면 만들 수 있다고 주장한 것이나, 뉴욕의 허드슨 강 위 보트에서 살포된 탄저균이 40만 명을 죽일 수 있다는 끔찍한 시나리오 등은 생물무기에 대한 공포심을 더욱 자극하고 있다. 심지어 미국 의회

---

3) 『대량파괴무기 문답백과』, 국방부, 2001년; WMD411, http://nti.org/f_wmd411.

4) Michael Crowley, "Disease by Design : De-mystifying the Biological Weapons Debate," *BASIC Publication*, November 2001, http://www.basicint.org.

의 한 보고서는 워싱턴에 투하된 1메가톤의 수소폭탄이 50만 내지 190만 명을 살상하는 반면에, 항공기로 100kg의 탄저균을 워싱턴에 살포할 경우 100만 내지 300만 명을 살상할 수 있다고 주장하기도 했고,[5] 한국의 한 테러문제 전문가는 워싱턴보다 인구밀집도가 높은 서울은 10kg의 탄저균으로 "인구의 절반을 죽일 수도 있다"는 주장을 제기하기도 했다.[6]

이러한 평가를 기초로 생물무기는 핵무기에 못지않은 살상력을 갖고 있는 대량파괴무기 범주에 포함되고 있다. 이러한 개념 정의가 일반적으로 통용되고 있는 이유는 핵·생물·화학무기(NBC)의 살상 효과가 대단히 클 뿐만 아니라, 군인과 민간인을 구분하지 않고(차별성의 원칙 위반), 마치 '닭을 잡는 데 소 잡는 칼을 사용하는 것'과 마찬가지로 목적에 비해 수단이 지나치게 과도하며(비례성의 원칙 위반), 무기가 사용된 후에도 질병 유발 및 환경 파괴에 같은 지속적인 피해를 입히기 때문이다.[7] 이러한 이유로 NBC를 사용하거나 개발 및 보유하는 것은 부도덕한 행위이며, 정치적 법적인 수단을 통해 이를 막아야 한다는 국제사회의 합의가 존재하는 것이다. 이에 따라 핵무기 확산은 NPT, 생물무기는 생물무기금지협약(BWC), 화학무기는 화학무기금지협약(CWC)을 통해 통제하고 있다.

---

5) "Weapons of Mass Destruction: Assessing the Risks," U.S. Office of Technology Assessment(OTA) of the U.S. Congress, August 1993.

6) 최진태, 「생화학무기: 인류 최후의 적, 독가스에서 탄저균까지」, 『신동아』, 2001년 11월호.

7) 김태우, 「핵 평화운동의 방향과 목적: 동북아비핵지대를 중심으로」, 좋은벗들 제5기 통일대화마당 자료집.

## 2) 북한의 생화학무기 능력에 대한 일반적인 평가

부시 정부는 9·11 테러 이후 생물무기의 위협을 부쩍 강조했다. 9·11 테러가 발생한 지 약 2개월 후에 열린 생물무기금지협약(BWC) 제5차 평가회의 기조연설에서 당시 국무부 군축 및 국제안보 담당 차관 존 볼튼은 생물무기 위협이 확산되고 있다며, 한층 강력한 억지장치 마련을 주문했다. 그는 11월 19일 연설에서 알카에다를 비롯한 테러 조직이 생물무기를 비롯한 대량파괴무기를 획득할 가능성이 높다고 우려를 표명하면서, BWC는 이를 막을 수 있는 효과적인 장치가 아니었다고 주장했다. 특히 이라크와 북한이 이 조약을 위반하고 있다고 강력하게 비난했다. 그는 "이라크가 가장 심각한 우려의 대상"이라고 못 박고, "미국은 이라크가 현장 무기사찰이 중단된 1998년 12월 이후 공격적인 생물무기 개발을 위해 모든 방안을 강구했다고 확신하며, 이라크가 생물무기 프로그램을 갖고 있고 BWC를 철저하게 위반하고 있다는 것은 재론할 여지도 없다"[8]고 주장했다. 그러나 미국은 이라크 침공 이후 생물무기를 포함해 어떠한 대량파괴무기도 발견하지 못했다.

볼튼은 북한에 대해서도 "북한의 생물무기 개발 프로그램은 극도로 위험한 것"이라며, "국가적 차원에서 생물 무기 개발에 역량을 집중하고 있고 몇 가지 무기는 이미 무기화했을 가능성이 있으며, 결정을 내리면 몇 주내에 군사적 용도를 쓸 수 있는 다량의 생물무기를 생산할 수 있다"[9]고 주장했다. 미국이 북한이 BWC

---

8) "Bolton Says Iraq, North Korea Violate Biological Weapons Pact," *Washington File*, 19 November 2001. http://www.usinfo.state.gov/products/washfile.

9) "Bolton Says Iraq, North Korea Violate Biological Weapons Pact.".

를 위반하고 있다고 공개적으로 비난한 것은 당시가 처음이었다. 미국은 이라크와 북한을 최대 생물무기 위협국가로 명시하면서, 이란·시리아·리비아는 개발 및 보유를 시도하는 있는 국가로, 수단은 개발이 우려되는 국가로 분류했다.

이에 대해 BWC 5차 평가회의에 참석한 이라크·이란·리비아 대표는 미국의 의혹 제기가 근거 없는 것이라고 강하게 반발했다. 특히 이라크는 자국의 생물무기 프로그램은 유엔특별위원회(UNSCOM)의 무기 사찰로 완전히 종식되었고, 미국이 이라크의 생물무기 의혹을 강하게 제기하는 것은 생물무기 확산 방지를 이유로 이라크를 공격하려는 의도라고 강하게 비난했다. 이들 국가는 미국이 BWC 회의를 '무책임한 의혹 발사대'로 활용하고 있다고 비난하면서, 미국의 이러한 무책임한 선전이 계속될 경우 BWC 회의에서 합의를 이루기는 힘들 것이라고 말하기도 했다.[10]

이들 국가와 함께 BWC 위반 국가로 미국에 의해 공개 지목된 북한은 미국의 생물무기 위협 제기에 대해 "미국이 우리에게 생화학무기와 같은 대량파괴무기를 생산한다는 그런 모자를 씌워 국제적으로 고립시키기 위한 또 하나의 정치적인 모략책동"[11]이라며 강하게 반발했다. 북한은 공식적으로 생물무기의 개발 보유를 부인하고 있고, 미국의 비난에 대해 "미국이 지금까지 자신들의 범행은 문제시하지 않으면서 북의 생물무기만 문제 삼고 있다"며, "저들에게 쏠리는 국제사회의 눈초리를 북으로 돌리고 그 연막 뒤에서 생화학전 준비를 강화하려 한다"[12]고 맞대응했다. 이와

---

10) Jenni Rissanen, "Acrimonious Opening for BWC Review Conference," *BWC Review Conference Bulletin*, November 19, 2001. http://www.acronym.org.uk/bwc/revcon1.htm.

11) 『연합뉴스』, 2001년 12월 7일.

같은 북한의 부인과 반발에도 한미 당국은 북한의 생물무기 위협을 기정사실화하고 있다.

한국 정부는 『2000년 국방백서』와 『2004년 국방백서』를 통해 북한이 "탄저균 등 생물무기를 배양 및 생산할 수 있는 능력을 보유하고 있는 것으로 추정된다"고 주장했다. 미국 역시 클린턴 정부 막바지 때인 2001년 1월 미 국방부가 작성한 「대량파괴무기 확산과 대응」[13]이라는 보고서를 통해 북한이 1960년대부터 생물학무기를 연구개발해 오고 있는 것으로 보인다며, "현재에는 생물학무기 능력을 보유하고 있을 가능성이 있다"고 평가했다. 부시 정부는 여기서 한 걸음 더 나아가, 북한의 생물무기 프로그램은 '국가적 수준'에서 이뤄지고 있고, 마음만 먹으면 수주일 내에 대량살상이 가능한 다량의 생물무기 생산이 가능하다고 평가하고 있다.

이러한 평가는 최근까지도 계속되고 있다. 미국 국무부는 2005년 8월 30일 의회에 제출한 보고서를 통해 "미국은 북한이 생물무기 제조 능력을 확보하기 위해 국가적 차원의 적극적 노력을 기울여 왔고는데, 그들이 이를 개발·제조했으며 실전용으로 무기화했을 가능성이 있다고 믿고 있다"고 주장했다. 부시 정부는 2003년 6월 보고서에도 이와 비슷한 결론을 내렸다.[14]

국무부는 또한 북한이 1987년 BWC에 가입했고, 1990년에 보고

---

12) 『연합뉴스』, 2001년 10월 13일.

13) U.S. Department of Defense, "Proliferation Threat and Response," January 2001. http://www.defenselink.mil/pubs/ptr20010110.pdf.

14) Adherence to and Compliance With Arms Control, Nonproliferation, and Disarmament Agreements and Commitments, Bureau of Verification and Compliance, August 30, 2005. http://www.state.gov/t/vc/rls/rpt/51977.htm.

서를 제출해 생물무기 프로그램이 없다고 주장했으나, 이를 '거짓'으로 간주하고 있다고 강조했다. 아울러 여러 정보를 종합해 보면 북한은 탄저균, 콜레라, 페스트 등 세균을 갖고 있으며, 무력 충돌 발생 시 생물무기 사용을 고려하고 있다고 주장했다. 특히 북한은 결정을 내리면 수주일 내에 군사용으로 사용할 수 있는 충분한 양의 세균을 갖고 있다고 덧붙였다. 이를 근거로 국무부는 "우리는 계속 북한의 생물무기 관련 활동에 대해 심각한 우려를 갖고 있다"고 강조했다.

그러나 북한의 생물무기에 대한 주한 미군 사령관의 언급은 국무부의 평가와 상당한 차이가 있다. 레온 라포테 주한 미군 사령관은 국무부가 보고서를 발표하기 직전인 8월 26일 미군 공보국 군사정보지인 『아메리칸 포스 인포메이션』과의 인터뷰에서 북한이 계속 생물무기 관련 활동을 하고 있지만, 이를 "무기화했다고 믿지는 않는다"[15]고 밝혔다. 이러한 언급은 이미 무기화 수준에 접어들었다는 믿고 있다는 국무부의 평가와는 적지 않은 차이가 있는 것이다.

또한 화학무기에 대해서도 한국 국방부는 "북한은 현재 2,500~5,000여 톤의 화학무기를 보유한 것으로 추정하고 있으며, 질식·수포·혈액·신경작용제 등 다양한 종류를 보유한 것으로 알려져 있다"[16]고 평가하고 있다. 미군 역시 북한은 다량의 화학무기를 보유하고 있다며, 이는 "주한 미군 및 한국과 일본의 인구밀집지역을 위협하고 있다"[17]고 평가했다.

---

15) American Forces Press Service, August 26, 2005. http://usinfo.state.gov/eap/Archive/2005/Aug/29-44230.html.

16) 『대량파괴무기 문답백과』, 32쪽; 『2004년 국방백서』, 40쪽.

북한의 생화학무기 개발이 '국가적인' 차원에서 이뤄지고 있다
는 평가의 근거는 일차적으로 김일성의 교시에 따른 것으로 보인
다. "북한은 1961년 말 화학전의 중요성을 인식하여 김일성의 '화
학화 선언'에 따라 연구 및 생산시설을 설치하는 등 무기개발을
시작했다. 그 후 1980년대부터 '독가스 및 세균무기를 생산하여
전투에 사용하는 것이 효과적'이라는 김일성 교시에 따라 화생무
기 개발에 주력했다"[18]고 하는데, 이는 북한의 생화학무기가 국가
적 차원에서 이뤄지고 있다는 평가의 기초를 이루고 있다.

한미 당국이 북한의 생화학무기 프로그램이 '국가적' 차원에서
이뤄지고 있다는 평가는 중요한 함의를 갖는다. 일반적으로 많은
생물무기 전문가들은 생물무기 개발 및 생산이 핵무기와 비교할
때 상대적으로 쉽고 저렴한 것은 사실이지만, '무기급' 생물을
개발·배양·보관·저장하는 것은 고도의 기술과 전문가, 많은 비용
및 시설이 필요하기 때문에 테러 조직을 비롯한 비국가행위자가
생물무기를 개발·생산하는 데는 한계가 있다고 보고 있다. 따라서
생물무기 프로그램도 국가적 차원에서 이뤄질 때만 '대량살상'
능력을 보유하는 것으로 평가하고 있다.

북한의 생화학무기가 더욱 위협적인 것은 박격포 및 야포, FROG,
스커드·노동·대포동 미사일, 그리고 전투기, 폭격기, AN-2기 등
다양한 운반체를 갖고 있기 때문이라는 주장도 있다. 미국 정부는
북한을 가장 임박한 위협 국가라고 묘사하면서, 이에 대한 중요한
근거를 북한이 장거리 미사일에 생화학무기를 탑재하여 미국 본

---

17) Thomas A. Schwartz, Statement Before the 107th Congress Senate Armed Services
    Committee, March 5, 2002.
18) 『2000년 국방백서』, 44쪽.

토를 공격할 수 있는 능력을 머지않아 갖게 될 것이라고 점에서 찾고 있다. 미국 정보기관의 북한 위협 평가 보고서는 북한이 2015 년까지 '핵탄두'를 장착한 대륙간탄도 미사일(ICBM) 개발은 어려울 것으로 보면서도 생화학무기가 장착된 ICBM 개발은 가능할 것으로 평가했다.[19) 또한 CIA가 9·11 테러 이후 작성한 보고서에서도 "우리는 북한이 광범위한 종류의 화학 요소와 일부 생물학 요소들을 생산, 미사일 탄두 또는 기타 탄약을 이용해 운반할 수 있는 능력을 갖고 있는 것으로 평가하고 있다"[20)고 밝혔다.

이같이 북한 생화학무기 위협에 대한 평가가 있었지만, 그 신뢰성에 대한 의문은 끊임없이 제기되어 왔다. 북한의 대량파괴무기에 대한 권위자 가운데 한 사람인 조셉 버뮤데즈는 북한의 생물무기 보유 현황에 대한 믿을 만한 추정은 아직 존재하지 않는다고 말했다.[21) 한미 당국도 북한의 생물전 능력을 객관적으로 입증할 만한 근거를 아직 제시하지 못하고 있고, 대체로 탈북자들의 증언에 의존하고 있는 현실이다.[22) 추후에 서술하겠지만, 이러한 북한

---

19) National Intelligence Council, "Foreign Missile Development and the Ballistic Missile Threat to the United States Through 2015," September, 1999.

20) "Unclassified Report to Congress on the Acquisition of Technology Relating to Weapons of Mass Destruction and Advanced Conventional Munitions," 1 January Through 30 June 2001. http://www.cia.gov/cia/publications/bian/bian_jan_2002.htm#14.

21) *CNN*, November 20, 2001.

22) 이와 관련하여 국방부의 한 관계자는 "탈북자의 증언 외에 북한의 생화학무기 능력을 입증할 만한 자료는 별로 없는 것으로 알고 있다"고, 2002년 3월 필자와의 전화 인터뷰를 통해 밝혔다. 또한 2001년 11월 21일 북한 생화학무기 위협 평가 근거를 요청하는 정보공개 청구에 대해 "공공기관의 정보공개에 관한 법률 제7조(비공개 대상정보) 제1항에 해당되는 비공개 대상이며, 군사기밀보호법 제2·3·5조 및 동법시행령 제7·8조에 의거 보호조치가 필요한 군사비밀사항으로 공개할 수 없다"고 답변했다.

의 생화학무기 위협 평가는 상당히 과장되었을 가능성을 배제할
수 없다.


## 3. 생화학무기 위협에 대한 재평가

9·11 테러 이후 생화학무기 위협이 강조되고 있는 추세에서,
생화학무기 위협 평가를 좀 더 신중하게 할 필요가 지적도 제기되
고 있다. 생화학무기를 핵무기와 함께 대량파괴무기로 묶는 것은
적어도 군사적 효용성에는 근거가 부족하다는 것이다. 이에 따라
"생화학무기는 대량파괴무기라기보다는 민간인에게는 공포를
안겨 주는 '공포의 무기(weapons of terror)', 전투원에게는 '위협의 무
기(weapons of intimidation)'로 부르는 것이 정확하다는 지적도 있다.[23]
즉, 생화학무기가 공포를 조성하고 위협적인 무기인 것은 사실이
지만, 대량파괴무기라는 특별한 지위를 부여하는 것은 문제가 있
다는 것이다. 예를 들어 화학무기는 제1차 세계대전 때 총 12만
4,000톤이 사용된 바 있으나, 사망자수는 약 5만 명으로 전체 사망
자 중 3%를 차지했고, 생물무기는 대규모로 사용된 예가 없기
때문에 핵무기와 동급에 올려놓은 것은 문제가 있다는 것이다.[24]
　이를 구체적으로 살펴보면, 우선 살상력에서 화학무기는 말할
것도 없고 생물무기 역시 핵무기와 적지 않은 차이가 있다. 유엔

---


23) Gert G. Harigel, "Chemical and Biological Weapons: Use in Warfare, Impact
on Society and Environment," http://www.ceip.org.

24) M. Meselson, "The Myth of Chemical Superweapons," *The Bulletin of Atomic Scientists*,
April 1991.

의 연구결과에 따르면, 1메가톤급 핵폭탄은 300평방킬로미터 내의 인구 90%를 살상하는 반면, 15톤의 화학무기는 60평방킬로미터 내 인구의 50%를 살상할 수 있으며, 생물무기는 10톤이 사용될 경우 10만 평방킬로미터 내 인구의 25%를 살상할 수 있는 것으로 나타났다. 이러한 연구에 따르면 살상력에서 핵무기와 생물무기가 대단히 높은 반면, 화학무기는 여기에 훨씬 못 미친다는 것을 알 수 있다.[25] 또한 이 연구에서의 전제조건은 생화학무기가 광범위한 지역에 최대한 퍼져 나간다는 것으로 최악의 시나리오를 적용한 것이다.[26]

생물무기가 핵무기 못지않은 살상 효과를 나타내기 위해서는 ①생물무기가 미세한 분말 형태, 즉 입자의 크기가 폐에 있는 솜털 없는 기포 영역까지 도달할 수 있도록 5~10$\mu$m 정도로 가공되어 있어야 하고, ②바람이 생물무기가 살포되기 알맞게 적당히 부는 맑은 기후 조건의 날이어야 하며, ③저속의 항공기로 낮은 고도에서 뿌려져야 하며, ④대도시 주민이 실외에 보호 장비 없이 노출되어 있어야 한다.[27] 이는 현실에서 나타나기 힘든 최악의 시나리오이며, 어떤 조건하에서도 그 효과가 나타나는 핵무기와는 상당한 차이가 있다는 것이 대체적인 평가이다. 또한 핵무기가 사용될 경우 마땅한 보호 장비가 거의 없고 대부분이 즉사하며 피폭자

25) 이에 따라 화학무기는 대량파괴무기가 아닌 재래식 무기로 봐야 한다는 주장도 있다.

26) Gert G. Harigel, "Chemical and Biological Weapons: Use in Warfare, Impact on Society and Environment," p.3에서 재인용.

27) 핵무기, 생물무기, 화학무기의 살상력 비교는 "Weapons of Mass Destruction: Assessing the Risks," U.S. Office of Technology Assessment(OTA) of the U.S. Congress, August 1993; Wolfgang Panofsky, "Dismantling the Concept Of Weapons of Mass Destruction," *Arms Control Today*, April 1998 참조

치료제 역시 미비한 수준인 반면, 생물무기에 대해서는 방독면을 비롯한 보호 장비와 여러 가지 백신이 존재한다는 점 역시 중요한 차이로 지적되고 있다. 군사적 효용성에서도 핵무기의 경우 인명은 물론 상대방의 장비와 시설까지 '즉시' 파괴하지만, 생화학무기는 인명 살상 외의 파괴력은 거의 없고 반응이 나타날 때까지 많은 시간이 소요된다는 차이를 갖고 있다. 일례로 1990년대 생화학 테러로 악명을 떨친 일본의 옴진리교는 1995년 도쿄 지하철 화학무기인 사린가스를 살포하기 전 여러 차례에 걸쳐 식중독을 일으키는 보틀리누스균과 탄저균 포자를 공기 중에 뿌렸지만, 어떠한 효과도 얻지 못했다고 한다.

군사 분야 연구에서 세계적인 권위를 인정받고 있는 스톡홀름 국제평화연구소에는 1979년 구소련의 스베르들롭스크의 군사용 생화학 시설로부터 흡입 가능한 탄저균 유출사고[28] 때와 유사한 탄저균 유형과 양이 도쿄의 중심가에 살포될 경우 살상력을 가상 실험한 적이 있다. 이 시나리오는 옴진리교와 같은 테러조직이 생물무기 제조 및 살포의 기술적 장애를 극복하고, 40억의 호흡 가능한 탄저균 포자(일반적으로 살포된 탄저균 포자의 5% 정도가 흡입되므로 약 800억 개의 탄저균 포자가 살포되어야 한다)가 지상 15m에서 15분 간격으로 살포되며, 남서풍이 초당 약 4.5m 속도로 부는 도쿄 중심부의 대규모 쇼핑몰에서 탄저균 살포가 이뤄진 것으로 가정했다. 정교한 컴퓨터 실험 결과, 수십만 내지 수백만 명의 사망자가 발생할 것이라는 일반적인 예상과는 달리 2~3만 명이 탄저균 포자에 노출되었고, 이 가운데 실제 감염자 수는 300명

---

28) 이 사고에서 약 40억의 호흡 가능한 포자가 공기로 운반되었고, 약 65명의 사람들이 죽은 것으로 알려지고 있다.

정도로 평가되었다.[29] 물론 감염자의 사망 여부는 의료 처치에 달려 있다는 결론이 덧붙여졌다.

'무기급' 생물무기를 제조하는 것도 고도의 기술과 많은 비용이 필요하다는 주장도 제기되고 있다. 생물무기 가운데 비교적 제조 및 사용이 용이하다는 탄저균을 무기화하려면 ①건조 분말 상태로 가공해 탄저균 홀씨를 공기 중에 흩뿌릴 수 있어야 하고, ②이를 위해서는 원심분리기 안에서 수차례 세척해야 하며, ③건조를 위해 액체 상태의 탄저균을 진공이 된 공간 안으로 분사하는 등의 기술과 시설이 필요하다. 이러한 작업을 하려면 고도의 기술과 수억 달러의 비용이 필요하다고 평가된다.

## 4. 북한 생화학무기 위협에 대한 재평가

물론 이와 같은 평가가 생화학무기가 위협적이지 않다는 것을 주장하는 것은 결코 아니다. 그러나 생화학무기가 위협적인 것과 그 위협을 과장하면서 과도한 대응을 정당화하는 것은 별개의 문제이다. 특히 남북한이 여전히 군사적으로 대치하고 있고 미국의 대북 정책이 강성 기조를 벗어나지 못하고 있는 현실에서 북한의 생화학무기 위협에 대한 평가는 과학적이고 객관적일 필요가 있다. 지난 반세기 동안 한반도의 군사적 긴장 구조의 핵심에는, 어느 일방이 상대방의 군사력과 의도를 과대평가하고 이에 과잉대응함으로써 상대방의 과도한 반작용을 가져오는 '작용과 반작

---

29) 이 시나리오에 대한 상세한 내용은 SIPRI, 아태평화재단 역, 『SIPRI Yearbook 2001』, 614-619쪽 참조

용'의 악순환이 있었다. 남북화해·협력 및 긴장완화가 강조되고 있는 현 추세에서 과거의 오류를 되풀이한다면, 한반도 문제를 푸는 길은 더욱 요원해질 수밖에 없을 것이다.

첫째, 한미 양국은 북한의 생물무기 위협을 기정사실화하고 있는 반면, BWC에 가입한 북한은 이를 부인하고 있다는 '주장의 비대칭성'이 존재한다는 점을 인식해야 한다. 일반적으로 북한의 주장이 거짓으로 받아들여지는 만큼 한미 당국의 평가 역시 북한에 대한 '악마 이미지'에 의존하고 있는 것이 현실이다. 또한 한미 당국은 재래식 군사력에서 열세인 북한이 상대적으로 비용이 적게 드는 핵, 미사일, 생화학무기 등 대량파괴무기 보유를 통해 비대칭적인 우위를 달성하려고 하고 있다고 평가하고 있지만, 이 것이 북한이 곧 생물무기 프로그램에 우선적으로 투자하고 있다고 '단정'하는 근거가 될 수 없다.

둘째, 설령 북한이 생화학무기 개발 및 보유를 시도하고 있더라도 그 의도를 지나치게 과잉 해석하는 것에 신중해질 필요가 있다. 다른 대량파괴무기와 마찬가지로 미국 강경파가 말하는 것처럼 그 의도가 국제질서의 파괴에 있다거나 미국을 위협해 개입을 차단하고 한반도를 공산화하려는 것에 있다는 해석은 객관적이지도 합리적이지도 않다. 북한이 이 같은 의도를 갖고 있다면, 국제체제를 주도하고 있는 미국과의 관계 개선을 최고의 체제생존 수단으로 삼고 있는 것이나, 생화학무기보다 훨씬 파괴력이 강하고 군사적으로도 검증된 핵무기 개발을 1994년 제네바 북미 기본합의를 통해 동결한 것이나, 미국으로부터 정치적·경제적 보상이 있을 경우 핵과 탄도 미사일 프로그램을 포기할 수 있다는 '중대 결단' 의사를 거듭 밝히고 있는 현실을 설명하기 힘들다.

북한이 생화학무기의 개발 및 보유를 시도하고 있다면, 그 의도는 억지력의 관점에서 바라보는 것이 타당할 것이다. 즉, 한미연합군에 비해 갈수록 군사력이 약해지는 반면 미국으로부터의 안보위협이 해소되지 않은 상황에서 "네가 나를 공격하면 너도 무사하지 못할 것"이라는 '고슴도치 전략'의 연장선상에서 이해할 필요가 있다.

셋째, 한미 당국이 강조하는 북한 생화학무기 위협의 성격 역시 과장된 측면이 있다. 북한의 생화학무기가 더욱 위협적인 것은 미사일을 비롯한 다양한 투발수단을 보유하고 있기 때문이라는 것이다. 그러나 대부분의 생화학무기 전문가들은 미사일이나 폭탄에 내장된 생화학무기가 살상효과를 가지려면 낮은 고도에서 분무기로 뿌리듯이 퍼져야 하는데, 이는 대단히 어려운 기술이라고 강조한다. 특히 살상력이 높은 생물무기의 경우, 폭발과 동시에 탄두나 폭탄에 포함된 유기체도 죽고 탄저균을 제외한 치명적인 유기체는 수명이 짧아 폭탄이나 탄두에 오래 살아남을 수 없기 때문에 군사적 효율성이 극히 떨어지는 것으로 평가하고 있다.[30] 이에 따라 군사 전문가들은 미사일이나 폭탄에 탑재하는 것보다 공중에서 생화학무기를 뿌리는 것이 훨씬 효과적이라고 말한다. 또한 북한이 항공기로 서울 등 대도시에 생화학무기 살포를 시도하더라도 휴전선을 넘은 직후 한미연합사의 대공포나 전투기의 요격을 피한다는 것은 불가능하다. 공중에서 살포하는 생화학무기가 위력을 발휘하려면 낮은 고도에서 느린 속도로 항공기가 비행해야 하는데, 이를 포착·요격하는 것은 결코 어려운 일이 아

---

30) John Muller & Karl Muller, "Sacntions of Mass Destruction," *Foreign Affairs*, May/June 1999.

니다. 한국이 그러할진대, 미국이나 일본은 더 말할 나위가 없을 것이다.

넷째, 북한이 생화학무기를 사용할 경우 한국군이나 주한 미군에 못지않게 자신에게도 피해를 입힐 수 있다는 점 역시 중요하다. 많은 군사 전문가들은 좁은 지역에서 생물무기가 살포될 경우 상대방은 물론 자신에게도 피해를 입힐 수 있다는 점에서 효과적인 공격 무기가 되기 어렵다고 평가하고 있다. 더구나 북한의 의약 기반이 극히 취약한 현 상태에서는 생화학무기 감염에 따른 치사율이 한국군이나 주한 미군보다 훨씬 높을 수밖에 없다는 점 역시 고려하지 않을 수 없다. 참고로 제2차 세계대전 중 일본군이 만주에 전염병을 유발하는 생물무기를 사용해서 수천 명의 중국인을 살상했으나 일본군 역시 수천 명의 인명 손실을 입기도 했다.[31]

오히려 북한의 생화학무기 위협을 과장하는 것은 사회적·경제적·정치적 불안정을 야기하고 생화학전 발발 위험이 있을 경우 대혼란을 불러올 수 있다. 일례로 1차 걸프전 당시 이라크는 이스라엘에 30발 가까운 스커드 미사일 공격을 했는데, 미사일 공격에 따른 직접 사망자는 1명에 불과한 반면, 심장마비로 인한 사망자는 3명, 질식사로 인한 사망자는 여러 명에 달했는데, 질식사의 원인이 스커드 미사일에 생화학무기가 장착되어 있을 것으로 보고 방독면을 쓰고 있다가 사망한 것이었다.[32] 이는 지나치게 북한의 생화학무기 위협을 과장하는 것이 북한으로 하여금 '공포의

---


31) Gert G. Harigel, "Chemical and Biological Weapons: Use in Warfare, Impact on Society and Environment."

32) John Muller & Karl Muller, "Sacntions of Mass Destruction."

무기'로서의 활용 가치를 높이게 할 뿐만 아니라, 유사시 생화학 무기 공격 공포를 야기해 대혼란을 야기할 수 있다는 것을 의미한다. 불필요한 위협 과장이 한국의 안보를 오히려 위태롭게 할 수 있다는 것이다.


## 5. 전망


'가난한 자의 핵무기'라고 불리는 생화학무기는 은폐하기 쉬운 만큼 이를 알아내기도 대단히 어렵다. 외관상으로 생화학'무기' 시설을 민간 시설과 구분하는 것은 거의 불가능하고, '방어용'과 '공격용'을 구분하는 것도 불가능하다. 맥주를 만드는 양조장도, 백신을 만드는 의약회사도, 유전공학을 연구하는 시설도 '생화학 무기 시설'로 의심받을 수 있다. 인류역사상 최대의 생물무기 프로젝트로 알려진 구소련의 생물무기 프로그램은 이에 참여한 케네스 알리벡이 1992년 미국으로 망명하면서 비로소 알려졌다. 또한 제2차 세계대전 직후 영국이 스코틀랜드 북부 해안에서 탄저균 배양 및 실험을 한 것이나, 1950년대 미국이 '세인트 조 프로젝트(Project St. Jo)'란 이름으로 탄저균 배양 및 운반체 개발을 추진한 것 등도 많은 시간이 지난 뒤에 밝혀진 사실이다. 미국이 1998년 케냐와 탄자니아 미 대사관 폭탄 테러에 대한 보복으로 수단의 화학무기 공장 두 곳을 미사일로 공격했으나, 이 시설이 화학무기 와는 아무런 관계없는 의약품 제조회사로 밝혀진 것도 시사하는 바가 크다.

생화학무기 문제에 대한 해법 마련을 어렵게 하는 것은 핵이나 미사일 문제와는 달리 생화학무기의 개발 및 보유에 대한 사찰·검증이 대단히 까다롭다는 점이다. 핵무기나 중장거리 미사일 개발 및 실험은 위성 등 첨단장비를 통해 탐지·감시가 상당 부분 가능하지만, 생화학무기는 현장 사찰 이외에는 마땅한 대안이 없다. 따라서 북한이 대규모의 강력한 사찰을 수용하지 않는 한 북한의 생화학무기 개발 여부를 알 길은 없으며, 이에 따라 북한 생화학무기 보유 논란은 쉽게 해결될 수 없는 문제로 남을 것이다.

그렇다면 부시 정부는 앞으로 북한 생화학무기 문제에 대해 어떻게 대응할 것이며, 이는 북미관계에 어떤 영향을 미칠 것인가? 일단 1기 부시 정부는 북미관계 정상화의 조건 중 하나로 생화학무기 문제도 해결되어야 한다는 입장을 밝혔다. 부시 정부는 2기에 들어서도 북한의 생화학무기 프로그램을 '심각한 우려'로 규정하고 있어, 북미관계 정상화 논의가 본격화되면 이 문제를 제기할 것으로 예상된다.

문제의 초점은 미국이 어느 정도 수준으로 북한의 생화학무기 문제를 제기할 것인가로 모아진다. 만약 미국이 북미관계 정상화 등 근본 문제를 해결하는 데 하나의 전제조건으로 삼는다면, 북한은 강력하게 반발할 것이고 이에 따라 한반도 정세가 또다시 악화될 것이다. 특히 핵 문제가 완전히 해결되는 데 3년 이상 걸릴 것이라는 점에서, 생화학무기 문제가 조기에 불거지면 핵 문제 해결에도 지장을 줄 수 있다. 이에 반해 미국이 생화학무기에 대한 우려를 나타내되 이를 근본 문제 해결의 조건으로 삼지 않고 장기적인 해결 과제로 상정한다면, 생화학무기 문제가 핵 문제를 비롯한 북미관계에 미치는 영향은 크지 않을 것이다.

## 6. 해결책

이처럼 북미 간에 잠재되어 있는 생화학무기 논란이 어떤 결과를 낳을지는 불확실하다. 이는 이 문제에 대한 대비책을 세워야 한다는 것을 의미한다. 특히 북한과의 관계 개선을 꺼리고 있는 미국 내 강경파가 이 문제를 들고 나올 가능성에 대비해야 한다. 경험적으로 볼 때 미국 강경파가 북한의 생화학무기 위협을 제기하면 한국과 일본의 강경파는 이를 확대 재생산하는 경우가 많고, 이는 북미관계는 물론이고 남북관계와 북일관계 개선에도 걸림돌로 작용할 수 있다.

물론 북한의 생물무기 프로그램 보유 의혹과 화학무기 문제는 해결되어야 한다. 그러나 이 문제는 북한과 미국을 비롯한 주요 당사국들 사이에 상당한 수준의 신뢰가 구축되고 상호간 위협 감소 조치 및 관계 개선이 이뤄진 연후라야 비로소 가능하다. 따라서 이 문제는 북미·북일관계가 정상화된 이후에 본격적으로 다뤄 나가는 것이 바람직하다.

문제 해결의 기본 방향은 관련 국제조약을 활용하는 것이 되어야 한다. 북한은 BWC 가입국이기 때문에 적절한 이행 및 검증기구가 마련되면 문제 해결의 기본 틀을 만들 수 있다. 그러나 정작 부시 정부는 타국이나 테러 집단이 미국의 바이오산업을 정탐하는 것을 막기 위해, 그리고 검증기구의 실효성에 의문이 든다는 이유로 BWC의 이행 및 검증기구 설립에 미온적인 태도를 보이고 있다. 이는 북한의 생물무기 개발 의혹을 해결하기 위해서라도 BWC에 대한 미국의 일방주의적 태도가 해소되어야 한다는 것을 의미한다.

미국도 인정하고 있듯이, 북한이 생물무기를 양산할 수 있는 잠재력은 갖고 있지만 이를 무기화했을 가능성은 미지수이다. 또한 생물무기를 포탄이나 미사일에 탑재하는 것은 기술적으로 대단히 어려운 일이고, 미사일 문제가 해결되면 생물무기의 위력도 크게 감소하게 될 것이다. 이러한 맥락에서 북한의 생물무기 문제는 핵 문제처럼 긴급한 현안이라고 보기 어려우며, 북미관계 정상화 이후 본격적으로 다루는 것이 합리적이다. 문제 해결의 기본 방향은 북한으로 하여금 BWC 검토회의에 참석해 보고 의무를 성실히 이행하도록 하고, 필요하다면 북미 양자 대화를 통해 미국은 관련 증거를 제시하고 북한은 이에 대해 설명하는 방식을 강구할 수 있을 것이다.

화학무기의 경우에는 북한이 화학무기금지협약(CWC)에 가입하지 않고 있기 때문에, 상호간의 위협 감소 및 관계 개선 이후에 북한을 CWC에 가입시키는 정책을 세우는 것이 바람직하다. CWC는 BWC와는 달리 '화학무기금지기구(Organization for the Prohibition of Chemical Weapons: OPCW)'라는 이행기구가 있어, 북한이 CWC에 가입하면 이 기구의 감시 및 사찰을 받아야 하고, 폐기 시한을 정해 폐기를 완료해야 한다. 다만 북한이 CWC에 가입해 화학무기를 폐기하는 데에는 여러 가지 정치적·안보적·경제적 문제가 발생할 수 있다는 점을 고려해 중장기적인 해결 과제로 상정하는 것이 바람직할 것이다. 특히 화학무기를 폐기하는 데에는 막대한 비용이 소요되는 반면, 북한의 경제적 능력은 극히 취약하다는 점을 고려해, 미국 등 국제사회가 화학무기 폐기 시 재정적·기술적 지원 방안을 강구해야 할 것이다. 핵 폐기뿐 아니라 생화학무기 문제도 구체적 협력 방식으로서 후술할 '협력적 위협감축 접근(CTR:

Cooperative Threat Reduction)'에 기초하면 효과적일 것으로 판단된다.

끝으로 생화학무기 문제가 향후 북미관계 개선을 비롯한 한반도 평화체제 구축의 장애가 되는 일이 없도록 하려면 문제 제기 당사자인 미국을 설득하는 일이 중요하다. 미국을 설득할 수 있는 논리는 다음과 같은 것들이 될 수 있다. 먼저 이 문제에 대한 강도 높은 이슈화나 북미관계 정상화의 조건으로 삼는 일은 북미 양측의 신뢰 구축을 저해함으로써 핵 문제 등 다른 중대한 현안을 해결하는 데 장애가 될 수 있다는 점을 강조할 필요가 있다. 둘째, 이러한 맥락에서 북한의 생화학무기 문제에 대한 우려 해소는 북미관계를 정상화하고 한반도 평화체제를 구축해 나가는 맥락에서 이뤄져야 한다는 점을 분명히 해 둘 필요가 있다.

다만 미국은 북한이 생화학무기를 직접 사용하는 것보다 다른 국가나 테러 집단에 이전하는 것을 우려하고 있는 만큼, 북미관계 개선을 추진하면서 "대량파괴무기 확산에 반대한다"는 원칙적 합의를 북미 양측에 권고하는 방안을 고려할 필요는 있다. 클린턴 정부 말기 채택된 북미공동코뮤니케에서 북한이 반테러 입장을 밝힌 것이 양국 간의 신뢰 구축 및 미국의 대북 테러 지원국 지정 해제 고려에 긍정적인 영향을 미쳤던 것처럼, 9·11 테러 이후 미국이 가장 민감하게 생각하는 NBC 무기 확산에 북한이 반대 의사를 분명히 하는 것은 양국 관계 개선에 도움을 줄 것이다.

제7장

# 북핵 이후_IV
## -북한 인권 문제-

## 1. 들어가며

최근 미국 대북 정책의 두드러진 특징은 핵 문제와 함께 인권 문제를 전면화하고 있다는 데 있다. 이러한 기류는 부시 정부가 인권과 민주주의의 확산을 대외정책의 기조로 내세우고, 공화당 주도의 의회가 2004년 북한인권법을 제정한 데 이어 2005년 3월에는 '민주주의 증진법안(Advance Democracy Act of 2005)'을 상정한 것에서 잘 드러난다. 그뿐만 아니라 민주당의 탐 랜토스 의원도 '민주주의 증진법안(Advance Democracy Act of 2007)'을 2007년에 상정한 바 있다.

비록 민주주의 증진법안은 아직 제정되지 않았으나, 미국 정부와 의회가 대외관계에서 인권과 민주주의 문제를 핵심 의제로 삼고 있다는 것을 보여 준다. 또한 부시 정부는 6자회담에 진전이 필요하다고 느낄 때에는 인권 문제 제기가 핵 문제 해결에 부정적 영향을 줄 수 있다는 우려를 의식해 자제하지만, 북한에 대한 압박을 높이거나 대북 강경책을 정당화할 때에는 인권 문제를 강하게 제기한다. 그러나 분명한 것은 부시 정부가 북미관계 정상화의 핵심 조건으로 북한의 인권 문제에 대한 우려가 해소되어야 한다는 입장은 고수하고 있다는 점이다. 이는 핵 문제가 타결되면 북한 인권 문제가 핵심 쟁점으로 부상할 것임을 예고하는 대목이다.

이 같은 상황은 한반도 정세가 새로운 국면으로 접어들고 있다는 것을 의미한다. 과거에 북한 문제와 관련해 우선적 관심사는 핵과 미사일 등의 비확산이었다. 그러나 부시 정부는 핵과 인권을 '동시적 의제'로 쟁점화하고 나섰다. 이는 북한으로 하여금 부시 정부의 본질적인 의도가 핵과 인권을 구실로 삼아 체제전복을 노리는 데 있다고 보고 대결적인 자세를 강화하게 만든 주요 요인이다.

일단 인정할 수밖에 없는 현실은 북한의 핵 개발 문제에 이어 인권 문제도 국제사회의 도마 위에 오르게 됨으로써 '세계 최대의 대량파괴무기 확산 국가'와 '최악의 인권 탄압국'이라는 이미지가 중첩되면서 북한에 대한 국제사회의 인식이 갈수록 악화되고 있다는 것이다. 2003년부터 3년 연속으로 유엔 인권위원회가 대북 인권 결의안을 채택한 데 이어 유엔 총회가 2005년 11월 대북 인권 결의안을 채택한 것은 이러한 기류를 잘 보여 준다. 이는 북미 대결의 평화적 해결이라는 쉽지 않은 과제와 함께 북한 인권 문제에 대한 바람직한 공론화와 해법을 모색해야 한다는 또 하나의 엄중한 과제가 한국에게 주어졌다는 것을 의미하기도 한다.

북한의 인권 침해는 극심하다. 한국과 미국 등 국제사회는 이 문제 해결에 큰 관심을 갖고 효과적으로 해결할 수 있는 방법을 찾고 적극적으로 추진해야 한다. 북한의 인권 문제는 주로 시민·정치적 권리의 결핍을 의미하는 체제적 속성에 의한 인권 문제부터 극심한 경제난과 미국과의 적대 관계 지속으로 야기되고 있는 생존권적 위기에 이르기까지 다양하다. 전자가 주로 북한의 '우리식 사회주의'에서 비롯된 것이라면, 후자는 북한 경제의 붕괴와 함께 잇따른 자연재해와 미국 주도의 경제제재 지속, 한국·미국·일본 등과의 적대 관계에서 비롯된 측면이 강하다.

그러나 이 둘은 분리된 문제가 아니다. 외부로부터의 위협과 극심한 경제난에 직면한 나라는 체제 유지를 위한 내부 통제가 강화되는 속성이 있기 때문이다. 인권 선진국이라고 자랑해 왔던 미국이 9·11 테러 이후 '테러와의 전쟁'을 이유로 외국인에게는 물론이고 자국민에게도 여러 가지 인권 제한 조치를 취하고 있는 것은 이를 잘 보여 준다. 이는 북한 인권 문제를 내부적·외부적 측면에서 함께 바라봐야 한다는 것을 의미한다.

또 한 가지 중요한 점은 북한 인권 문제와 한반도 평화 사이의 민감성에 주목하는 일이다. 대북 강경책을 정당화하고자 하는 정치적 의도에서 북한 인권 문제를 제기하는 것은 그 자체로도 결코 인권적인 발상이라고 할 수 없을뿐더러, 인권 보호와 증진의 기본적인 토대라고 할 수 있는 평화를 위협하게 된다. 이러한 접근법은 상보적 가치인 평화와 인권의 동시적 위기를 초래할 뿐이다. 반대로 '선 평화, 후 인권'의 관점은 인권 자체가 유보될 수 없는 신성한 가치라는 점을 간과하고 있을 뿐더러, 북한 문제의 비평화적 해법을 선호하는 국내외 세력에게 정치적 자양분을 제공하게 된다. 따라서 평화적 해법론자에게 주어진 가장 큰 과제는 대북 적대정책의 맥락에서 이뤄지고 있는 '인권의 정치'가 초래하는 평화와 인권의 동시적 위기를 정확히 진단하고, 둘 사이의 악순환의 고리를 끊으면서 평화와 인권의 선순환적 동시적 증진을 가능케 하는 이론과 정책을 생산하는 일이라고 할 수 있다.

이러한 문제의식을 바탕으로 이 장에서는 부시 정부를 중심으로 한 대북 인권정책을 개괄하고 향후 이 문제가 북미관계에 어떤 영향을 미칠지 분석한다. 특히 북한 인권 문제에 대한 부시 정부의 접근이 정치적 필요나 조건에 따라 변화하는 모습을 보이는 것과는 달리, 미국 의회와 민간단체의 압력과 영향력이 높아지고 있는 점에 주목하고자 한다. 이러한 분석을 바탕으로 한국의 해결책을 모색하고자 한다.


## 2. 미국의 대북한 인권정책

부시 정부가 출범 초기부터 북한의 인권 문제를 대북 정책의 우선순위로 제시했던 것은 아니다. 부시 대통령이 2001년 6월 6일 대북 정책을 발표하면서 제시한 3대 의제는 핵과 미사일, 재래식 군사력 등 군사·안보 문제였고 인권 문제는 포함되지 않았다. 그러나 2002년 1월 29일 부시 대통령이 북한을 이라크·이란과 함께 '악의 축'으로 규정하면서 북한 인권 문제를 거론하는 빈도수와 비중이 높아지기 시작했다. 이는 자신의 '악의 축' 발언을 정당화시키고 북한에 대한 비타협주의를 옹호하기 위한 의도에서 나온 것이라고 할 수 있다.

뒤이어 부시 정부는 북미관계 정상화를 위해서는 인권 문제에 대한 우려가 해소되어야 한다는 입장을 분명히 밝히기 시작했다.

1기 부시 정부의 국무부 정책기획국장인 미첼 리이스는 2004년 3월 12일 헤리티지 재단 연설에서 북한이 요구해 온 관계 정상화와 관련해 "단순히 대량파괴무기가 없는 북한이 아니라 정상적인 국가로 북한의 행태가 바뀌어야 한다"고 강조했다. 그는 이를 두고 "미국은 정상적인(normal) 북한과 정상적 관계를 맺을 것"이라고 설명하면서, 인권 문제 개선을 그 기준 가운데 하나로 제시했다.[1] 1기 정부의 국무부 동아태 담당 차관보 제임스 켈리 역시 2004년 7월 15일 상원 청문회에서 "완전히 지역에 통합되고 미국과 완전한 관계 정상화가 이뤄지기 위해서는 북한이 핵 포기 이외에도 다른 조치를 취해야 한다"며, 인권 문제 해결, 테러 지원 문제 해결, 비핵 대량파괴무기 폐기, 미사일 및 미사일 수출 중단, 재래식 군사력 우려 해소 등이 포함된다고 말했다.[2]

이 같은 부시 정부의 북한 인권 문제에 대한 강경 입장은 미국 의회의 북한인권법 제정과 맞물려 북미관계를 더욱 악화시켰다. 2004년 7월과 9월 각각 하원과 상원을 만장일치로 통과한 북한인권법은 북한으로서는 '붕괴'의 위협을 느끼기에 충분한 것이었다. ①북한 내 기본적인 인권의 보호와 존중, ②탈북자의 곤경에 대한 보다 지속적인 인도주의적 해결책 촉진, ③북한 내 인도주의적 지원 제공의 투명성·접근성·감시도 향상, ④북한 안팎으로의 자유로운 정보 흐름 촉진, ⑤민주적인 정부체제 하에서 한반도의 평화적 통일 진전 가속화 등을 목적으로 한다고 밝혔다. 이러한 목적을 달성하기 위해 미국 의회는 2005~2008년간 9,600만 달러를 책정해, 이 가운데 8천만 달러를 탈북자 지원 단체의 지원금으로

1) 리이스의 연설 전문은 http://www.state.gov/s/p/rem/30363.htm에서 볼 수 있다.
2) 켈리의 증언 전문은 http://www.state.gov/p/eap/rls/rm/2004/34395pf.htm.에 있다.

쓰도록 했고, 나머지 1,600만 달러의 예산도 북한 인권 문제를 다루는 단체를 지원하고 대북 방송을 하루 4시간에서 12시간으로 늘리는 데 사용하도록 했다. 이는 북한인권법안이 북한 주민의 대량 탈북을 유도해 북한의 붕괴를 노리고 있다는 의혹을 야기하고 있다.3)

그러나 이 법안은 심의 과정에서 강경한 내용이 일부 완화되기도 했다. 대표적으로 "역내 국가들이 참여하는 북한과의 지역 인권 대화를 추진한다"는 것과 "비인도적 원조는 북한 내 인권 분야 등의 실질적 진전 여부 등과 연계돼야 한다"는 조항은 당초 정부의 의무 사항으로 명시가 되었다가, 정부의 재량권을 인정하는 '의회의 의견' 수준으로 수정되었다. 이는 이러한 독소 조항이 6자회담 등 미국 정부의 대외정책에 제한을 둘 수 있다는 우려가 받아들여졌기 때문으로 보인다. 부시 대통령은 2004년 10월 18일 "북한은 세계에서 억압적인 국가들 중 하나로 남아 있으며 그 지역 다른 나라들의 자유의 행진과 뚜렷한 대조를 이루고 있다"며, 이 법안에 서명했다.

제2기 부시 정부가 대북관계 정상화의 조건으로 인권 문제 해결을 명시하고, 미국 의회가 북한인권법을 제정하자 북한도 이에 대해 강력히 반발하고 나섰다. 북한은 미 상원에서 북한인권법안

---

3) 실제로 북한인권법안의 법제화를 주도한 공화당의 샘 브라운백 의원은 2003년 11월 5일 상원 북한 인권 청문회에서 "북한 정권은 붕괴되고 있다. 자유국가들은 그 나라를 떠받치지 말고 북에 민주주의와 자유를 일으키기 위해 노력해야 한다"고 말했다. 또한 리차드 루거 미 상원 외교위원장 역시 2003년 7월 『워싱턴 포스트』 기고문에서 "북한에서 더 많은 주민들이 탈출하도록 야기한다면 북한에 대한 압력이 될 것이며, 1998년 동독인들의 탈출이 동독 공산 정권의 전복을 가져온 것과 같이 북한 정권의 전복을 앞당길 수도 있다"고 주장했다.

이 통과된 직후인 10월 4일 외무성 대변인 담화를 통해 "미국이 체제 전복을 위한 본격적인 환경조성에 나서고 있다"며 이 법안에 대해 강한 불신과 위협인식을 드러냈다. 특히 "이제 핵 문제에 대한 6자회담은 고사하고 미국과 상종할 어떤 명분도 없다"며, "힘으로 끝까지 대응하기 위해 억지력 강화에 박차를 가하겠다"[4]고 밝혔다. 핵 문제에 대한 기존의 입장 차이에 더해, 인권 문제를 둘러싸고 북미 간의 정면충돌이 벌어지면서 6자회담은 무기한 연기되었다.

부시 정부 2기에 들어서도 이러한 북미 갈등은 완화되지 않았다. 부시 정부가 인권과 민주화가 평화와 안정, 경제협력의 핵심이라며, '폭정의 종식'과 '자유의 확산'을 2기 대외정책의 기조로 내세우겠다는 방침을 분명히 한 것이다. 이는 부시 대통령의 2005년 1월 20일 취임 연설과 2월 2일 연두교서에서 명확히 드러났다. 부시 대통령은 두 연설에서 세계의 평화와 번영이 자유의 확산에 달려 있음을 강조하고 민족과 문화의 차이를 넘어선 민주주의의 확산과 폭정의 종식이 미국 대외정책의 핵심임을 밝혔다. 이에 앞서 콘돌리자 라이스 국무장관은 18일 상원 인준 청문회에서 북한을 쿠바, 미얀마, 이란, 벨로루시, 짐바브웨와 함께 '폭정의 전초기지(outposts of tyranny)'로 규정하면서 "앞으로 6자회담에서 이 위험한 정권을 관리해 나가는 데 필요한 더 폭넓은 문제도 다뤄지길 원한다"고 말했다.

이처럼 부시 정부는 2기 들어서 북한의 인권 상황과 정치체제에 대한 비난의 수위를 높이는 한편, 인권 문제도 6자회담 의제로

---

4) 『중앙일보』, 2004년 10월 5일.

삼겠다는 의사를 밝혔다. 이와 관련해 마이클 코작 국무부 민주주의 인권 담당 차관보 대리는 "6자회담의 초점은 핵 문제이지만, 핵 문제와 인권 문제가 완전히 별개라고는 생각하지 않으며, 비핵화와 인권 문제를 동시 추구해야 한다"면서 6자회담이 재개되면 인권 문제를 강력히 제기할 방침이라고 밝혔다.[5] 이러한 부시 정부의 태도는 북한의 강력한 반발과 맞물리면서 6자회담의 재개가 지체되는 데 중요한 배경이 되었다.

그러나 6자회담 재개가 활발히 모색되었던 2005년 5월부터 부시 정부의 이러한 태도에도 변화가 일기 시작했다. 핵 문제와 인권 문제를 동시에 의제화하는 것이 오히려 6자회담 재개를 지연하는 등 핵 문제의 악화를 가져오고 있다는 비판이 일고, 네오콘과는 달리 협상을 중시하는 사람들이 힘을 얻으면서 '자제' 분위기가 형성된 것이다. 이에 따라 부시 정부는 6자회담 분위기 조성 차원에서 김정일 국방위원장 등 북한 정권에 대한 비난을 자제하고 인권 문제의 의제화를 뒤로 미뤘다.

이러한 분위기를 반영하듯, 부시 정부는 4차 6자회담을 전후해 북한을 자극하지 않으려는 모습을 보였다. 7월 19일 '제1회 북한인권대회' 개막에 맞춰 북한인권특사를 임명하려 했던 계획을 뒤로 미뤘는데, 이는 7월 26일부터 열릴 예정인 4차 6자회담을 의식했기 때문이라고 할 수 있다. 또한 4차 6자회담의 휴회 기간 중인 8월 19일 북한인권특사를 임명하면서도 그 파장을 의식해 6자회담과의 무관함을 강조하기도 했다. 이러한 분위기를 반영하듯 부시 정부 고위관리는 "북한 인권과 북핵 문제는 별개의 것으로,

---

5) 『연합뉴스』, 2005년 3월 29일.

인권특사 임명이 북핵 문제에 부정적 영향을 미쳐선 안 된다"[6]고 강조하기도 했다.

그러나 9·19 공동성명 채택 이후 미국의 '자제' 분위기는 다시 바뀌었다. 알렉산더 버시바우 주한 미국대사는 2005년 12월 여러 차례에 걸쳐 북한을 '범죄 정권'이라고 비판했는데 미국 국무부는 미국대사의 "북한 관련 발언은 미국의 정책을 반영하는 것"이라고 확인했다.

2006년 5월 미국 정부가 북한인권법 발효 이후 처음으로 탈북자의 미국 망명을 허용하기 시작했고, 2006년 4월과 8월에는 한국 국적 탈북자의 망명도 승인했다. 이처럼 미국 정부가 탈북자 망명 허용 폭을 넓혔던 것은 탈북자를 포함한 북한 인권 문제의 실질적 개선에 노력하지 않고 있다는 비판을 의식한 조치로 풀이된다. 아울러 6자회담 복귀를 지연하고 있던 북한에 대한 압박 카드로서의 의미도 담고 있었던 것으로 보인다.

이러한 흐름을 종합해 보면, 북한 인권 문제에 대한 부시 정부의 태도는 크게 두 가지로 정리할 수 있다. 첫째, 전임 정부에 비해 인권 문제를 대북 정책의 중요한 의제로 삼으면서 이를 관계 정상화와 연계시킨다는 방침이다. 둘째, 북한의 인권 문제를 레버리지 확보를 위한 수단으로도 사용한다는 것이다. 다시 말해, 부시 정부는 때로는 대북 강경책을 정당화하고 북한에 대한 압박을 높이기 위해 인권 문제를 강하게 거론하기도 하고, 때로는 대북 인권 정책이 6자회담 등 북핵 문제 해결에 부정적 영향을 주지 않도록 신중하게 접근하기도 한다.

---

6) 『조선일보』, 2005년 8월 20일.

북한 인권 문제에 관련해 미국의 흐름 가운데 주목해야 할 현상은 의회와 민간단체의 압박이 계속 높아지고 있다는 점이다. 이는 9·11 테러 이후 미국의 국내 정치가 전반적으로 보수화되고 국민 사이에 기독교 근본주의가 팽배해지면서 증폭되는 현상이라 할 수 있다. 이러한 맥락에서 의회 및 여론이 미국 정부의 대외정책에 상당한 영향력을 갖고 있다는 점을 고려할 때, 이러한 미국 내의 흐름은 북미관계에도 큰 영향을 미칠 것으로 전망된다. 더구나 미국 사회의 현존 가치를 반영하듯, 북한 인권 문제에 대한 강경한 태도는 공화당과 민주당의 구분이 없을 정도이고, 중도적 성향의 민간단체까지 여기에 가세하고 있다.

이 같은 미국의 대북 인권 정책과 미국 내 보수적 흐름은 남북 관계 개선을 꺼려하는 한국 내 수구세력의 공세와 맞물려 논란을 증폭시키고 있다. 특히 미국 정부의 예산이 반북 성향의 한국 내 북한 인권 및 민주화 관련 단체에 지원되고, 이것이 한국 내에 반미 여론을 자극하면서 한미관계에도 부정적 영향을 주고 있다. 2005년 12월 초 서울에서 열린 북한인권대회에 미국 측 인사들이 대거 참가하고 예산을 지원하자 한국 내 진보단체가 강력히 반발한 것은 이러한 갈등 구조를 상징적으로 보여 주고 있다.


## 3. 북한 인권 문제에 대한 새로운 접근

북한 인권 문제는 크게 두 가지 관점에서 바라볼 필요가 있다. 하나는 북한의 인권 상황이 대단히 심각하다는 '객관적 현실'이고, 다른 하나는 국내외의 보수파가 대북 강경책을 정당화하고 더 나아가 북한 체제의 붕괴를 유도하기 위해 북한 인권 문제를 활용하고 있다는 '정치적 현실'이다. 이는 국내외 보수파의 움직임을 비판·견제하면서 북한의 인권 상황을 개선하기 위한 실질적 노력이 강구되어야 한다는 것을 의미한다. 그러나 북한 인권 문제에 대한 한국의 대처 수준은 미약하기만 하다. 정부는 남북관계의 특수성을 강조하는 데 급급하고, 국회와 시민사회에서는 보혁 갈등의 소재로만 부각되고 있다.

그렇다면 두 가지의 속성을 갖고 있는 북한 인권 문제에 대해 한국은 어떻게 대처해야 할까? 이는 총론적 차원과 구체적 수준으로 나누어 접근할 수 있고, 행위주체도 정부·국회·민간단체로 구분해 그 역할을 모색할 필요가 있다. 총론적 차원은 북한 인권 문제 대처에 대한 이론적·논리적 바탕을 마련하는 것이고, 구체적 수준은 이를 뒷받침해 주는 정책과 실천에 관한 것이다. 아울러 북한 인권 문제에 대한 미국 의회와 민간단체의 영향력이 커지고 있듯이, 한국에서도 국회와 민간단체의 역할이 제고될 필요가 있다. 이를 위해서는 북한 인권 문제에 대한 새로운 접근이 필요한데, 그 내용은 아래와 같다.

첫째, 인권의 기본적 토대로서 평화권에 주목해야 한다. 전쟁은 '인권의 침해' 정도가 아니라 '인권의 말살'을 가져온다. 유엔을 비롯해 많은 국제기구와 인권 단체가 평화와 인권의 불가분성에 주목했던 이유도 바로 여기에 있다. 그러나 인권과의 통합적인 가치로서의 '평화권'이 본격적으로 조명되기 시작한 것은 비교적 최근의 일이다. 평화권이 1984년 11월 12일 유엔 총회에서 채택된 '인민의 평화권에 관한 선언(Declaration on the Right of Peoples to Peace)'을 통해 비로소 주목받기 시작한 것이다.

이 선언을 통해 유엔 총회는 전쟁 방지와 국제 평화 및 안전 유지가 유엔의 가장 큰 목적이고, "전쟁 없는 삶이 물질적 복지와 국가의 발전 및 진보, 인권과 자유를 실현케 하는 최우선적 조건"임을 재확인했다. 이를 위해 ①모든 인민은 평화를 누릴 신성한 권리를 갖고 있고, ②인민의 평화권을 보호·증진하는 것은 국가의 근본적인 의무이며, ③국가는 전쟁, 특히 핵전쟁의 위협을 제거하고 국제관계에서 무력의 사용을 포기하는 방향으로 정책을 세워야 한다고 선언했다.[7] 이것은 '전쟁의 부재'가 인권 보호의 필요조건임을 밝힌 것으로, 보편성, 불가분성, 상호연관성, 상호의존성 등 인권의 특성에 기반을 둔 것이다.

그러나 한반도의 현실은 평화와 인권이 상보적 관계를 형성하기보다는 상충적 관계에 있다. 미국 등 북한 인권 문제에 대한 주도권을 잡고 있는 세력 중 대다수는 인권의 보호나 증진의 관점이 아니라 대북 강경정책의 정당화 및 북한 붕괴 유도의 맥락에서 접근하고 있다. 반면 북한은 인권 개선 노력에는 소홀한 채 외부에서 인권 문제를 제기하는 것에 대해 극히 민감한 반응을 보인다. 특히 북한은 미국 등 외부의 위협을 극단적으로 부각시키면서 준전시체제를 유지해 왔다. 이러한 북한과 외부 세계의 극단적 불일치는 북한 인권의 보호 증진과 한반도 평화 만들기가 동시에 추진되기란 대단히 어렵다는 것을 보여 준다.

이러한 딜레마를 해결할 수 있는 유일한 길은 평화와 인권 사이에 선순환적 발전 구도를 마련하는 것이 중요하다는 관점을 선택하는 데 있다. 즉, 평화와 인권을 선후나 제로섬의 관계로 볼 것이

---

7) 원문은 http://www.unhchr.ch/html/menu3/b/73.htm에서 볼 수 있다.

아니라 상보적 관계로 바라보고 이를 가능케 하는 접근법과 정책을 개발하는 것이 중요하다. 이러한 점에서 평화를 무시하고 정략적 의도를 가지고 북한 인권 문제를 제기해 온 보수세력 대다수는 물론이고, '선 평화, 후 인권'의 맥락에서 북한 인권 문제에 소홀했던 진보세력 대다수의 반성이 요구된다.

둘째, 북한 인권 문제 개선을 위한 구체적 방법으로서 가장 효과적인 대안은 남북·북미·북일관계 등 탈냉전 이후에도 지속되고 있는 적대적 대립관계의 완화 및 종식이다. 적대적 관계의 지속 및 외부로부터의 위협은 북한 체제의 경직성을 강화시켜 왔고, 최근 북미·북일 간의 긴장이 고조되면서 이러한 경향은 더욱 두드러지게 나타나고 있다. 이는 북한의 (준)전시체제를 강화시키면서, 자원 분배의 군사 부문으로의 편향, 내부적 통제 강화, 외부의 인권 문제제기에 대한 북한 체제의 불신 증대 등으로 이어지고 있다. 특히 부시 정부 출범 이후 북한 체제에 대한 위협 및 제재의 수위가 높아지면서 북한의 안보와 발전권이 심각하게 제약받고 있다는 사실은 오늘날 북한의 인권 상황 악화와 무관하다 할 수 없을 것이다.

셋째, 강제력 사용이 현실적 선택이 될 수 없다는 점에서, 김정일 정권을 교체나 타도의 대상으로 볼 것이 아니라 '있는 그대로' 대화와 협상의 대상으로 바라봐야 한다. 부시 정부 출범 이후 다시 부상하고 있는 김정일 정권교체론은, ①북한이 고도의 유일체제를 유지하고 있다는 점에서 현실적으로 북한 정권과 주민을 분리해서 접근할 수 있는 방법이 없고, ②김정일 체제를 붕괴시키기 위한 정치적·경제적·군사적 제재가 강해질수록 1차적인 피해자는 북한 주민이 되는 반면에 김정일 체제가 붕괴할 것인지는 극히 불확실한 상황으로 남을 수밖에 없으며, ③한반도에서의 전쟁 위험성이 높아질 뿐만 아니라, ④설사 김정일 정권을 축출한다고 해서 '대체 정권'이 김정일 정권보다 평화·인권 문제에서 더 우월할 것이라는 보장이 없다는 점에서 근본적 문제점이 있다. 실제로 1990년대 중·후반 김정일 체제가 붕괴할 것이라는 환상을 가지고 남한을 비롯한 외부 세계가 북한과의 관계 개선 및 대북 지원에 미온적이었을 때 김정일 체제는 오히려 강화된 반면에 수백만의 북한 주민이 굶어죽고 삶의 터전을 등지는 참담한 결과를 초래한 바 있다.

이라크의 사례를 잘못 이해해 대북 경제제재 및 봉쇄의 효과를 강조하는 주장도 문제가 있다. 미국의 이라크 침공 때 후세인 정권이 이렇다 할 힘 한 번 못 쓰고 붕괴된 원인의 하나로, 10년간 지속된 미국 주도의 대이라크 유엔 경제제재의 실효성이 거론되곤 한다. 경제제재를 통해 후세인의 물리적 기반, 특히 군사력을 크게 약화시킴으로써 저항능력을 거세한 것이 후세인을 조기에 축출할 수 있었던 배경이었다는 것이다. 이와 마찬가지로 북한에 대해서도 경제제재와 봉쇄를 지속적으로 강화시키면 빈사 상태에 있는 북한은 붕괴되거나 무력으로 쉽게 점령할 수 있다는 논리이다. 그러나 10년간의 경제제재로 약 200만 명 안팎의 무고한 이라크 주민이 목숨을 잃고 수백만의 사람이 불구가 된 현실을 볼 때, 그리고 후세인 정권이 축출된 이후에도 이라크 내의 유혈사태는 계속되고 있다는 점에 비춰볼 때 경제제재와 봉쇄를 통한 북한 체제의 내구성과 저항능력을 약화시켜 정권교체를 시도하자는 것은 '인권을 빙자한' 정치·군사적 논리로밖에 볼 수 없다.

또한 이러한 접근법을 중국이 방관하지 않을 뿐만 아니라 오히려 북중관계를 강화시키는 결과를 낳을 것이다. 중국은 미국이 자국의 인권 문제를 제기하는 의도가 중국의 부상을 견제하고 점차적으로 중국의 체제를 전복하기 위한 술책으로 간주하고 있 듯이,8) 북한 인권 문제에 대한 미국의 강경한 태도 역시 이와 흡사한 의도를 갖고 있다고 판단하고 있을 가능성이 높다. 특히 중국은 북한 주민의 자국으로의 유입을 큰 부담으로 여기는데, 미국의 강경한 대북 인권 정책은 이러한 탈북 행렬을 부채질하고 있다는 불만을 낳고 있다.

이러한 맥락에서 좋고 싫음을 떠나 인권 문제에서도 김정일 정권은 대화와 타협의 대상일 수밖에 없다. 핵 문제의 해결도 인 권 개선의 문제도 최종적으로는 김정일 정권의 전향적 결단이 없으면 불가능하기 때문이다. 따라서 미국 등 국제사회는 김정일 정권에 대해 '망신주기'에 치중할 것이 아니라 접촉과 대화를 위 한 신뢰 구축에 역량을 집중하는 것이 바람직하다.

넷째, 식량을 비롯한 인도적 대북 지원이 북한의 행동 변화를 유도하는 압력 수단으로 변질되어서는 안 된다. 인도적 지원을 다른 사안과 연계시키는 것은 북한 주민의 생존권과 식량권을 담보로 삼고 있다는 점에서 결코 인권적 발상이라고 할 수 없다. 또한 경험적으로 볼 때 북한의 행동 변화를 유도하는 데 유용한 것은 대북 지원의 축소나 중단이 아니라 증대였다. 1999년과 2000 년 미국 관계자의 금창리 방문과 일본인 납치 문제에 대한 북한의 협조를 이끌어내는 데 식량 지원이 긍정적 역할을 한 것이 대표적 이다. 반면 식량 지원의 축소나 중단은 북한으로 하여금 상대방의

---

8) Christopher Marsh, "Kings of the East: American Evangelics and U.S. China Policy," *The National Interest*, Fall 2005.

의도에 대한 의구심을 증폭시키면서 관계 악화를 가져왔다. 일본이 '가짜' 유골을 빌미로 약속한 식량 지원을 중단하자 북일관계가 최악으로 빠져든 것이나, 2006년 7월 북한의 미사일 시험발사에 대한 제재 조치로 남한이 식량과 비료 지원을 유보하자 남북관계가 악화된 것은 이를 잘 보여 준다.

다섯째, 북한이 안고 있는 인권 문제의 상당 부분은 자본주의나 사회주의 같은 체제적 속성에서 기인하는 만큼이나 과도한 군사주의의 추구에서 나타나고 있다. 모든 가치를 압도하는 국가안보 지상주의, 예산과 인력의 군사화 및 소모적인 군비경쟁 등이 자연스럽게 받아들여지는 현실 속에서 개개인의 삶을 돌보다는 것은 원천적으로 불가능하다. 사실 북한 인권 문제를 체제 중심적 관점에서 접근하는 것은 상대방의 체제에 대한 부정을 밑바탕에 두고 있다는 점에서 문제의 해결보다는 악화를 가져올 가능성이 높다. 분단과 전쟁, 적대적 관계의 지속이라는 공통된 환경 속에서 잉태된 군사주의와 '교차 승인의 비대칭성'의 극복을 통해 인권 문제를 풀어 가는 지혜가 요구된다. 이는 어느 일방의 요구나 비난이 아닌 공동의 노력을 통해 인권 문제에 접근하는 것임으로 인권 문제의 해결 과정이 남북관계나 평화 정착을 저해하지 않는, 오히려 평화와 인권간의 선순환적 발전을 이루어 낼 수 있는 기초가 될 수 있다.


## 4. 해결책

이상의 논의가 북한 인권 문제에 대한 총론적 차원에서 주로 인식론적 측면을 다룬 것이라면, 정책과 실천 방안을 마련하는 것 역시 중요하다. 이는 정부·국회·시민사회단체 수준으로 나누어 접근할 수 있는데, 가장 중요한 과제는 한국 스스로가 선의와 진정성을 갖춘 북한 인권 문제에 대한 개입 주체가 되는 일이다. 이를 위해서는 북한이 미국 주도의 '인권의 정치'에 노출되는 것보다 정당한 개입 주체와 대화를 하고 문제 해결을 시도하는 것이 북한 자신을 위해서도 이롭다는 논리를 개발하는 것도 중요하다. 이를 바탕으로 남한 정부가 북한 당국과의 인권 대화를 중장기적 목표로 설정하고 대북 정책을 추진해야 할 것이다. 정부의 구체적 과제는 다음과 같다.

첫째, 정부는 개선된 인권 원칙을 내놓을 필요가 있다. 정부의 기존 4원칙은 ①인권은 인류의 보편타당한 가치, ②나라마다 처한 상황에 따른 특수성 인정, ③평화·번영정책을 통한 긴장 완화에 따른 북한 인권의 점진적·실질적 개선 도모, ④남북관계에 미치는 악영향 최소화로 구성되어 있다.9) 이는 전반적으로 한반도의 특수성과 '선 평화, 후 인권'을 강조하는 것으로서 상당히 방어적 내용이다. 이러한 기존 원칙은 다음과 같이 수정·보완될 필요가 있다. ①인권은 인류의 보편타당한 가치, ②한반도 평화와 인권 문제의 병행 개선 추구, ③고립과 압박을 통한 접근 반대 및 주권을 존중하는 맥락에서 접근, ④북한 주민 생존권의 최우선적 고려 및 인도적 지원 확대, ⑤북한의 평화권 및 발전권 회복 노력, ⑥남북한 인권 대화의 추진 등이 바로 그것이다.

둘째, 한국 정부는 대북 화해·협력정책 등 관여정책이 북한의

---

9) 『연합뉴스』, 2004년 10월 19일.

인권 상황 개선에 적지 않게 공헌했음을 적극적으로 알릴 필요가 있다. 김대중 정부 출범 이후 늘어난 대북 지원은 북한 주민의 최악의 식량난을 완화하는 데 기여했고, 2000년부터 2005년 10월 현재 11차례에 걸쳐 실시된 남북 이산가족 상봉 행사로 헤어진 가족 1만 885명이 상봉의 기쁨을 누렸다. 또한 1990년부터 2004년까지 남한으로 입국한 탈북자 5,694명 가운데 90% 이상이 대북 화해·협력정책이 본격화된 1999년 이후의 입국자들이다. 아울러 일본인 납치 문제가 해결의 실마리를 찾기 시작한 것도 북일관계의 개선과 궤를 함께한다. 비록 만족할 만한 수준은 아니더라도, 대북 화해·협력정책이 북한 인권 문제를 개선하는 데에도 다른 정책보다 비교우위에 있다는 것을 확인할 수 있는 대목이다. 노무현 정부의 대북 정책도 대북 관여에 기조를 둔 것으로서 북한 인권 개선에 의미 있는 기여를 했다. 이에 대해 광범위한 국민적 공감대가 형성되도록 체계적·논리적인 의사소통이 필요하다.

셋째, 이러한 맥락에서 한국 정부는 북한 인권 문제에 대한 접근은 관계 개선의 맥락에서 이뤄져야 한다는 점을 미국과 일본에게 설득할 필요가 있다. 적대관계가 지속되는 상황에서 어느 일방의 인권 문제 제기는 상대방의 불신을 증폭시키고 반발을 야기하면서 적대관계의 청산을 어렵게 하고 인권 문제 개선에 역효과를 낼 수 있다. 북한 인권 문제 역시 북한의 평화권 및 발전권에 대한 제약을 해소하는 등 관계 정상화를 추구하면서 문제 해결을 시도하는 것이 바람직하다.

넷째, 이의 연장선상에서 북한과의 관계 개선과 인권 개선 요구를 병행하는 것이 '망신주기'보다 훨씬 실효적이라는 점을 강조할 필요가 있다. 몇 가지 이유를 들어보자. 우선, 대북 경제제재 해제와 북미·북일 수교 등 근본 문제가 해결되었지만 북한 정권이 인권 개선을 위한 실질적 조치를 취하지 않으면 북한 사회에 대한 통제와 관리가 더 어려워질 수 있기 때문에 결국 생존 차원에서 반응하지 않을 수 없다. 북한 정권은 인권 문제가 제기될 때마다 북미·북일 간의 적대관계를 내세워왔고 이는 내부적 통치 이데올로기로 작용해 왔다. 그리고 미국과 일본이 '인권 문제를 정치적 도구로 삼고 있다'는 비판을 해소함으로써 효과적 국제협력의 토대를 마련할 수 있다. 또한 '고립된 북한'보다 '국제사회에 편입된 북한'을 상대로 인권 문제의 해결을 시도하는 것이 훨씬 효과적이다. 북한의 국제사회로의 편입이 가속화될수록 북한이 '국제기준'을 이해하고 이를 도입해야 할 동기는 강해질 수밖에 없고, 이는 인권 문제에 대한 국제사회와의 협력을 제고하는 토대가 될 것이다.

다섯째, 한국은 각종 남북대화에서 북한 정부를 설득하기 위한 노력을 병행해야 한다. 집단주의 원칙을 고수하고 있고 외부의 인권 문제 제기에 대해 강한 불신과 거부감을 갖고 있는 북한의 인권관은 사실상 부재하다고 해도 과언이 아니다. 이러한 맥락에서 국제사회의 인권에 대한 논의 흐름과 북한 인권 상황에 대한 우려를 문서화해서 북한 정부에 전달하는 것은 남북 인권 대화를 위한 '기초다지기' 작업이 될 수 있을 것이다. 아울러 본격적인 정부 간 대화의 이전 단계로 북한 외무성 산하의 조선인권협회와 남한의 국가인권위원회 사이의 인권 대화도 고려할 수 있을 것이다. 중요한 것은 사안의 성격과 북한의 정책 결정과정의 특성상 김정일 위원장의 결단이 있지 않으면 인권 문제를 남북대화의 의제로 삼기가 어렵다는 점이다. 이러한 점에서 대북 특사나 남북

정상회담을 통해 김 위원장을 직접 설득하는 방안을 강구해야
할 것이다. 물론 이를 위해서는 남북 간 신뢰 구축 작업이 적극적
으로 병행되어야 할 것이다.

# 제8장

# 북핵 이후_V
### − 북한의 재래식 군사력 문제 및 한반도 군비통제−

## 1. 북한의 재래식 군사력 문제와 북미관계

부시 대통령이 2001년 6월 6일 대북 정책을 발표하면서 제시한 3대 의제 가운데 하나가 북한의 재래식 군사력 문제이다. 당시 부시 정부는 핵과 미사일 문제와 함께 '재래식 군사력 태세의 위협 감소(a less threatening conventional military posture)'를 요구했다. 콜린 파월 당시 국무장관 역시 이틀 뒤 열린 한미 외무장관 회담 후 "(재래식 군사력 태세의 위협 문제는) 휴전선에 배치된 북한 병력의 규모 때문에 모두가 우려하는 분야"라며 "이 문제를 제기하지 않고서는 총체적인 논의를 할 수 없다"[1]고 말했다. 이후에도 부시 정부는 북미관계가 정상화되기 위해서는 재래식 군사력에 대한 우려가 해소되어야 한다는 입장을 지속적으로 밝혔다.

북한은 2001년 6월 6일 부시 대통령의 발표 직후 연일 이 문제를

---

1) 『한국일보』, 2001년 6월 15일.

거론하면서 미국의 의도가 북한을 무장해제하려는 데 있다며, 이러한 의도에 맞서 군사력 강화에 나서겠다고 밝혔다. 특히 북한은 미국이 대북 협상의 조건 가운데 하나로 재래식 군사력 문제를 거론하는 것은 미국이 대북 적대정책을 철회할 의사가 없다는 것으로 인식해 왔다. 아울러 북한은 미국이 재래식 군사력 문제를 거론하면 주한 미군부터 철수하라는 '맞불 놓기'로 맞섰다.

북한의 재래식 군사력 문제에 대한 부시 정부의 태도는 클린턴 정부와도 차이가 있다. 클린턴 정부의 북한 재래식 군사력에 대한 인식은 클린턴 정부 1기 때 국방장관을 지냈고 2기 때는 대북 정책 조정관을 지낸 윌리엄 페리의 발언에서 잘 나타난다. 그는 1999년 10월 12일 미 상원 외교위원회에서 "한반도에서의 군사력 상태는 1994년 위기 당시보다 훨씬 한미동맹에게 유리한 상황이고, 나는 북한이 이를 잘 알고 있을 것으로 믿는다. 따라서 북한이 핵무기 특히 탄도 미사일에 장착할 수 있는 핵탄두를 보유하지 않는 한 대북 억지력은 강력하다"[2]고 증언한 바 있다. 이에 따라 클린턴 정부는 북한의 핵 문제와 미사일 개발 및 수출 문제 해결을 대북 정책의 최우선적 과제로 삼았던 것이다.

그러나 부시 정부는 북한의 재래식 군사력 위협이 증대되지 않은 현실에서 클린턴 정부와 다른 관점으로 이 문제를 바라보고 있다. 이와 관련해 미국 국제전략문제연구소(CSIS)는 부시 정부가 "북한의 비무장지대 전방 배치 군사력이 전쟁 발발 시 대량살상을 야기할 수 있는 잠재력을 갖고 있을 뿐만 아니라 위기나 협상 시 비정상적 지렛대로 활용될 수 있다"고 인식하고 있다고 분석

---

2) Testimony before the Senate Foreign Relations Committee, Subcommittee on East Asia and Pacific Affairs, October 12, 1999.

했다. 북한의 전방 배치 군사력으로 인해 소규모 분쟁이 전면전으로 비화될 수 있다는 것이다. 아울러 CSIS 보고서는 부시 정부가 북한의 재래식 무력이야말로 경제개혁과 주민의 인도주의적 문제를 해결해야 하는 데 사용되어야 할 자원이 군사비로 전용되는 주된 요인이라고 보고 있다고 적고 있다.[3]

그러나 부시 정부의 북한 재래식 군사력 문제에 대한 언급은 줄어들었다. 이는 9·11 테러가 발생하면서 미국의 대외정책의 초점이 테러리즘 및 대량파괴무기에 맞춰진 데 따른 것으로 보인다. 이를 반영하듯 부시 정부는 북한을 '악의 축'으로 규정하면서 북한의 재래식 군사력 문제는 언급하지 않았다. 또한 2002년 10월 이른바 '2차 북핵 위기'가 발생하면서 미국의 대북 정책도 핵 문제에 초점이 맞춰지게 되었다. 다만 남한의 대북 지원과 남북한의 경제협력이 북한의 군사력 증강에 전용될 수 있다는 우려는 계속 제기됐다.

그런데 부시 정부가 북한의 재래식 군사 위협을 제기한 시점과 관련해 주목할 점이 있다. 필요에 따라 평가가 달라진 것이다. 우선 부시 정부가 3대 의제로 북한의 재래식 군사력을 문제 삼았던 2001년 6월은 한국의 차세대 전투기 사업(F-X) 기종 선정을 둘러싸고 한국 내 논란이 한참 거세질 때였다. 이 사업에 미국의 대표적 군수업체인 보잉사도 F-15 전투기로 입찰에 참여했으나, 라팔이나 유러파이터 등 다른 기종에 비해 성능이 떨어진다는 평가가 주류를 이뤘다. 그즈음 미국 정부와 의회의 일부는 직간접적으로 한국 정부에 F-15 구매를 강하게 권유했다. 미국이 북한의 재래식

<hr>

3) Conventional Arms Control on the Korean Peninsula, CSIS Working Group Report, September, 2002, http://www.csis.org/isp/conv_armscontrol.pdf.

군사 위협을 강하게 제기한 것도 이와 무관하다고 보기 어렵다. 이를 뒷받침하듯 한국이 F-X 기종으로 F-15를 결정한 이후 부시 정부의 북한 재래식 군사 위협론은 현저하게 줄어들었다.

또 하나의 중요한 사례는 전시작전통제권의 이양 문제와 연관 있다. 럼스펠드 미국 국방장관은 2006년 8월 27일 알래스카에서 "솔직히 북한이 한국에게 임박한 군사적 위협이 된다고 보지 않는다"고 말했는데, 이 시점은 전시작전통제권 환수를 둘러싸고 노무현 정부와 국내 보수진영이 갈등을 빚고 있을 때였다. 그런데 부시 정부는 전시작전통제권 이양이 주한 미군의 전략적 유연성 확보를 위해 필요한 것으로 인식하고 있었다. 이에 따라 2012년을 제시한 한국 정부와는 달리 부시 정부는 2009년을 이양 시점으로 제안했는데, 이를 관철하기 위해 북한의 재래식 군사 위협이 심각하지 않다는 점을 든 것으로 해석할 수 있다. 이러한 분석을 뒷받침하듯 리처드 롤리스 미 국방부 부차관보는 2006년 9월 27일 미 하원 청문회에서 남한이 북한보다 재래식 군사력과 전쟁수행능력에서 우위에 있다며, 작전통제권의 이양은 양국의 국익에 맞게 지휘체계와 임무를 조정하는 데 기여할 것이라고 강조했다.[4]

북한의 재래식 군사 위협의 '재평가'는 주한 미군 사령관과 태평양 사령관을 통해서도 나왔다. 레온 라포테 주한 미군 사령관은 2005년 3월 8일 미 의회 청문회에서 "북한의 비행 훈련은 연 12~15시간인 반면, 한국과 주한미공군은 월 평균 15 시간"이고, "지난 수년 동안 북한군의 여단급 훈련조차 거의 보지 못했다"며, "사단 및 군단 훈련은 대규모의 기동 훈련이 아니라 지휘소 훈련으로

---

4) http://wwwc.house.gov/international_relations/109/law092706.pdf.

이뤄지고 있다"고 말했다. 이러한 평가에 기초해 윌리엄 팰런 태평양 사령관은 이날 청문회에서 북한의 재래식 군사력과 관련 "확실히 군사적 준비태세로는 부족하다"5)고 말했다. 또한 2006년 9월 말 기자간담회에서도 팰런 사령관은 심각한 경제난과 미국 주도의 금융제재로 인해 북한의 재래식 군사력은 갈수록 위축되고 있다며, 이에 따라 "(북한이) 대규모의 전쟁을 장기간 수행할 수 있는 능력은 과거보다 확실히 줄어들었고, 특히 남한의 군사력 강화를 고려할 때 더욱 그렇다"6)고 강조했다.


## 2. '한미동맹 현대화'에 대한 북한의 군사적 대응

북한의 재래식 군사력 문제와 관련해 가장 중요한 변수는 주한 미군의 변형과 한국의 협력적 자주국방을 두 축으로 하는 '한미동맹 현대화'에 대해 북한이 어떻게 대응할 것인가에 있다고 할 수 있다. 미국의 신군사전략 및 한미 양국의 군사력 증강에 기초한 '한미동맹의 현대화'는 북한에게 상당한 위협이 될 것이기 때문이다. 특히 북한의 갖고 있는 억지력의 핵심인 장사정포와 미사일 전력이 주한 미군의 감축 및 후방 이동, 미국의 정밀타격과 MD 능력 강화로 무력화될 가능성이 높아지는데, 이는 북한이 새로운 억지력을 추구하는 요인으로 작용할 수 있다.

그러나 북한이 첨단 무기를 도입할 수 있는 경제적 여력이 없지만 핵무기와 생화학무기 및 이들 무기의 운반수단인 미사일 개발

---

5) http://www.pacom.mil/speeches/sst2005/050308fallon_sasc_oral.shtml.

6) *Associated Press*(AP), September 22, 2006.

에 박차를 가할 경우 체제생존의 핵심으로 삼고 있는 대미·대일·대남관계 개선이 불가능해질 뿐만 아니라, 국제사회에서의 고립과 미국의 선제공격 위협이 더욱 커질 것이라는 점도 고려하지 않을 수 없다. 바로 이 지점에 북한의 딜레마가 존재한다.

6자회담이 원만하게 진행된다고 가정할 때 시기적으로 주한 미군의 기동군화 및 한국의 전력증강 등 한미동맹 재조정 작업이 북미관계 정상화 논의 및 한반도 평화체제 구축 협상과 중첩될 가능성이 높다는 점도 주목할 필요가 있다. 만약 이러한 상황이 도래했는데도 한미 양국이 전력증강 계획을 계속 추진한다면, 북한의 반발과 맞물려 재래식 군사력 문제가 더욱 복잡한 양태로 전개될 공산이 크다. 특히 북한이 한미동맹의 전력증강에 맞서 나름대로 '재래식 군사력 구조 재편'을 시도할 가능성을 배제할 수 없다. 예상할 수 있는 북한의 재래식 군사력의 재편 방향은 다음과 같다.

첫째, 장사정포를 비롯한 전방 배치 군사력을 현상 유지하거나 감축하면서 다른 분야에 투입할 수 있는 여력을 만드는 것이다. 이는 주한 미군의 재편에 따라 전방 배치 군사력의 억지 효과가 반감되고, 대규모의 병력과 장비·무기를 유지하는 것이 막대한 경제적 부담과 함께 다른 분야의 군사적 투입을 제약한다는 논리를 기초로 한 전망이다.

둘째, 북한이 한미동맹에 비해 절대적 열세에 있는 해·공군력과 방공망 강화에 주안점을 두는 것이다. 이는 대북한 공격에 동원될 미국의 군사력이 주로 해·공군력이고, 해병대와 스트라이커 부대 등을 이용한 신속배치전략에 대한 대응책으로서의 의미를 가진다. 구체적으로는 신형 전투기의 도입, 한미연합군의 북한 해안으로의 접근 및 상륙작전에 대비한 해안포와 스틱스 미사일 전력 강화 및 기뢰전 능력의 배가, 노후한 방공망의 정비 및 신형 방공 미사일 도입 등을 예상할 수 있다. 비록 실패하기는 했지만, 북한이 러시아로부터 2001년을 전후해 '외상으로' 신형 방공 미사일, SU-27 및 미그-29 전투기, 무인 프첼라(PCHELA)-1 정찰기 등을 도입하려 했던 것은[7] 북한이 노후한 공군력과 방공망 개선에 관심을 갖고 있다는 것을 보여 준다. 만일 이러한 전망이 현실화된다면 북한의 경제난과 에너지난은 악화할 가능성이 높고 이에 따른 북한 및 한반도의 불안정성은 증가할 개연성이 높다.

## 3. 전망

이상의 논의를 종합하면, 향후 6자회담이나 북미 양자회담에서 재래식 군사력 문제가 핵심 쟁점이 될 것으로 보이지는 않는다. 이러한 전망의 근거로는 북한의 재래식 군사력에 특이한 동향이 발견되지 않고 있고, 재래식 군사력 문제의 의제화에 대해 미군 주둔을 필요로 하는 한국과 미국이 찬성하지 않을 것이며, 주한 미군 재배치를 통해 재래식 무력과 관련한 미국의 대북 위협 인식이 줄어들 수 있고, 이 문제를 제기할 경우 핵 문제 등 다른 문제 해결에 부정적 영향을 줄 수 있다는 점 등이다. 보다 본질적으로는, 부시 정부가 애초에 북한의 재래식 무력 위협을 지적한 것은 순수 군사적 의미 외에 다른 동기와 연관되었을 개연성이 높다는

---

7) 『연합뉴스』, 2001년 4월 29일.

점이 고려되어야 할 것이다.

이러한 맥락에서 볼 때, 북한의 재래식 군사력 문제는 북미 양자 관계보다는 한반도 평화체제를 논의하게 될 '별도의 포럼'에서 다뤄질 가능성이 높다. 9·19 공동성명에는 "직접 관련 당사국들은 적절한 별도 포럼에서 한반도의 영구적 평화체제에 관한 협상을 가질 것이다"고 명시되어 있는데, 별도의 포럼은 남북한과 미국, 중국이 참여하는 4자회담이 될 공산이 크다. 아울러 향후 남북관계가 진전되면 남북대화에서도 북한의 재래식 군사력 문제 등 남북한의 군사 문제도 핵심 의제가 될 것이다.


## 4. 해결책

이처럼 북한의 재래식 군사력 문제는 북미관계보다는 한반도 평화체제 구축 논의에서 쟁점으로 부상할 가능성이 높기 때문에, 한국의 역할이 대단히 중요한 사안이다. 그러나 이 문제는 주한 미군 재편 및 한국의 전력증강 계획과 연계되어 있어 대응책을 마련하기가 쉽지 않은 것도 사실이다. 더구나 '선군정치'를 앞세우고 있는 북한이 핵무기와 미사일 등 '군사적 억지력'의 핵심으로 간주해 온 무기 프로그램을 포기할 경우 재래식 군사력까지 과감한 감축에 나설지는 미지수이다. 이는 북한의 재래식 군사력 문제를 풀기 위해서는 '상호간의 위협 감소' 조치를 넘어 '상호 군축'이 요구되며, 주한 미군의 미래나 한국군의 전력증강 사업을 재검토해야 한다는 것을 의미한다.

이 밖에도 북한의 재래식 군사력 감축을 포함한 한반도 군비통제를 추진할 때 여러 가지로 고려 사안이 있다. 여기에는 군비통제 협상의 당사자 문제, 군사적 신뢰 구축과 군축 사이의 관계, 주변 강대국을 상대로 한 최소한의 자위력 확보 문제 등이다.

첫째, 군축 협상의 '당사자' 문제이다. 특히 미국의 참가 여부가 중요한데, 이 문제는 가능성을 열어 놓되 우선 남북한 중심 구도로 군축 협상을 진행하는 것이 현실적이다. 한반도에 군대를 주둔시키고 있는 나라가 남북미 3자인만큼 군축 협상의 주체는 이들 세 나라가 되는 것이 가장 바람직하지만, 미국이 주한 미군의 군사력과 군사전략에 영향을 미칠 수 있는 군축 협상에 적극적으로 임할지는 불확실하다.[8] 따라서 미국이 군축 협상에 참여하지 않더라도 남북한이 군축 협상에 돌입하면 주한 미군을 비롯한 한반도를 작전 반경에 두고 있는 미국 군사력도 어떤 형태로든 영향을 받을 수밖에 없다는 점을 고려해 남북한 중심의 군축 협상을 추진하는 것이 바람직하다. 다만 주한 미군의 감축이 병행되지 않는 남북한 군축은 현실성도 실효성도 없다는 점을 고려해 한미 간의 군사 대화를 통해 북한 군사력 감축에 조응하는 주한 미군의 감축도 협의해야 할 것이다. 물론 주한 미군의 감축이 선제카드로 사용되어 북한의 군축을 요구하는 경우도 타당하고 합리적이다. 이는 냉전 종식 후 1990년대 초 넌-워너 수정안에 따라, 그리고 9.11 이후 미국의 전 세계적 군사 재배치 전략의 일환으로 이뤄지고 있는 주한 미군 감축이 한반도 군축 과정과의 연동이 바람직하지

---

8) 이와 관련해 부시 정부의 국무부 관리는 한국 특파원과의 간담회 자리에서 "6자회담은 핵 문제 해결을 1차 과제로 삼고 있으나 이 문제에서 진전이 있으면 재래식 군비 축소, 미사일 문제 등도 6자회담 의제로 올려 재래식 군비의 경우 한국전 당사국 간 논의하는 등 이슈마다 관계국들 간 다자협의를 할 수 있을 것"이라고 설명했다. 『연합뉴스』, 2004년 11월 24일.

만 이와 무관하게 추진되었다는 사실에 대한 반성이기도 하다.

둘째, 군사적 신뢰 구축과 군축 사이의 관계이다. 흔히 한반도에서의 군축은 군사적 신뢰 구축 이후의 단계로 상정되어 왔다. 이른바 '선 신뢰 구축, 후 군비 축소' 주장이 그것이다. 성공적인 군비통제 모델로 거론되어 온 유럽의 사례는 이를 뒷받침하는 핵심적 근거로 인식되었다. 그러나 유럽에서의 군사적 신뢰 구축과 군축의 관계를 '인과관계'로 볼 수 없다. 실제로 유럽재래식무기감축(CFE)은 '군사적 신뢰 구축(CBMs)'의 결과라기보다는 소련의 고르바초프 서기장의 신사고와 뒤이은 소련 및 동유럽에서의 급변 사태의 산물이라고 보는 것이 정확하다. CBMs가 군축 분위기 조성에 도움을 준 것은 사실이지만, CFE가 탄생할 수 있었던 결정적 원인은 유럽 냉전 구조의 해체에 있었다. 아울러 미소 간 군축이 이뤄질 수 있었던 데에는 국가기술수단(National Technical Means) 등을 통해 상호 검증이 가능했기 때문인데, 한미동맹과 북한 사이에는 국가기술수단에 큰 격차가 있어 본격적 군축을 추진할 때 적절한 검증수단을 강구하는 것 역시 중요한 과제가 될 것으로 보인다.

유럽의 군비통제 모델을 한반도에 적용하는 데 또 다른 근본 문제는 맥락의 차이이다. 유럽에는 대체로 NATO와 바르샤바 조약기구 사이의 군사력 균형이 달성되었고 위협 인식에서도 대칭성이 존재했다. 그러나 한반도는 남북·북미 간의 군사적 비대칭성이 존재하고 위협 인식도 비대칭적이다. 즉, 남한의 위협 인식 대상은 북한인 반면에, 북한의 주된 위협 인식 대상은 남한이 아니라 미국이다. 군사적 신뢰 구축이 한반도에서 적용되기 힘든 또 다른 이유는 '군사적 투명성'에 대한 북한과 한미동맹 사이의 필요성에 대한 인식의 차이이다. 군사적 신뢰 구축의 핵심적 목표는 군사적 비밀을 줄이고 예측 가능성을 높여 오판과 오인에 의한 무력충돌 가능성을 낮추는 데 있고, 군사적 투명성의 확보는 이를 위한 핵심적 수단이다. 그런데 군사력 수준 및 운용에서 현격한 차이가 있을 경우 우세한 쪽에는 군사적 투명성이 '과시'의 수단이 될 수 있고, 열세한 쪽에는 '모호성'의 필요성을 인식하는 계기가 될 수 있다. 이는 갈수록 격차가 벌어지고 있는 한미동맹과 북한 사이에서 통상적인 의미의 군사적 신뢰 구축 조치들이 어려울 것임을 예고한다.

끝으로 양측, 특히 남한의 무기 현대화 계획을 어떻게 반영할 것인가의 문제이다. 이 문제는 군축 협상 시 가장 큰 난제가 될 것으로 보인다. 남한은 압도적인 경제적 우위를 바탕으로 최첨단 무기체계를 개발·생산·도입할 수 있고 실제로 그렇게 하고 있다. 그러나 경제난에 시달리고 있는 북한은 이렇다 할 군 현대화 계획을 추진하지 못하고 있다. 그렇다고 남한이 통일 이후까지 대비한 군 현대화 계획을 전면 중단하기도 쉽지 않다. 따라서 이 문제는 대규모의 전력증강은 가급적 자제하면서 필수불가결한 무기체계가 '추가적으로' 배치되면 그 수만큼 기존의 무기를 감축한다는 것을 원칙으로 삼아 남북한 사이의 타협을 이뤄야 할 것이다. 또한 남한의 군 현대화 사업이 한반도 평화체제 및 통일 시대에 대비한 것이라는 점을 북한에 설득하기 위한 노력도 병행되어야 한다. 아울러 '미래의 불특정 위협'에 대비한다는 이유로 군비증강에 나서는 것은 한국이 주변 강대국과 군비경쟁에 휘말릴 위험성이 있을뿐더러 '자기 충족적 예언(self-fulfilling prophecy)'의 속성을 갖고 있다는 점도 명심해야 한다. 이러한 맥락에서 통일 과정이나 이후의 군비증강은 다자간 안보체제, 한미동맹, 한반도의 안보 환경을 종합적으로 고려해 유연하게 준비하는 것이 바람직하다.

이러한 여건과 환경을 고려해 한국의 군비통제정책은 다음과 같은 방향으로 추진되어야 한다. 첫째, 김대중 정부 및 노무현 정부의 '평화 배당금' 전략에서 한 걸음 더 나아가, 대북 정책의 핵심적 두 가지 목표인 군사적 대결 상태 종식과 민족경제공동체 건설이 선순환적인 발전을 이룰 수 있도록 남북한 상호 군축을 추진해야 한다. 특히 북한이 경제적 재건 및 발전을 위해서 병력 수를 감축해 노동력을 확보해야 할 필요성이 갈수록 커지고 있다는 점에 주목해야 한다. 북한이 경제성장을 이루기 위해서는 현재 30%에도 못 미치는 공장 가동률을 높이고 새로운 산업 수요를 창출해야 하며 사회간접자본을 건설해야 하는데, 이는 기본적으로 노동집약적인 성격을 가질 수밖에 없다. 이에 반해 북한은 대량아사, 탈북, 영양실조 등 인도주의적 재앙으로 인해 노동력이 부족한 상황에 직면할 수 있다. 이는 북한의 경제개발이 가속화될수록 병력 감축으로 부족한 노동력을 충원하는 필요성으로 작용할 것이다. 이러한 맥락에서 북한이 과도한 병력과 군수산업을 경제재건 목적으로 전환할 수 있도록 경제 지원 및 협력을 강화하는 것과 함께, 북한의 일방적 위협 감소와 군축이 아닌 남북한이 상호간 군축을 추진한다는 기본 방향을 설정해야 할 것이다.

둘째, '선 신뢰 구축, 후 군비 축소'라는 경직된 군비통제 원칙에서 벗어나 사안에 따라 유연한 접근 방식을 채택할 필요가 있다. 예를 들어 남북한 모두에게 필요성이 절박한 병력 감축의 경우, 남북한 합의 혹은 독자적인 판단에 따라 병력을 먼저 '감축'함으로써 다른 군사 문제 해결의 중요한 신뢰를 마련할 수 있다. 남북한의 병력 감축은 가장 상징적이면서도 실질적 군축을 달성했다는 의의를 갖는다.

이상의 논의가 한반도 군축을 추진할 때 고려해야 할 점과 추진 방향을 담고 있다면, 이를 구체화하고 이행할 수 있는 정책 마련도 요구된다. 첫째, 명칭과는 달리 중무장화된 비무장지대(DMZ)를 평화지대로 전환하기 위한 작업의 일환으로 남북한 감시초소(GP)의 공동철수 사업을 구체적으로 추진할 필요가 있다. 이와 관련해 2005년 6월 초에 발생한 GP 총기난사 사고를 계기로 GP 공동철수에 대한 국민적 공감대가 확산된 바 있다. 그러나 2005년 7월 하순에 열린 남북 장성급 군사회담 실무대표회담에서 북측은 GP 공동철수 문제를 논의하자는 남측의 제안에 부정적 반응을 보였다. 또한 남측 군 당국에서도 GP 초소를 이동식 조립 건물로 바꾸는 한편, 첨단 지능형 경계 및 전투 로봇 시스템 '이지스(Aegis Robot)'를 DMZ에 배치하는 방안을 검토하고 있다. 당위와 현실에 큰 간극이 존재하고 있다.

이러한 현실을 극복하고 실질적 진전이 이루어지려면 북한이 GP 공동철수에 대해 부정적 반응을 보이고 있는 이유를 알아낼 필요가 있다. 추정할 수 있는 것은 GP 철수에 막대한 비용이 들어가고 최첨단 장비를 갖춘 한미연합군에 비해 정보력이 떨어지는 만큼 GP를 유지해야 할 필요성을 느끼고 있을 개연성이 있다는 점이다. 이러한 분석이 타당성을 갖는다면 북측의 GP 철수 비용을 한미 양국이 지원하고 북미관계 정상화나 한반도 평화체제 구축 논의 과정에서 북한의 위협 인식을 획기적으로 감소시킬 수 있는 방안을 강구할 필요가 있다.

둘째, 실질적 군축 과제로 상호 병력 감축 방안을 추진할 필요가 있다. 이와 관련해 미국이 주한 미군 병력의 3분의 1 감축을 기정사실화하고 있고, 북한이 대규모 병력을 유지하기가 갈수록 어려워지고 있으며, 남한 역시 군 현대화와 군 구조 개편을 위해서는 병력 감축이 반드시 필요하다는 점을 고려할 수 있다. 감축 규모는 한반도 평화협정 체결을 전후해 현재의 3분의 2 수준을 기준으로 삼아, 북한은 현재 117만 명에서 70만명 정도로, 남한은 68만 명에서 45만 명 안팎으로 줄이고, 이에 조응해 주한 미군의 추가적인 감축도 고려할 수 있을 것이다. 아울러 무기 및 장비의 감축도 병력 감축과 연계해 추진해야 할 것이다.

셋째, 북한이 병력 감축을 원활하게 추진할 수 있도록 다양한 지원책을 강구해야 한다. 지원책에는 북한 내에 직업훈련센터를 건설해 감축된 군인을 재교육시키는 것과 직업훈련을 마친 이들을 개성공단 등 남북경협사업에 우선적으로 고용하는 것 등을 생각할 수 있을 것이다. 또한 북한의 붕괴된 농업 기반과 사회간접자본을 본격적으로 복구하기 위해서는 대규모의 인력이 필요한 만큼 감축된 군인을 농업 및 건설 현장에 투입하는 방안을 남북한이 함께 강구할 수 있을 것이다.

끝으로 이러한 정책 추진을 위해서는 상당한 예산이 필요한데, 북한의 군사 분야의 경제개발 분야로의 이행을 지원하기 위한 '전환 기금'을 마련할 필요가 있다. 이 기금은 앞에서 언급한 북한 측의 GP 철수, 감축된 북한 병력의 재교육 및 취업, 재래식 무기 폐기 및 재활용 등에 투입될 수 있을 것이다. 정부와 국회는 남북한의 군사 회담이 본궤도에 오르고 군축 논의가 시작되면, 이러한 기금 마련을 법제화하는 방안도 강구할 수 있을 것이다.

한반도 군축을 본격적으로 추진하기 위해 가장 중요한 것은 남북한 최고 지도자 사이의 교감 및 정치적 의지이다. 특히 사안의 민감성과 북한 정책 결정과정의 특성을 고려할 때, 김정일 위원장을 직접 설득하기 위한 노력이 필요하다. 이러한 맥락에서 앞으로 남북 정상회담이 열리면 한반도 군축과 민족경제공동체 건설 사이의 선순환적 발전을 모색할 수 있는 실질적 논의가 이뤄져야 할 것이다.

제9장

# 북핵 이후_VI
### —북한의 대량파괴무기 폐기와 넌-루거 프로그램—

## 1. 들어가며

한반도 평화 프로세스의 가장 중요한 요소라고 할 수 있는 북미 관계의 정상화는 북한의 핵 프로그램을 비롯한 WMD 및 관련 프로그램의 포괄적인 해소와 밀접히 연관되어 있다. 이는 본격적인 문제 해결 국면으로 접어들면 미국 정부의 예산 및 관련법과도 연관되어 있다는 점에서 미국 의회의 역할이 중요해질 수 있다는 것을 의미한다. 이러한 맥락에서 구소련 국가들의 핵 문제 등 WMD 위협 감소에 크게 기여한 것으로 평가받고 있는 넌-루거 프로그램에 주목할 필요가 있다. 이미 미국 의회와 민간 전문가들 사이에는 넌-루거 프로그램을 북한에 적용하는 방안을 연구하고 있다는 점에서 한국도 이에 대한 대비책을 세워야 할 것이다.

넌-루거 프로그램에 대한 주목은 다음과 같은 의의를 갖는다. 첫째, 북핵을 비롯한 북한의 WMD 문제를 해결하는 데 한국 정부뿐만 아니라 국회와 민간 전문가들 역시 구체적 역할을 모색할 수 있는 기초가 될 수 있다. 비록 맥락이 다르지만, 미국 의회가 민간 전문가의 자문을 바탕으로 소련 해체 이후 재정적·기술적 지원을 통해 러시아 및 구소련 국가들의 WMD 위협을 감소시키는 데 주도적 역할을 한 것은 오늘날 북한의 WMD와 관련 한국 국회 및 민간 전문가의 역할에 대해 좋은 시사점을 주고 있다.

둘째, 미국 의회의 분위기 전환 및 적극적 역할을 견인하는 데 도움이 될 수 있다. 북핵 문제가 장기화되면서 미국 정부뿐만 아니라 의회 및 민간 전문가 사이에서도 북한에 대한 체념적 정서가 확산되고 있는 것으로 보인다. 이는 부시 정부의 대북 강경책과 맞물려 북핵 문제의 평화적 해결을 어렵게 하는 요인이 될 수 있다. 그런데 한국이 넌-루거 프로그램을 북한에 적용하는 방안에 대해 관심을 보이고 미국과 협력 방안을 모색하면 미국 의회와 민간 전문가 그룹 내의 분위기를 개선하는 데 도움이 될 수 있다. 후술하겠지만, 미국 의회는 넌-루거 프로그램에 상당한 자부심을 갖고 있고, 일각에는 이를 북한에 적용하는 데 관심을 보이고 있다. 또한 국회와 민간 전문가를 비롯한 한국의 넌-루거 프로그램에 대한 관심과 협력의 모색은 '한국은 북한의 WMD에 무관심하다'는 미국 내 일각의 비판을 불식시키는 데 도움이 될 수 있다.

셋째, 미래의 문제에 대한 대비책으로서의 의미이다. 북핵 문제가 해결 국면에 접어들면 미국은 넌-루거 프로그램을 북한에 적용하려고 할 공산이 크다. 그런데 한국이 이에 대해 대비책을 마련하지 않으면 제네바 북미기본합의와 흡사하게 재정적 부담은 떠안으면서 실질적 역할은 거의 하지 못하게 되는 상황이 발생할 수 있다. 이러한 맥락에서 볼 때 한국이 넌-루거 프로그램을 심층적으로 연구하고 미국 등 관련국과 협력을 모색하는 것은 이에 대한 사전 대비책의 의미도 있는 것이다.

이러한 문제의식을 가지고 넌-루거 프로그램을 북한의 WMD 해소에 적용할 수 있는 방안을 검토해 보고 향후 국회 차원의 한미 공조 방안에 대해 고찰해 보자.


## 2. 넌-루거 협력적 위협감축(CTR) 프로그램 개괄

### 1) 넌-루거 프로그램의 탄생 배경

넌-루거 프로그램 혹은 '협력적 위협감축(CTR: Cooperative Threat Reduction)'은 미국 의회의 주도로 이뤄진 대표적 WMD 확산방지 정책이다. 소련 붕괴 직후 마련된 이 프로그램 이전에도 미국 의회는 미소 간의 군사적 신뢰 구축에 기여한 바 있다. 일례로 샘 넌, 존 워너, 핸리 잭슨 의원은 1980년대 중반 미소 간 위협 감축 및 군축 조치의 기반을 마련했다. 주요 내용으로는 군사 핫라인에 팩스 교환 추가(1984), 워싱턴과 모스크바에 핵 위기 감축 센터 설치(1987) 등이 있다. 이는 이후 고르바초프의 1988년 유엔 연설에서의 '신사고' 발표로 이어지면서 미소 간 핵 군축 및 상호 위협감축에 중요한 역할을 했다.

1990년을 전후해 소련의 붕괴 및 그 이후의 과정에서 핵무기를 비롯한 대량파괴무기가 제대로 관리되지 못함에 따라 WMD 확산의 위험성은 커질 것이라는 우려가 미국 내 일각에서 제기되었다. 또한 WMD 관련 분야에 종사했던 많은 과학자와 기술자가 고용 불안 및 저소득에 노출되어 북한·이란 등 WMD 위협 국가들 및

테러 집단으로 유입될 가능성에 대한 우려도 나왔다.[1]

이에 따라 미국의 일부 전문가들은 소련 해체 이후 WMD의 안정적 관리 방안을 모색하기 시작했다. 대표적으로 애시튼 카터는 하버드 대학 내에 '소련의 핵분열(Soviet Nuclear Fission)'이라는 프로젝트팀을 구성했고, 윌리엄 페리는 스탠포드 대학에 소련 군수산업 연구팀을 구성했다.[2] 카터는 소련의 붕괴가 가속화되자 부시 Sr. 정부에게 자신의 구상을 설명했으나, 부시 정부는 냉담한 반응을 보였다. 그러나 카네기재단이 카터 및 페리 연구팀과 군비통제에 관심이 많았던 샘 넌(민주당) 및 리처드 루거(공화당) 상원의원과의 만남을 주선하면서 이 구상은 힘을 얻기 시작했다. 카터와 페리의 구상을 접한 넌과 루거는 1991년 11월 하순 동료 의원들을 초청해 조찬 간담회를 가졌고, 그 자리에 참석했던 의원들 대부분은 이들의 구상에 동의했다. 이에 따라 11월 28일 상원에서 넌-루거 법안은 '86 대 8'이라는 압도적인 표차로 가결되었고, 하원에서도 무사히 통과되었다.[3] '협력적 위협감축'으로 명명된 이 프로그램의 골자는 구소련의 핵무기를 비롯한 WMD의 안정적 수송, 관리 및 보관, 폐기를 재정적·기술적으로 지원함으로써 WMD의 위협을 감소시키는 데 있었다.

넌-루거 법안 통과 이후 미국의 국방부, 에너지부, 국무부, 상무

---

1) Jason D. Ellis and Todd Perry, "Nunn Lugar's Unfinished Agenda," *Arms Control Today*, October 1997.

2) 참고로 넌-루거 프로그램의 주창자라고 할 수 있는 페리와 카터는 클린턴 정부 출범과 함께 각각 국방부 부장관(1994년 2월부터는 장관으로 승진)과 차관보로 일하면서 넌-루거 프로그램을 실행하는 역할을 했다.

3) Ashton B. Carter, "Origins of the Nunn-Lugar Program," Presentation to the Presidential Conference On William Jefferson Clinton, The 'New Democrat' from Hope Hofstra University, November 10-12, 2005.

부는 다양한 CTR 프로그램을 마련했다. 당초 이 프로그램은 국방부 소관으로 되어 있었으나, 사업 분야가 광범위해지면서 부처 간의 역할 분담 및 협력이 필요해졌다. 국방부는 무기의 안전한 관리 및 폐기를 주된 업무로 삼으면서도 CTR 프로그램 전체를 총괄했다. 국방부는 1998년 10월 CTR의 기획·이행을 위해 국방위협감축국(Defense Threat Reduction Agency)을 만들어 운영해 오고 있다. 국무부는 CTR 대상국과의 협상 및 협정 체결을 담당하면서, 모스크바와 키예프에 설립된 국제과학기술센터(International Science and Technology Centers)의 운영을 담당해 왔다. 에너지부는 핵 시설의 안전과 통제를 향상하기 위해 마련된 '핵 물질 보호·통제·회계(Materials Protection, Control and Accounting)' 프로그램 및 핵무기 관련 학자들의 재취업을 돕는 '확산 방지 구상(IPP: Initiatives for Proliferation Prevention)', 그리고 핵 관련 산업이 모여 있는 도시들의 민수용으로의 전환을 돕는 핵 도시 구상(Nuclear Cities Initiative)에서 핵심적 역할을 수행했다. 그리고 상무부는 주로 WMD 수출 통제를 담당했다.[4]

CTR 프로그램의 목표는 크게 두 가지이다. 하나는 핵무기를 비롯한 러시아의 WMD를 안전하게 관리·보호하고 폐기하는 데 재정적·기술적으로 지원하는 것이다. 다른 하나는 WMD 분야에 종사했던 과학자와 기술자의 재취업 및 재교육을 통해 이들이 이른바 '깡패국가'나 테러 집단에게 고용되는 일을 방지하는 것이다. CTR 프로그램의 초기 단계에는 핵무기와 관련된 사업에 초점이 맞춰졌으나, 생화학무기에 대한 우려가 높아지면서 1990년대 중반부터는 생화학무기 관련 프로그램이 강화되었다. 또한 1998

---

4) Amy F. Woolf, "Nunn-Lugar Cooperative Threat Reduction Program: Issues for Congress," *CRS Report*, March 21, 2001.

년 러시아가 심각한 경제위기에 직면하자 WMD 사업 종사자의 관리 문제가 또다시 부각되었는데, 이에 따라 미국은 이들의 재고용 프로그램을 강화하기도 했다. 이러한 노력에 힘입어 미국 정부는 2001년 보고서에서 러시아의 WMD를 탈취하려는 많은 시도를 효과적으로 차단함에 따라 "현재까지 핵무기 및 핵 물질이 탈취되었거나 이용되지 않았다"[5]고 지적했다.

### 2) 넌-루거 프로그램의 분야

일정 부분 중복되지만 CTR은 크게 세 가지 분야로 나뉜다. 첫째는 WMD 및 그 운반체의 파괴 및 폐기이다. CTR의 핵심이라고 할 수 있는 이 프로그램은 주로 러시아, 벨로루시, 카자흐스탄, 우크라이나 등의 핵무기, 생화학무기, WMD 운반체의 폐기를 지원하기 위한 것이다. 아울러 러시아의 화학무기 폐기 시설 건설 지원도 포함하고 있다. 이 프로그램에 의해 1996년에는 벨로루시, 카자흐스탄, 우크라이나의 핵무기가 러시아로 안전하게 이전되었다. 그러나 러시아의 핵무기를 폐기하는 데에는 문제점이 노출되기도 했다. 러시아 정부가 자신을 제외한 다른 나라의 핵무기 해체에는 적극적이었던 반면, 자신의 핵무기를 해체하는 데에는 '국가 안보상의 이유'를 들어 소극적이었던 것이다. 러시아 지방정부의 저항도 문제였다. 또한 미국 하원은 러시아 화학무기 폐기 지원에 대해 "화학무기는 미국의 긴박한 안보 위협에 해당되지 않는다"는 이유로 2000년과 2001년에 이 사업 분야의 예산을 제외

---

5) http://www.fcnl.org/issues/item.php?item_id=531&issue_id=77.

하기도 했다.

둘째는 관리망(Chain of custody) 구축 사업으로서 주로 플루토늄 및 HEU 등 WMD 물질의 안전한 관리와 비확산을 위한 사업이다. 이 사업은 CTR 수혜국에 WMD 물질을 안전하게 수송·보관·통제할 수 있도록 방탄 담요와 궤도 차량 등 관련 장비와 기술을 제공하는 것이다. CTR을 제정한 넌과 루거는 이 프로그램을 강화하기 위해 1996년 대량파괴무기에 관한 국방법(Defense Against Weapons of Mass Destruction Act of 1996)을 제정해 추가적인 재정 지원을 법제화하기도 했다.

셋째는 탈군사화이다. 구소련에는 방대한 WMD 산업과 종사자들이 있었는데, 소련의 붕괴와 함께 이러한 산업과 노동자의 민수용으로의 전환이 중요한 과제로 부상하게 되었다. 이에 따라 미국 의회는 1993년부터 이 프로그램을 CTR에 포함시켰고, 1994년에는 방위기업기금(DEF: Defense Enterprise Fund)과 IPP를 만들어 러시아와 새롭게 독립한 국가들의 WMD 산업과 종사자가 민간 분야로 전환하는 것을 돕고자 했다.

### 3) 넌-루거 프로그램을 둘러싼 논쟁

1991년 넌-루거 CTR 프로그램이 마련된 이후 전반적으로 이행 속도는 빠르지 않았다. 우선 부시 Sr. 정부가 이 프로그램에 대해 미온적이었다. 부시 Sr. 정부는 CTR 기금을 구소련 국가들에게 지원하는 것은 시기상조일 뿐만 아니라 미국의 국방력 건설에 차질을 빚을 수 있다는 우려를 갖고 있었다. 이에 따라 CTR 프로그램 첫해에 부시 정부는 불과 3천만 달러의 예산만 투입했고, 구소련

국가들과의 협상에도 적극적이지 않았다. 아울러 CTR의 미진한 이행에는 러시아 등 CTR 대상국들과의 합의 지연도 원인이었다. 1991년 미국 의회가 CTR 프로그램을 제정한 이후 미국은 포괄협정 체결을 추진했는데, 러시아와는 1992년 6월, 벨로루시와는 1992년 10월, 우크라이나와는 1993년 10월, 카자흐스탄과는 1993년 12월에 각각 서명했다. 또한 구체적 CTR 프로그램에 합의하는 데에도 상당한 시간이 걸렸다. 이에 따라 CTR 프로그램은 클린턴 정부 출범 이후에 본격화되었다.

이처럼 CTR 초기에 이행 성적이 미흡하자 미 의회 내에는 회의론이 부상하기도 했다. 의회 내 일부에는 CTR 기금이 WMD 위협을 감소하는 데 사용되지 않고, 미국 대표단의 항공비와 숙박비에 대거 지출되고 있다는 냉소적 비판이 대두되었다. 이에 따라 의회는 1995년부터 국방부 장관이 CTR 프로그램의 이행 성과에 대한 보고서 제출을 의무화하기도 했다. 그러나 클린턴 정부가 출범하고 넌-루거 프로그램의 주창자인 페리와 카터가 국방부의 요직에 진출하면서 이 프로그램은 본궤도에 오르게 되었다.

넌-루거 프로그램의 지지자들은 미국 국방비의 약 0.3%로 러시아 및 새로 독립한 국가들의 WMD 위협을 크게 낮췄다며, "다른 수단의 의한 국방"[6]이라고 불렀다. 이들은 CTR 프로그램에 의해 ①WMD 및 그 운반수단의 안전한 저장·관리·운송·폐기를 촉진했고, ②핵무기에서 제거한 핵분열 물질의 안전한 관리 및 폐기를 증진시켰으며, ③WMD 및 관련 물질과 기술의 확산을 방지하고, ④미러 간 군사 협력을 강화함으로써 미국의 안보 증진에 기여했

---

6) 이 표현은 1990년대 초 윌리엄 페리 국방장관이 즐겨 사용한 것으로, 이후 CTR의 유용성을 상징하는 표현이 되었다.

다고 평가했다. 아울러 CTR 프로그램을 통해 러시아 등 이 프로그램 대상국들과 미국의 협력 및 신뢰 구축에 기여했다고 평가했다.

실제로 이 프로그램은 구소련의 WMD 문제를 해결하는데 적지 않은 기여를 했다. 2004년 2월 초까지의 이행 성적을 보면, 6,282개의 핵탄두를 미사일로부터 분리, 529개의 대륙탄도 미사일(ICBM) 폐기, 458개의 ICBM 격납고 폐기, 8개의 이동식 ICBM 발사대 폐기, 124개의 전략폭격기 폐기, 668개의 공중 발사 핵 순항미사일 폐기, 474개의 잠수함발사 탄도 미사일 폐기, 408개의 해상발사 탄도 미사일 폐기, 27개의 전략미사일 잠수함 폐기, 194개의 핵 실험 터널 폐쇄, 약 4만 톤의 화학무기 봉인 등의 결과를 낳았다.[7]

그러나 넌-루거 프로그램에 대한 비판론도 수그러들지 않았다. 특히 1990년대 중반 들어 미국 하원 일부 의원들을 중심으로 비판론이 거세게 일어났다.[8] 비판의 요지는 CTR 프로그램이 러시아 핵전력의 현대화를 도와줌으로써 오히려 미국의 안보를 위태롭게 한다는 것이었다. 즉, 미국이 러시아의 낡은 핵무기를 폐기하는 데 재정적·기술적으로 지원하는 사이에 러시아는 핵전력을 현대화하고 있다는 것이었다.[9] 이에 대해 CTR 지지자들은 미국은 러시아에 현금으로 지원하는 것이 아니라 관련 기술 및 현물로 지원하기 때문에 다른 군사용으로 전환될 수 없고, 러시아는 CTR

---

7) Richard Lugar, "Eliminating the Obstacles to Nunn-Lugar," *Arms Control Today*, March 2004.

8) CTR를 둘러싼 클린턴 정부 시기의 미국 내 논쟁에 대해서는, Woolf, "Nunn-Lugar Cooperative Threat Reduction Program: Issues for Congress," pp.15-17 참조.

9) Rich Kelly, "The Nunn-Lugar Act: A Wasteful and Dangerous Illusion," *Cato Foreign Policy Briefing*, March 1996.

과 관계없이 군 현대화를 추진해 왔기 때문에 CTR과 러시아의 군사력 현대화 사이에는 관계가 없다고 반박했다.

CTR의 구체적 성과에 대한 논란도 있었다. 클린턴 정부와 의회의 CTR 지지자들은 이 프로그램의 대표적 성과로 우크라이나와 카자흐스탄, 벨로루시의 비핵화를 들었다. 그러나 CTR 비판론자들은 이들 세 나라의 비핵화는 CTR 기금이 지원되기 이전부터 예정되어 있었다고 반박했다. 즉, CTR이 없었어도 이들 국가의 비핵화는 이뤄졌을 것이라는 주장이다. 실제로 이들 세 나라가 자국 영토에 있는 핵무기를 러시아로 이전하기로 한 합의는 CTR 프로그램이 본격화되기 이전인 1992년이었다. 그러나 클린턴 정부는 이들 국가에게 핵무기의 안전한 관리와 이전 및 무력화 조치를 취할 수 있는 비용이 부족했다며, 미국이 이 비용을 부담하기로 약속하면서 이들 세 나라의 비핵화가 신속히 이행되었다고 반박했다.

러시아의 핵무기 감축도 마찬가지 맥락에서 논란의 대상이었다. CTR 비판론자는 러시아의 핵무기 감축은 1차 전략무기감축협정(START I)에 의한 것이지, CTR에 따른 것이 아니라고 주장했다. 클린턴 정부는 이러한 지적을 일부 인정하면서도, 러시아의 핵무기 감축이 안정적 방법으로 진행되는데 CTR이 기여했다는 점도 고려해야 한다고 주장했다.


### 4) 넌-루거 프로그램의 최근 흐름

넌-루거 프로그램은 여러 가지 논란에도 불구하고 클린턴 정부의 적극적 입장에 힘입어 안착되었다. 그러나 뒤이어 집권한 부시 정부는 이 프로그램에 소극적이었다. 부시 정부는 출범 직후인 2001년 3월 넌-루거 프로그램에 대한 예산 삭감을 포함한 전면적 재검토 의사를 밝혔다가 의회의 강력한 반발에 직면하기도 했다.10) 그러나 넌-루거 프로그램에 대한 부시 정부의 부정적 입장은 9·11 테러를 계기로 바뀌었다. 9·11 테러 이후 WMD 위협이 테러리즘과 함께 미국 안보 정책의 최대 화두로 등장하면서 더 이상 넌-루거 프로그램을 외면하기 어려워진 것이었다. 이에 따라 부시 정부는 약 10% 증액된 2003년도 CTR 예산안을 의회에 제출했다.11) 이후 CTR 예산은 꾸준히 증가되었고, 특히 2004년도 예산에는 최초로 CTR 예산 가운데 5천만 달러를 구소련 국가들을 이외에 다른 나라들에게도 사용될 수 있도록 했다.

2002년 미국 의회는 3년 동안 한시적으로 부여된 대통령의 'CTR 유보 권한(CTR Waiver Power)'을 2006년부터는 영구화하는 조치를 취했다. 1993년 국방인증법(Defense Authorization Act)은 정부가 의회에 CTR 예산을 신청할 때 CTR의 수혜국들이 군비통제조약을 비롯한 의무 사항을 준수하고 있다는 것을 의회에 입증해야 하는 의무를 명시했는데, 'CTR 유보 권한'이란 대통령이 이러한 의무를 이행하지 않아도 된다는 것을 보장하는 것이다. 의회가 대통령에게 영구적인 CTR 유보 권한을 부여한 데에는 정부의 입증 책임이 CTR의 이행에 걸림돌이 되고 있다는 지적 때문이었다. 일례로 부시 정부는 2002년 러시아의 생화학무기금지 조약 준수를 입증하길 거부

---

10) Philipp C. Bleek, "Bush Reviews Threat Reduction Programs, Contemplates Cuts," *Arms Control Today*, April 2001.

11) Philipp C. Bleek, "Threat Reduction Funding Increase Requested," *Arms Control Today*, March 2002.

했고, 이에 따라 CTR 기금이 동결돼 결과적으로 러시아의 생화학 무기 폐기가 지연되었다. 이런 맥락에서 대통령의 'CTR 유보 권한' 은 CTR 프로그램 집행의 효율성을 제고할 것으로 전망된다.[12]

CTR 프로그램과 관련해 또 한 가지 주목해야 할 점은 국제 협력의 강화이다. 미국은 1991년 이후 CTR 프로그램에 연평균 10억 달러 정도를 사용해 왔다. 그러나 연간 10억 달러 수준의 CTR 예산은 크게 부족하다. 일례로 미국 에너지부의 연구팀은 러시아의 핵무기 및 핵 물질을 관리·폐기하는 데 향후 10년간 300억 달러가 필요하다고 분석했다. 또한 구소련 국가들 이외의 국가에서도 WMD 관리 및 폐기의 필요성이 증가되었다.

이에 따라 2002년 G-8 정상회담에는 미국의 제안으로 '대량파괴무기·물질 확산 방지를 위한 글로벌 파트너십(Global Partnership Against the Spread of Weapons and Materials of Mass Destruction)'이 마련되었다. 이 구상은 러시아 및 다른 나라들의 WMD 관리 및 폐기를 지원하기 위해 10년간 200억 달러를 마련하자는 것을 골자로 하는데, 10년간 미국이 100억 달러를 부담하고 나머지 7개국이 100억 달러를 마련한다는 의미에서 '10년간 10+10' 계획으로 불리기도 한다. 글로벌 파트너십은 화학무기의 폐기, 핵 잠수함의 폐기, 핵 물질과 방사능의 안전 강화, WMD 관련 종사자의 고용 문제 해결 등을 우선적인 과제로 제시하면서, G-8 국가들 이외의 국가도 이 구상에 동참할 것을 호소하고 있다.[13]

끝으로 CTR의 적용 분야로 재래식 군사력 분야가 거론되는 것

---

12) William Huntington, "President Gains Permanent CTR Waiver Power," *Arms Control Today*, January/February 2006.

13) http://www.state.gov/e/eb/rls/othr/11514.htm.

도 주목할 현상이다. 공화당의 루거와 민주당의 오바마는 2005년 11월 CTR을 재래식 군사력까지 확대시키는 것을 골자로 한 법안을 제출했다. 이들은 휴대용 지대공 미사일 등 재래식 무기가 확산됨에 따라 항공기 및 중요 시설 등에 대한 공격이 용이해지고 있다며, 미국이 재래식 무기의 확산 방지에도 주도적 역할을 해야 한다고 강조했다.


## 3. 넌-루거 프로그램과 북한의 WMD

### 1) CTR의 북한 적용에 대한 미국의 동향

샘 넌과 함께 CTR를 제정한 리처드 루거는 여러 차례에 걸쳐 북핵 문제 해결에 CTR이 적용될 수 있을 것이라 주장했다. 그는 미국 의회가 2003년 넌-루거 확대법(Nunn-Lugar Expansion Act)을 제정함에 따라 북한도 그 대상이 될 수 있다고 강조했다.[14] 하원의 린 울시 의원 역시 2005년 CTR 예산에 북한과 이란 관련 예산 1,500만 달러를 새롭게 편성하자고 제안했다. 그러나 울시의 제안은 다른 의원들의 반대로 실현되지 않았다. 비록 간헐적이긴 하지만, 미국 의회 내에서 CTR을 북한에 적용하는 방안이 검토되고 있다는 것을 알 수 있다.

넌-루거 프로그램의 주창자이자 이행을 담당하기도 했던 애시

---

14) Richard G. Lugar, "Opening Statement: Hearing on North Korea," January 21, 2004; Richard G. Lugar, "Challenges Ahead For Cooperative Threat Reduction," Speech at Council on Foreign Relations, November 1, 2005.

튼 카터 역시 이 프로그램이 세 가지 맥락에서 북핵 문제 해결에 기여할 수 있다고 주장했다. 첫째, 미국은 북한에게 두 개의 당근을 줄 수 있는데, 하나는 북한에 대한 무력 불사용 공약이고, 다른 하나는 넌-루거 프로그램 방식으로 '완전하고 검증 가능하며 돌이킬 수 없는 방식'으로의 핵 폐기(CVID)를 지원할 수 있다는 것이다. 이러한 접근법은 대북한 보상이 아니라 '다른 수단에 의한 국방'이라는 점에서 미국의 안보를 증진하기 위한 투자에 해당된다는 것이다. 둘째, CVID는 단계적 이행과정을 거칠 수밖에 없는데, 넌-루거 방식을 적용하면 한편으로는 이행과정을 안정화시킬 수 있고 다른 한편으로는 북한이 합의 이행을 지연시킬 때 벌칙을 가할 수 있는 근거가 된다는 것이다. 셋째, 미국은 CVID 프로그램을 구상할 필요가 있는데 넌-루거 프로그램은 좋은 참고가 될 수 있다는 것이다. 넌-루거 프로그램에는 국방부, 국무부, 에너지부, 상무부가 관여해 왔는데, 구소련 국가들을 상대로 한 CTR의 경험과 노하우를 북핵 문제 해결에 적용하는 방안을 지금부터 강구할 필요가 있다는 것이다.15)

대북 CTR 적용과 관련해, 가장 구체적 연구 성과는 미국의 싱크탱크들로부터 나왔다. 미국의 국제전략문제연구소와 카네기재단은 2005년 12월 『6자회담과 그 이후: CTR과 북한』이라는 보고서를 발표해 CTR을 통한 북한의 핵·미사일·생화학무기 프로그램을 해체하는 방안을 제시했다. 이 보고서는 "비밀스럽고 호전적인 북한 정권의 특징을 고려할 때 북한에 CTR을 적용하는 것은 비현실

---

15) Ashton B. Carter, "Implementing a Denuclearization Agreement with North Korea," Congressional Testimony before The Committee on Foreign Relations, United States Senate, on July 15, 2004.

적이라는 비판론도 제기되고 있지만, 북한의 폐 연료봉 봉인 등 과거의 협력 사업의 경험과 북미관계가 정상화되면, CTR은 북한의 WMD 문제를 해결하는 유력한 수단이 될 수 있다고 주장했다. 이러한 맥락에서 CTR는 ①북한에 추가적인 인센티브를 제공해 북핵 문제의 평화적 해결 가능성을 높이고, ②북한의 WMD 폐기의 투명성과 검증을 증진시켜 불확실성을 줄일 수 있으며, ③북한의 WMD 인프라 및 과학자 문제까지 해결함으로써 장기적이고 근본적인 해결이 가능하고, ④다른 분야에까지 확산효과를 가져와 북한의 국제사회로의 통합을 가속화시킬 수 있으며, ⑤북한이 군사 분야를 축소하고 민간 경제를 활성화하는 동기가 될 수 있다며, 그 의의를 강조했다.16)

## 2) 북한판 CTR 추진 시 고려 사항

물론 구소련 국가들에게 적용된 CTR과 북한판 CTR은 그 맥락에서 큰 차이가 있다. 가장 큰 차이는 구소련 국가들을 대상으로 한 CTR은 소련의 붕괴 이후에 마련된 것이지만, 북한에 적용될 CTR은 북한의 붕괴가 아니라 북한과 한국·미국·일본의 관계 개선의 맥락에서 접근되어야 한다는 것이다. 이러한 맥락에서 북한판 CTR의 창설 및 성공의 전제조건은 북핵 문제의 해결과 이에 대한 정치적·경제적·안보적 상응조치라고 할 수 있다. 상응조치에는 미국의 대북 경제제재 및 테러 지원국 지정 해제, 대북 에너지

---

16) Joel Wit, Jon Wolfsthal, and Choong-suk Oh, "The Six Party Talks and Beyond: Cooperative Threat Reduction and North Korea," *A Report of the CSIS International Security Program*, December 2005. http://www.csis.org/media/csis/pubs/051216_ctr.pdf.

지원, 북미·북일관계 정상화, 한반도 평화협정 체결 등이 있다.

또한 기존의 CTR은 미국이 재정적·기술적 부담을 전제로 러시아, 카자흐스탄, 우크라이나, 벨로루시 등 구소련 국가들과의 양자 간 협력에 기초한 것이라면, 북한판 CTR은 다자적 방식으로 이뤄질 공산이 크다. 이와 관련해 미국 민간 연구팀(국제전략문제연구소와 카네기재단)은 6자회담이 북한판 CTR을 추진할 수 있는 적절한 틀이라고 강조한다. 이들은 북한에 CTR을 적용할 때 발생하는 재정적 비용을 분담해야 할 필요성이 있고, 6자회담 참가국들이 저마다 북한과의 교류협력의 경험이 갖고 있다는 점을 들고 있다. 아울러 북핵 문제 해결에 관심이 있고 기여할 의사를 갖고 있는 유럽연합의 참가도 고려할 수 있다는 점도 덧붙였다. 카네기재단의 로즈 고테뮐러 연구원 역시 북한판 CTR은 다자주의적 틀로 접근하는 것이 바람직하고, 특히 CTR에 따라 원자로 폐쇄 경험을 갖고 있는 카자흐스탄의 참여도 고려할 수 있다고 주장했다.[17]

셋째, 북한판 CTR에 소요되는 재원 마련의 다각화이다. CTR이 본격화되면 미국은 한국에게 상당한 비용을 요구할 가능성이 높다. 국제전략문제연구소와 카네기재단 연구팀도 미국은 기존의 CTR 경험을 바탕으로 기술적 지원에 집중하고 재정적 비용의 상당 부분은 한국이 부담해야 할 것이라고 주장했다. 그러나 한국은 이미 경수로 사업비의 70%를 부담한 바 있고, 북핵 문제 해결 과정에서 에너지 지원을 비롯한 재정 수요가 많으며, 북한의 재래식 군사력의 군축 추진 시 재정 부담이 예상되는 만큼 CTR 비용 부담은 가급적 최소화하는 것이 합리적이다. 이를 위해서는 6자

---

17) Rose Gottemoeller, "Cooperative Threat Reduction beyond Russia," *The Washington Quarterly*, Spring 2005.

회담 참가국들의 공평한 재정 부담을 요구하는 한편, G-8 정상회
담에서 창설된 '대량파괴무기·물질 확산 방지를 위한 글로벌 파
트너십'의 기금을 활용하는 방안도 생각할 수 있을 것이다.

끝으로 CTR을 북한에 적용할 때 환경 치유도 포함되어야 한다.
특히 북한의 흑연감속로와 재처리 시설 및 관련 장비들은 방사능
에 오염되어 있기 때문에 이 시설을 폐기할 때 각별한 주의가
필요하다.


## 4. 한국의 역할

북한에 적용할 수 있는 CTR 프로그램은 미국이 구소련 국가들
을 상대로 해 온 것과 크게 다르지 않다. 핵무기 등 무기화된
WMD의 폐기, WMD 물질의 안정적 관리와 폐기 및 북한 밖으로의
이전, WMD 시설의 폐기와 민수용으로의 전환, WMD 산업 종사자
의 재교육 및 재취업 등이다. 그러나 이러한 사업을 추진하기에
앞서 고려해야 할 사안이 있다.

CTR 프로그램을 북한에 적용하려 할 때 가장 중요한 문제는
CTR과 북핵 해결의 선후관계이다. 이는 북핵 문제가 미해결된
상태에서 CTR이 문제 해결에 어떤 기여를 할 수 있느냐는 질문과
연결되어 있다. 문제 해결의 기본 원칙을 담은 9·19 공동성명이
이행된다면 CTR의 적용 문제는 자연스럽게 부상할 수 있다.

여기서 중요한 것은 미국 정부와 의회를 설득할 수 있는 논리의
개발이다. 우선 한국의 국회와 민간 전문가 그룹이 CTR을 북한에
적용하는 방안에 관심을 갖고 이를 추진할 의사를 미국에 표명하

는 것 자체가 의미 있다. 한국이 CTR에 관심을 표명하는 것은 앞서 언급한 것처럼, '한국이 북한의 WMD 해결에 미온적이다'는 미국 내 인식을 불식시키고, CTR에 적극적인 미 의원과 싱크탱크에 동기를 부여할 수 있다. 이러한 맥락에서 국회는 북핵 문제가 해결 국면에 접어들면 한국도 CTR 법을 만들어 이를 지원할 의사가 있다는 점을 밝힐 필요가 있다.

구체적 수준에서 두 가지 일을 모색할 수 있을 것이다. 우선 넌-루거 프로그램의 주역들을 초청해 그들의 노하우를 듣고, 이를 북한에 적용시킬 수 있는 방안과 이를 위한 한국 국회와 미국 의회 사이의 협력 방안을 모색하는 것부터 시작할 수 있을 것이다. 나아가 북한판 CTR을 내실 있게 준비하기 위해서는 국회와 민간 전문가 그룹에 참여하는 연구팀 구성도 긴요하다. 미국이 구소련 국가들을 대상으로 비교적 성공적인 CTR 프로그램을 실행할 수 있었던 배경에는 민간 연구팀의 사전 연구를 바탕으로, 이들 연구팀과 의회 사이의 긴밀한 협력이 있었다. 이를 교훈 삼아 한국에서도 이와 비슷한 경로를 밟아 갈 수 있을 것이고, 그 출발점은 북한에 CTR을 적용하는 방안을 집중적으로 모색하는 연구팀 구성이라고 할 수 있다. 이 연구팀은 민간 및 국책연구기관의 전문가, 국회의원과 보좌관, 국회 전문위원 등을 주축으로 구성할 수 있을 것이다.

연구팀에서 할 수 있는 역할로는 미국 CTR에 대한 전문적 연구 및 한반도에서의 함의 도출, 미국 전문가들과의 연구 교류, 북한의 핵·생화학무기·탄도 미사일 프로그램에 대한 실태 분석, 북핵 동향 추적 및 CTR 적용 방안 연구, 정부와 국회의 역할 연구, 군축평화연구소 등 북한의 유관기관과의 교류 추진 등을 생각해 볼 수 있다. 아울러 한반도의 군비통제 및 군축에는 WMD 못지않게 재래식 군사력도 중요한 분야라는 점에서 CTR 프로그램을 재래식 군사력에도 적용하는 방안도 연구 대상에 포함시킬 수 있을 것이다. 또한 미국의 경험에 비춰 볼 때 연구팀이 구성되면 지속적으로 국회의원들과 네트워크를 갖는 것이 중요하다. 이는 연구성과를 법제화·정책화하는 데 반드시 필요한 요소이다.

이러한 접근법이 결실을 맺어 미국 의회로 하여금 북한판 CTR을 추진토록 한다면, 앞서 미국 전문가들이 주장한 것처럼 여러 가지 의의를 가질 수 있다. 무엇보다도 북한의 WMD 문제 해결을 지원할 프로그램을 법제화하면 미국 내 정치적 역학관계의 변화에 따른 불확실성을 최소화할 수 있다는 장점이 있다. 주지하듯 1994년 제네바 북미기본합의 체제가 원활히 이행되지 못한 중요한 이유 가운데 하나는, 북미기본합의 체결 직후 공화당이 상하원을 장악하면서 이 합의의 이행에 부정적 태도를 취한 데 있다. 또한 대북 강경의 부시 정부가 출범하면서 남북관계와 북미관계의 병행발전을 통한 한반도 평화 프로세스도 중단되고 말았다. 이러한 맥락에서 볼 때 북한의 WMD 위협 감소를 법제화하는 것은 미국 의회 구성의 변화 및 정부 권력의 교체 여부가 북한의 WMD 문제 해결에 미치는 영향을 줄일 수 있을 것이다.

# 결론

　김일성 북한 주석은 1990년대 초 미국과의 핵 갈등 시 "조선은 핵무기를 가지고 있지 않으며, 또 가져야 할 이유가 없다"고 공언했다. 그를 승계한 김정일 국방위원장은 2005년 "조선반도 비핵화 합의는 유효하며 김일성 주석의 유훈이다. 조선은 핵무기를 가져야 할 아무런 이유가 없다"고 천명했다.

　그러나 북한은 2006년 10월 9일 핵 실험을 감행하며 사실상 핵보유국이 되었다. 김일성 주석과 김정일 위원장의 세계적 기만의 결과일 수 있다. 기만이 아니라면 생존을 위한 북한 정권의 처절하고 무모한 도박일 수도 있다. 그러나 북한을 '악마'나 '범죄 정권'으로 취급하고 대안 없이 한동안 일체의 진지한 협상을 거부한 미국 부시 정권도 그 책임을 면할 수 없다.

　그 이유가 어떻든 북한의 핵 보유는 세계, 동북아, 미국, 한국에게 커다란 위협이 된다. 북한의 핵 보유는 보수당 집권 하의 일본을 자극하고 이는 한국과 대만에 영향을 미쳐 동북아에 이른바 핵 도미노 현상이 일어나게 할 가능성이 있다. 유럽과는 달리 기존의 정착된 다자간 안보협력제도나 기구가 부재한 이 지역에서의 핵 군비경쟁은 파멸적 전쟁으로 비화할 수 있다는 데 그 위험성이 있다. 아울러 북한의 핵무기나 핵 물질이 중동의 반미·반이스라엘 국가나 테러 단체로 이전될 수 있는 가능성은 그러한 위험을 크게 증폭시키게 될 것이다. 나아가 북한의 핵 보유가 철회되지 않으면 지난 수십 년 동안 핵무기 확산을 방지해 온 NPT 체제가 붕괴가 되어 세계적 평화와 안전이 심각하게 위협받을 수 있다. 미국으로서도 소위 '깡패국가'나 국제테러단체의 수중에 북한발 핵무기가 들어갈 수 있다는 개연성은 9.11의 악몽과 중첩되면서 국가안보전략의 최고의 우려와 위협이 될 것이고 국내 정치차원에서는 그 이상의 의미를 가지게 될 것이다.

한국노 크게 다르시는 않나. 물론 원론적인 관점에서 볼 때 핵무기는 억지용으로서 사용할 수 있는 무기는 아니다. 김정일 정권이 지난 십수 년간 북한 권력을 효과적으로 장악해 왔다는 점에서 이성적이고 계산적이라 할 때 미국의 대량 핵 보복을 초래할 북한의 선제 핵 공격은 북한이 상정할 수 있는 대안이 아닐 것이다. 그러나 지난 수백 년의 인류역사를 되돌아 볼 때 대규모 전쟁은 의도하지 않은 경우가 의도한 경우보다 훨씬 많다는 사실이 지적되어야 한다. 오인, 오해, 불신, 위기의식 등이 전쟁의 원인이 될수 있다는 것이다. 이것이 한반도에는 적용되지 않으리라는 보장은 당연히 없다. 이러한 면에서 북한의 핵 보유는 한국에게 지대한 잠재적 위협이 된다.

다른 한편 북한이 이판사판 핵무기를 사용할 수 있는 가능성도 제기될 수 있다. 미국 등이 북한에 대한 압박을 강화하여 생존이 위태롭다고 북한 정권이 판단하거나, 아니면 미국이 대북 선제공격을 감행하거나 그렇게 될 것이라 북한이 판단하는 경우 북한 핵무기의 사용이 배제될 수 없을 것이다. 물론 이러한 상황이 벌어지지 않도록 한국과 미국 등이 자제하고 안보환경을 적극적으로 관리해야겠지만, 한반도 핵전쟁의 개연성은 아무리 낮은 수준이라도 허용되어서는 안 될 것이다. 북한 핵은 군사적 불안과 긴장뿐만 아니라 정치적·심리적 위협과 경제적 손실을 동시에 야기한다. 아울러 남북 간 교류협력에 장애를 초래하여 민족경제공동체 등 한반도의 평화를 담보하고 평화통일을 추동하는 다양한 이니셔티브에 중대한 역작용을 한다는 점에서 '미래의 위협'을 구성한다.

결론은 세계가 북한의 핵을 합의에 의해 제거하도록 하는 일이다. 필자들은 이 책에서 세계 동북아 한반도의 평화와 안전을 도모한다는 문제의식에서 북핵의 역사를 체계적으로 조망하고 관련 국가들의 득실구조를 종합적으로 고려한 바탕 위에 일련의 북핵 해법을 제시했다. 이 해법의 행위주체는 한국이 될 수도 미국이 될 수도 또 북한이 될 수도 있다. 뿐만 아니라 관련국 모두의 시민사회도 일정한 역할을 할 수 있고, 또 하도록 격려되고 있다.

물론 이 책에서 제시된 해법이 북핵 문제와 관련된 모든 경우의 수를 포괄하는 것은 아니다. 그리고 그것은 이 책의 목적도 아니다. 다만 필자들이 중요하게 여기는 북핵 사안에 대해 합리적이고 공정한 게임의 룰을 제시하고 그것이 협상과정에서 탄력을 받을 수 있도록 논리적·경험적 정당성과 현실성을 확보하고 제공하고자 하는 것이다.

이 책의 핵심은 북핵의 과거 및 현재에 대한 이해와 분석과 해법 제시에 있다. 그리고 이러한 과정과 시도는 '북핵 이후'의 문제로 우리를 인도하는 역할을 한다. 누차 강조하지만, 북핵 이후는 북핵의 현재에 못지않게 중요하다. '북핵 이후'에 대해 주요 당사자인 북한과 미국의 입장 차이가 워낙 크다는 점, 그리고 북핵 이후의 쟁점이 북핵 해결 전 과정을 무효화하거나 대규모 갈등으로 역진할 수 있기 때문이다.

북핵 이후가 현 시점에서 특히 한국에게 중요한 것은 그것의 내용과 해법을 미리 이해하고 선제적으로 주도해야 할 필요성 때문이다. 수년 전 필자들 중 한 명은 1999년『한반도의 국제정치』를 펴내며 다음과 같은 서문을 썼다.

> 이러한 집필 목적은 우리의 음울했던 과거가 되풀이될 수 있다는 필자의 문제의식에서 출발한다. 돌이켜보건대 우리는 늘 국제정세에 어두웠다. 자신을 변화시키는 일을 두려워했다. 국제정치의 동학이 위협적으로 우리에게 다가왔을 때 비로소 우리는 때가 늦음을 탄식했다. 그러나 역설적이게도 실패는 역사의 교훈을 남긴다. …… 이제 문제는 우리를 능동적으로 변화시키는 일이다. 능동이라 함은 최적의 타이밍을 전제한다. 사전 예측에 기초한 준비에 따라 문제가 위협으로 전환되기 전에 최적의 순간을 포착하여 적극적 조정을 '감행'해야 하는 것이다.[1]

이것은 현재에도 유효하다. 사실 한국은 북핵 문제만 하더라도 적어도 현재까지는 선제적 의제설정 능력을 보여 주지 못했다.

---

[1] 박건영,『한반도의 국제정치』, 오름, 1999.

국가적 능력 부족 탓도 있겠지만, 역사, 이론, 정책력, 예측력, 기동성을 동시에 확보한 의사수렴 및 의사결정 과정이 확보되지 못했던 점도 명확히 지적되어야 할 것이다. 필자들은 이 책이 북한 문제 또는 한반도 문제의 평화적 해결을 위한 하나의 선제적 의제설정이라 간주하면서, 경쟁적 관점과 해법이 건설적으로 산출되는 데 그리고 한반도와 세계의 평화와 번영에 기여할 수 있기를 바란다.

# 한반도의 비핵화에 관한 공동선언

- 1992년 1월 20일 서명, 2월 19일 발효

남과 북은 한반도를 비핵화함으로써 핵전쟁 위험을 제거하고 우리나라의 평화와 평화통일에 유리한 조건과 환경을 조성하며 아시아와 세계의 평화와 안전에 이바지하기 위하여 다음과 같이 선언한다.

1. 남과 북은 핵무기의 시험, 제조, 생산, 접수, 보유, 저장, 배비, 사용을 하지 아니한다.
2. 남과 북은 핵에너지를 오직 평화적 목적에만 이용한다.
3. 남과 북은 핵 재처리 시설과 우라늄 농축시설을 보유하지 아니한다.
4. 남과 북은 한반도의 비핵화를 검증하기 위하여 상대측이 선정하고 쌍방이 합의하는 대상들에 대하여 남북 핵통제공동위원회가 규정하는 절차와 방법으로 사찰을 실시한다.
5. 남과 북은 이 공동선언의 이행을 위하여 공동선언이 발효된 후 1개월 동안 남북핵통제공동위원회를 구성·운영한다.
6. 이 공동선언은 남과 북이 각기 발효에 필요한 절차를 거쳐 그 문본을 교환한 날부터 효력을 발생한다.

1992년 1월 20일

남북 고위급 회담 남측대표단 수석대표 대한민국 국무총리 정원식

북남 고위급 회담 북측대표단 단장 조선민주주의인민공화국 정무원 총리

연형묵

# The Joint Declaration of the Denuclearization of the Korean Peninsula

Signed at Seoul and Pyongyang on January 20, 1992

Entered into force on February 19, 1992

The South and the North,

Desiring to eliminate the danger of nuclear war through denuclearization of the Korean peninsula, and thus create an environment and conditions favorable for peace and peaceful unification of our country and contribute to peace and security in Asia and the world.

Declare as follows:

1. The South and the North shall not test, manufacture, produce, receive, possess, store, deploy or use nuclear weapons.

2. The South and the North shall use nuclear energy solely for peaceful purposes.

3. The South and the North shall not possess nuclear reprocessing and uranium enrichment facilities.

4. The South and the North, in order to verify the denuclearization of the Korean peninsula, shall conduct inspection of the objects selected by the other side and agreed upon between the two sides, in accordance with procedures and methods to be determined by the South-North Joint Nuclear Control Commission.

5. The South and the North, in order to implement this joint declaration, shall establish and operate a South-North Joint Nuclear Control Commission within one (1) month of the effectuation of this joint declaration.

6. This Joint Declaration shall enter into force as of the day the two sides exchange appropriate instruments following the completion of their respective procedures for bringing it into effect.

# 제네바 북미기본합의문

－1994년 10월 21일

미합중국(이하 미국으로 호칭) 대표단과 조선민주주의인민공화국(이하 북한으로 호칭) 대표단은 1994년 9월 23일부터 10월 21일까지 제네바에서 한반도 핵 문제의 전반적 해결을 위한 협상을 가졌다.

양측은 비핵화된 한반도의 평화와 안전을 확보하기 위해서는 1994. 8. 12. 미국과 북한 간의 합의 발표문에 포함된 목표의 달성과 1993. 6. 11. 미국과 북한간 공동발표문 상의 원칙과 준수가 중요함을 재확인했다.

양측은 핵 문제 해결을 위해 다음과 같은 조치들을 취하기로 결정했다.

1. 양측은 북한의 흑연감속 원자로 및 관련시설을 경수로 원자로발전소로 대체하기 위해 협력한다.

   1) 미국 대통령의 1994. 10. 20.자 보장서한에 의거하여 미국은 2003년을 목표시한으로 총 발전용량 약 2,000MWe의 경수로를 북한에 제공하기 위한 조치를 주선할 책임을 진다.

   - 미국은 북한에 제공할 경수로의 재정조달 및 공급을 담당할 국제 컨소시엄을 미국의 주도하에 구성한다. 미국은 동 국제 컨소시엄을 대표하여 경수로사업을 위한 북한과의 주접촉선 역할을 수행한다.

   - 미국은 국제 컨소시엄을 대표하여 본 합의문 서명 후 6개월 내에 북한과 경수로 제공을 위한 공급 계약을 체결할 수 있도록 최선의 노력을 경주한다. 계약 관련 협의는 본 합의문 서명 후 가능한 조속한 시일 내 개시한다.

   - 필요한 경우 미국과 북한은 핵에너지의 평화적 이용 분야에 있어

서의 협력을 위한 양자협정을 체결한다.

2) 1994. 10. 20.자 대체에너지 제공 관련 미국의 보장서한에 의거 미국
은 국제 컨소시엄을 대표하여 북한의 흑염감속원자로 동결에 따라
상실될 에너지를 첫 번째 경수로 완공 시까지 보전하기 위한 조치
를 주선한다.

- 대체에너지는 난방과 전력생산을 위해 중유로 공급된다.

- 중유의 공급은 본 합의문 서명 후 3개월 내 개시되고 양측 간
합의된 공급일정에 따라 연간 50만 톤 규모까지 공급된다.

3) 경수로 및 대체에너지 제공에 대한 보장서한 접수 즉시 북한은 흑연
감속원자로 및 관련 시설을 동결하고 궁극적으로 이를 해체한다.

- 북한의 흑연감속원자로 및 관련 시설의 동결은 본 합의문서 후
1개월 내 완전 이행된다. 동 1개월 동안 및 전체 동결기간 중 IAEA가
이러한 동결 상태를 감시하는 것이 허용되며, 이를 위해 북한은
IAEA에 대해 전적인 협력을 제공한다.

- 북한의 흑연감속원자로 및 관련 시설의 해체는 경수로사업이 완료
될 때 완료된다.

- 미국과 북한은 5MWe 실험용 원자로에서 추출된 사용후 연료봉을
경수로 건설기간 동안 안전하게 보관하고 북한 내에서 재처리하지
않는 안전한 방법으로 동 연료가 처리될 수 있는 방안을 강구하기
위해 상호 협력한다.

4) 본 합의 후 가능한 조속한 시일 내에 미국과 북한의 전문가들은
두 종류의 전문가 협의를 가진다.

- 한쪽의 협의에서 전문가들은 대체에너지와 흑연감속원자로의 경
수로로의 대체와 관련된 문제를 협의한다.

- 다른 한쪽의 협의에서 전문가들은 사용후 연료 보관 및 궁극적
처리를 위한 구체적 조치를 협의한다.

2. 양측은 정치적, 경제적 관계의 완전 정상화를 추구한다.

1) 합의 후 3개월 내 양측은 통신 및 금융거래에 대한 제한을 포함한
무역 및 투자 제한을 완화시켜 나아간다.

2) 양측은 전문가급 협의를 통해 영사 및 여타 기술적 문제가 해결된 후에 쌍방의 수도에 연락사무소를 개설한다.

3) 미국과 북한은 상호 관심사항에 대한 진전이 이루어짐에 따라 양국 관계를 대사급으로까지 격상시켜 나아간다.

3. 양측은 핵이 없는 한반도의 평화와 안전을 위해 함께 노력한다.

1) 미국은 북한에 대한 핵무기 불위협 또는 불사용에 관한 공식 보장을 제공한다.

2) 북한은 한반도 비핵화 공동선언을 이행하기 위한 조치를 일관성 있게 취한다.

3) 본 합의문이 대화를 촉진하는 분위기를 조성해 나아가는 데 도움을 줄 것이기 때문에 북한은 남북대화에 착수한다.

4. 양측은 국제적 핵비확산 체제 강화를 위해 함께 노력한다.

1) 북한은 핵비확산조약(NPT) 당사국으로 잔류하며 동 조약상의 안전조치협정 이행을 허용한다.

2) 경수로 제공을 위한 계약 체결 즉시 동결 대상이 아닌 시설에 대하여 북한과 IAEA간 안전조치 협정에 따라 임시 및 일반사찰이 재개된다. 경수로 공급계약 체결시까지 안전조치의 연속성을 위해 IAEA가 요청하는 사찰은 동결 대상이 아닌 시설에서 계속된다.

3) 경수로사업의 상당 부분이 완료될 때, 그러나 주요 핵심 부품의 인도 이전에 북한은 북한내 모든 핵 물질에 관한 최초보고서의 정확성과 완전성을 검증하는 것과 관련하여 IAEA와의 협의를 거쳐 IAEA가 필요하다고 판단하는 모든 조치를 취하 는 것을 포함하여 IAEA 안전조치협정(INFCIRC/403)을 완전히 이행한다.


조선민주주의 인민공화국 수석대표 조선민주주의인민공화국 외교부
제1부부장 강석주
미합중국 수석대표 미합중국 본부대사 로버트 갈루치

**AGREED FRAMEWORK BETWEEN THE UNITED STATES OF AMERICA**

Geneva, October 21, 1994

Delegations of the governments of the United States of America(U.S.) and the Democratic People's Republic of Korea(DPRK) held talks in Geneva from September 23 to October 21, 1994, to negotiate an overall resolution of the nuclear issue on the Korean Peninsula.

Both sides reaffirmed the importance of attaining the objectives contained in the August 12, 1994 Agreed Statement between the U.S. and the DPRK and upholding the principles of the June 11, 1993 Joint Statement of the U.S. and the DPRK to achieve peace and security on a nuclear-free Korean peninsula. The U.S. and the DPRK decided to take the following actions for the resolution of the nuclear issue:

I. Both sides will cooperate to replace the DPRK's graphite-moderated reactors and related facilities with light-water reactor (LWR) power plants.

　1) In accordance with the October 20, 1994 letter of assurance from the U.S. President, the U.S. will undertake to make arrangements for the provision to the DPRK of a LWR project with a total generating capacity of approximately 2,000 MW(e) by a target date of 2003.

　The U.S. will organize under its leadership an international consortium to finance and supply the LWR project to be provided to the DPRK. The U.S., representing the international consortium, will serve as the principal point of contact with the DPRK for the LWR project.

The U.S., representing the consortium, will make best efforts to secure the conclusion of a supply contract with the DPRK within six months of the date of this Document for the provision of the LWR project. Contract talks will begin as soon as possible after the date of this Document.

As necessary, the U.S. and the DPRK will conclude a bilateral agreement for cooperation in the field of peaceful uses of nuclear energy.

2) In accordance with the October 20, 1994 letter of assurance from the U.S. President, the U.S., representing the consortium, will make arrangements to offset the energy foregone due to the freeze of the DPRK's graphite-moderated reactors and related facilities, pending completion of the first LWR unit.

Alternative energy will be provided in the form of heavy oil for heating and electricity production.

Deliveries of heavy oil will begin within three months of the date of this Document and will reach a rate of 500,000 tons annually, in accordance with an agreed schedule of deliveries.

3) Upon receipt of U.S. assurances for the provision of LWR's and for arrangements for interim energy alternatives, the DPRK will freeze its graphite-moderated reactors and related facilities and will eventually dismantle these reactors and related facilities.

The freeze on the DPRK's graphite-moderated reactors and related facilities will be fully implemented within one month of the date of this Document. During this one-month period, and throughout the freeze, the International Atomic Energy Agency (IAEA) will be allowed to monitor this freeze, and the DPRK will provide full cooperation to the IAEA for this purpose.

Dismantlement of the DPRK's graphite-moderated reactors and related facilities will be completed when the LWR project is completed.

The U.S. and the DPRK will cooperate in finding a method to store safely the spent fuel from the 5 MW(e) experimental reactor during the construction of the LWR project, and to dispose of the fuel in a safe manner that does not involve reprocessing in the DPRK.

4) As soon as possible after the date of this document U.S. and DPRK experts will hold two sets of experts talks.

At one set of talks, experts will discuss issues related to alternative energy and the replacement of the graphite-moderated reactor program with the LWR project. At the other set of talks, experts will discuss specific arrangements for spent fuel storage and ultimate disposition.

II. The two sides will move toward full normalization of political and economic relations.

1) Within three months of the date of this Document, both sides will reduce barriers to trade and investment, including restrictions on telecommunications services and financial transactions.

2) Each side will open a liaison office in the other's capital following resolution of consular and

other technical issues through expert level discussions.

3) As progress is made on issues of concern to each side, the U.S. and the DPRK will upgrade bilateral relations to the Ambassadorial level.

III. Both sides will work together for peace and security on a nuclear-free Korean peninsula.

1) The U.S. will provide formal assurances to the DPRK, against the threat or use of nuclear weapons by the U.S.

2) The DPRK will consistently take steps to implement the North-South Joint Declaration on the Denuclearization of the Korean Peninsula.

3) The DPRK will engage in North-South dialogue, as this Agreed Framework will help create an atmosphere that promotes such dialogue.

IV. Both sides will work together to strengthen the international nuclear non proliferation regime.

1) The DPRK will remain a party to the Treaty on the Non-Proliferation of Nuclear Weapons (NPT) and will allow implementation of its safeguards agreement under

the Treaty.

2) Upon conclusion of the supply contract for the provision of the LWR project, ad hoc and routine inspections will resume under the DPRK's safeguards agreement with the IAEA with respect to the facilities not subject to the freeze. Pending conclusion of the supply contract, inspections required by the IAEA for the continuity of safeguards will continue at the facilities not subject to the freeze.

3) When a significant portion of the LWR project is completed, but before delivery of key nuclear components, the DPRK will come into full compliance with its safeguards agreement with the IAEA (INFCIRC/403), including taking all steps that may be deemed necessary by the IAEA, following consultations with the Agency with regard to verifying the accuracy and completeness of the DPRK's initial report on all nuclear material in the DPRK.


Robert L. Gallucci

Head of Delegation of the United States of America, Ambassador at Large of the United States of America


Kang Sok Ju

Head of the Delegation of the Democratic People's Republic of Korea, First Vice-Minister of Foreign Affairs of the Democratic People's Republic of Korea

# 제네바 북미기본합의문 비공개 양해각서

미국과 북한 간의 '합의의 틀'과 관련하여 쌍방은 이 합의의 틀에 담겨진 사항들의 이행에 참고하기 위하여 다음과 같은 양해사항과 정의에 합의했다.

1. 경수로사업은 각기 약 1,000㎽/E의 발전용량을 갖는 2기의 원자로로 구성된다. 제2호 원자로의 준공은 제1호 원자로의 준공 후 약 1년 내지 2년 안에 이루어지는 것을 양해한다.
2. 미국 기업이 핵심 부품을 공급하는 경우에는 미국과 북한은 그러한 부품의 공급이 이루어지기 전에 평화적 핵협력을 위한 쌍무협정을 체결하기로 한다. 그 같은 협정은 경수로사업의 상당한 부분이 이행되기 전에는 이루어지지 않을 것이다.
3. 북한의 흑연감속로와 관련 설비의 동결조치에는 다음의 사항들이 포함된다.
   - 5㎽/E급 시험용 원자로의 연료 재장전 및 가동금지
   - 50㎽/E 및 200㎽/E급 원자로의 건설 중지
   - (사용후 연료의) 재처리 금지
   - '방사화학실험실'의 봉인 및 가동 중지
   - (핵)연료의 가공공장의 가동 중지
4. 북한은 더 이상의 흑연감속형 원자로와 관련 설비를 일체 건설하지 않는다.
5. 이 합의문 서명 후 첫해 중 중유(발전 및 난방용)의 대북한 공급 스케줄은 다음과 같이 합의한다.
   - 3개월 이내 5만

---

* 이 문서는 이동복 명지대 교수가 1995년 워싱턴에서 입수한 것을 1999년 「통일의 숲길을 열어가며」(『삶과꿈』, 1999)라는 제목의 글에서 공개한 것이다.

- 3개월 이후 1년 이내: 추가로 10만t

- 그 뒤 매년 50만t

6. '합의의 틀'에 명시된 대로 경수로의 상당 부분이 완성되었을 때 북한은 북한 내에 있는 모든 핵 물질에 관한 북한의 최초보고의 정확성과 완전성을 검증하기위해 국제원자력기구(IAEA)에 IAEA가 필요하다고 판단하는 추가적인 장소와 정보에의 접근을 허용하는 것을 포함해 안전조치협정을 전면적으로 이행하기로 한다.

7. 이 양해각서와 '합의의 틀'에 언급된 '경수로사업의 상당 부분'은 다음과 같이 해석하기로 한다.

   1) 경수로사업을 위한 계약의 체결

   2) 경수로 부지의 준비와 굴착의 완료와 경수로사업용 건설을 지원하기 위한 설비 준비의 완료

   3) 선정된 경수로 부지에 건설할 공장의 최초 설계도면 완성

   4) 사업세획과 일정에 의거한 제1호 원자로의 주요 부품의 확징과 가공

   5) 사업 계획과 일정에 의거한 터빈과 발전기를 포함한 제1호 원자로용 비핵 주요부품의 인도

   6) 사업계획과 일정에 정해진 진도에 따른 제1호 원자로용 터빈 수용 건물 및 부속 건물의 완공

   7) 핵 증기공급 시스템용 부품 공급이 시작될 수 있을 단계까지의 제1호 원자로의 원자로용 건물과 그 부속건물의 완공

   8) 사업계획과 일정에 따른 제2호 원자로의 토목공사와 부품의 가공 및 인도

8. 제1호 원자로가 완공되면 북한은 동결상태의 흑연감속로와 관련 설비들의 해체에 착수하며 그 같은 해체작업은 제2호 원자로가 준공될 때 완료하기로 한다. 북한의 동결된 흑연감속로와 관련 설비의 해체는 그 설비의 해체나 파괴를 통하여 그 부품과 장비들이 더 이상 사용될 수 없도록 하는 것을 의미한다.

9. 제1호 원자로의 주요 핵심 부품의 인도가 시작되면 북한으로부터의

사용후 연료의 최종처리를 위한 국외 반출을 개시하여 제1호 원자로
가 준공될 때 완료하기로 한다. 미국과의 협의를 거쳐 기술적 및 안전
상의 고려가 요구되는 기간 안에 북한은 최종적 국외반출을 가능하
게 할 사용후 연료 보관방법을 결정하고 이를 이행하기로 한다.

10. 이 양해각서와 '합의의 틀'에서 언급되는 '주요 핵심 부품'은 핵공급
   그룹(NUCLEAR SUPPLIERS GROUP)의 수출통제제품목(EXPORT TRIGGER
   LIST)에 의하여 통제되는 부품을 의미하는 것으로 한다.

# 북미 공동 코뮤니케

- 2000년 10월 12일

조선민주주의인민공화국 국방위원회 김정일 위원장의 특사인 국방위원회 제1부위원장 조명록 차수가 2000년 10월9일부터 12일까지 미합중국을 방문했다.

방문 기간 국방위원회 김정일 위원장께서 보내시는 친서와 조미관계에 대한 그이의 의사를 조명록 특사가 미합중국 빌 클린턴 대통령에게 직접 전달했다. 조명록 특사와 일행은 매들린 올브라이트 국무장관과 윌리엄 코언 국방장관을 비롯한 미 행정부의 고위관리들을 만나 공동의 관심사로 되는 문제들에 대하여 폭넓은 의견교환을 진행했다.

쌍방은 조선민주주의인민공화국과 미합중국 사이의 관계를 전면적으로 개선시킬 수 있는 새로운 기회들이 조성된 데 대하여 심도 있게 검토했다. 회담들은 진지하고 건설적이며 실무적인 분위기 속에서 진행되었으며 이 과정을 통하여 서로의 관심사들에 대하여 더 잘 이해할 수 있게 되었다.

조선민주주의인민공화국과 미합중국은 역사적인 북남 최고위급 상봉에 의하여 한반도의 환경이 변화되었다는 것을 인정하면서 아시아-태평양지역의 평화와 안정을 강화하는 데 이롭게 두 나라 사이의 쌍무관계를 근본적으로 개선하는 조치들을 취하기로 결정했다.

이와 관련하여 쌍방은 한반도에서 긴장상태를 완화하고 1953년의 정전협정을 공고한 평화보장체계로 바꾸어 한국전쟁을 공식 종식시키는 데 4자회담 등 여러 가지 방도들이 있다는 데 대하여 견해를 같이했다.

조선민주주의인민공화국 측과 미합중국 측은 관계를 개선하는 것이 국가들 사이의 관계에서 자연스러운 목표로 되며 관계개선이 21세기에 두 나라 인민들에게 다 같이 이익으로 되는 동시에 한반도와 아시아-태평양지역의 평화와 안전도 보장하게 될 것이라고 인정하면서 쌍무관계에서 새로운 방약을 취할 용의가 있다고 선언했다.

첫 중대조치로서 쌍방은 그 어느 정부도 타방에 대하여 적대적 의사를 가지지 않을 것이라고 선언하고 앞으로 과거의 적대감에서 벗어난 새로운 관계를 수립하기 위하여 모든 노력을 다할 것이라는 공약을 확언했다. 쌍방은 1993년 6월 11일부 조미 공동성명에 지적되고 1994년 10월21 일부 기본합의문에서 재확인된 원칙들에 기초하여 불신을 해소하고 호상신뢰를 이룩하며 주의 관심사들을 건설적으로 다루어 나갈 수 있는 분위기를 유지하기 위하여 노력하기로 합의했다.

이와 관련하여 쌍방은 두 나라 사이의 관계가 자주권에 대한 호상존중과 내정불간섭의 원칙에 기초하여야 한다는 것을 재확인하면서 쌍무적 및 다무적 공간을 통한 외교적 접촉을 정상적으로 유지하는 것이 유익하다는 데 대하여 유의했다.

쌍방은 호혜적인 경제협조와 교류를 발전시키기 위하여 협력하기로 합의했다. 쌍방은 두 나라 인민들에게 유익하고 동북아시아 전반에서의 경제적 협조를 확대하는 데 유리한 환경을 마련하는 데 기여하게 될 무역 및 상업 가능성들을 담보하기 위하여 가까운 시일 안에 경제무역 전문가들의 호상방문을 실현하는 문제를 토의했다.

쌍방은 미사일 문제의 해결이 조미관계에 근본적인 개선과 아시아·태평양지역에서의 평화와 안정에 중요한 기여를 할 것이라는 데 대하여 견해를 같이했다. 조선민주주의인민공화국 측은 새로운 관계 구축을 위한 또 하나의 노력으로 미사일 문제와 관련한 회담이 계속되는 동안에는 모든 장거리 미사일을 발사하지 않을 것이라는 데 대하여 미국 측에 통보했다.

조선민주주의인민공화국과 미합중국은 기본합의문에 따르는 자기들의 의무를 완전히 이행하기 위한 공약과 노력을 배가할 것을 확약하면서 이렇게 하는 것이 한반도의 비핵평화와 안정을 이룩하는 데 중요하다는 것을 굳게 확언했다.

이를 위하여 쌍방은 기본합의문에 따르는 의무이행을 보다 명백히 하는 데 관하여 견해를 같이했다.

이와 관련하여 쌍방은 금창리 지하시설에 대한 접근이 미국의 우려를 해소하는 데 유익했다는 데 대하여 유의했다.

쌍방은 최근년간 공동의 관심사로 되는 인도주의 분야에서 협조사업이 시작되었다는 데 대하여 유의했다.

조선민주주의인민공화국 측은 미합중국이 식량 및 의약품 지원 분야에서 조선민주주의인민공화국에 인도주의적 수요를 충족시키는 데 의의 있는 기여를 한 데 대하여 사의를 표했다.

미합중국 측은 조선민주주의인민공화국이 한국전쟁시기 실종된 미군병사들의 유골을 발굴하는 데 협조하여 준 데 대하여 사의를 표했으며 쌍방은 실종자들의 행처를 가능한 최대로 조사 확인하는 사업을 신속히 전진시키기 위하여 노력하기로 합의했다.

쌍방은 이상 문제들과 기타 인도주의 문제들을 토의하기 위한 접촉을 계속하기로 합의했다.

쌍방은 2000년 10월 6일 공동성명에 지적된 바와 같이 테러를 반대하는 국제적 노력을 고무하기로 합의했다.

조명록 특사는 역사적인 북남 최고급 상봉결과를 비롯하여 최근 몇 개월 사이에 북남 대화 상황에 대하여 미국 측에 통보했다. 미합중국 측은 현행 북남 대화의 계속적인 전진과 성과 그리고 안보대화의 강화를 포함한 북남 사이의 화해와 협조를 강화하기 위한 발기들의 실현을 위하여 모든 적절한 방법으로 협조할 자기의 확고한 공약을 표명했다. 조명록 특사는 클린턴 대통령과 미국 인민이 방문기간 따뜻한 환대를 베풀어 준 데 대하여 사의를 표했다.

조선민주주의인민공화국 국방위원회 김정일 위원장께 윌리엄 클린턴 대통령의 의사를 직접 전달하며 미합중국 대통령의 방문을 준비하기 위하여 매들린 올브라이트 국무장관이 가까운 시일에 조선민주주의인민공화국을 방문하기로 합의했다.

2000년 10월12일 워싱턴

# U.S.-D.P.R.K. Joint Communique

Released by the Office of the Spokesman, U.S. Department of State, October 12, 2000

As the special envoy of Chairman Kim Jong Il of the D.P.R.K. National Defense Commission, the First Vice Chairman, Vice Marshal Jo Myong Rok, visited the United States of America from October 9-12, 2000.

During his visit, Special Envoy Jo Myong Rok delivered a letter from National Defense Commission Chairman Kim Jong Il, as well as his views on U.S.-D.P.R.K. relations, directly to U.S. President William Clinton. Special Envoy Jo Myong Rok and his party also met with senior officials of the U.S. Administration, including his host Secretary of State Madeleine Albright and Secretary of Defense William Cohen, for an extensive exchange of views on issues of common concern. They reviewed in depth the new opportunities that have opened up for improving the full range of relations between the United States of America and the Democratic People's Republic of Korea. The meetings proceeded in a serious, constructive, and businesslike atmosphere, allowing each side to gain a better understanding of the other's concerns.

Recognizing the changed circumstances on the Korean Peninsula created by the historic inter-Korean summit, the United States and the Democratic People's Republic of Korea have decided to take steps to fundamentally improve their bilateral relations in the interests of enhancing peace and security in the Asia-Pacific region. In this regard, the two sides agreed there are a variety of available means, including Four Party talks, to reduce tension on the Korean Peninsula and formally end the Korean War by replacing the 1953 Armistice Agreement with permanent peace arrangements.

Recognizing that improving ties is a natural goal in relations among states and that better relations would benefit both nations in the 21st century while helping ensure peace and security on the Korean Peninsula and in the Asia-Pacific region, the U.S. and the D.P.R.K. sides stated that they are prepared to undertake a new direction in their relations. As a crucial first step, the two sides stated that neither government would have hostile intent toward the other and confirmed the commitment of both governments to make every effort in the future to build a new relationship free from past enmity.

Building on the principles laid out in the June 11, 1993 U.S.-D.P.R.K. Joint Statement and reaffirmed in the October 21, 1994 Agreed Framework, the two sides agreed to work to remove mistrust, build mutual confidence, and maintain an atmosphere in which they can deal constructively with issues of central concern. In this regard, the two sides reaffirmed that their relations should be based on the principles of respect for each other's sovereignty and non-interference in each other's internal affairs, and noted the value of regular diplomatic contacts, bilaterally and in broader fora.

The two sides agreed to work together to develop mutually beneficial economic cooperation and exchanges. To explore the possibilities for trade and commerce that will benefit the peoples of both countries and contribute to an environment conducive to greater economic cooperation throughout Northeast Asia, the two sides discussed an exchange of visits by economic and trade experts at an early date.

The two sides agreed that resolution of the missile issue would make an essential contribution to a fundamentally improved relationship between them and to peace and security in the Asia-Pacific region. To further the efforts to build new relations, the D.P.R.K. informed the U.S. that it will not launch long-range missiles of any kind while talks on the missile issue continue.

Pledging to redouble their commitment and their efforts to fulfill their respective obligations in their entirety under the Agreed Framework, the US and the D.P.R.K. strongly affirmed its importance to achieving peace and security on a nuclear weapons free Korean Peninsula. To this end, the two sides agreed on the desirability of greater transparency in carrying out their respective obligations under the Agreed Framework. In this regard, they noted the value of the access which removed U.S. concerns about the underground site at Kumchang-ri.

The two sides noted that in recent years they have begun to work cooperatively in areas of common humanitarian concern. The D.P.R.K. side expressed appreciation for significant U.S. contributions to its humanitarian needs in areas of food and medical assistance. The U.S. side expressed appreciation for D.P.R.K. cooperation in recovering the remains of U.S. servicemen still missing from the Korean War, and both sides agreed to work for rapid progress for the fullest possible accounting. The two sides will continue to meet to discuss these and other humanitarian issues.

As set forth in their Joint Statement of October 6, 2000, the two sides agreed to support and encourage international efforts against terrorism.

Special Envoy Jo Myong Rok explained to the US side developments in the inter-Korean dialogue in recent months, including the results of the historic North-South summit. The U.S. side expressed its firm commitment to assist in all appropriate ways the continued progress and success of ongoing North-South dialogue and initiatives for reconciliation and greater cooperation, including increased security dialogue.

Special Envoy Jo Myong Rok expressed his appreciation to President Clinton and the American people for their warm hospitality during the visit.

It was agreed that Secretary of State Madeleine Albright will visit the D.P.R.K. in the near future to convey the views of U.S. President William Clinton directly to Chairman Kim Jong Il of the D.P.R.K. National Defense Commission and to prepare for a possible visit by the President of the United States.

# 북·일 평양선언 전문

— 2002년 9월 18일

　조선민주주의인민공화국 김정일 국방위원장과 일본국 고이즈미 준이치로 총리대신은 2002년 9월 17일 평양에서 상봉하고 회담을 진행했다.
　두 수뇌들은 조일 사이의 불미스런 과거를 청산하고 현안 사항을 해결하며 결실 있는 정치 경제 문화적 관계를 수립하는 것이 쌍방의 기본 이익에 부합되며 지역의 평화와 안정에 크게 기여한다는 인식을 확인했다.

1. 쌍방은 국교정상화를 빠른 시일 안에 실현시키기 위해 모든 노력을 기울이기로 했으며 이를 위해 2002년 10월 중에 조일 국교정상화 회담을 재개키로 했다. 쌍방은 상호 신뢰 관계에 기초해 국교 정상화를 실현하는 과정에도 조일 사이에 존재하는 제반 문제들에 성의 있게 임하려는 강한 결의를 표명했다.

2. 일본 측은 과거 식민지 지배로 인하여 조선 인민에게 다대한 손해와 고통을 준 역사적 사실을 겸허하게 받아들이며 통절한 반성과 마음속으로부터의 사죄의 뜻을 표명했다.
　쌍방은 일본 측이 조선 측에 대하여 국교 정상화 후 쌍방이 적절하다고 간주하는 기간에 걸쳐 무상자금 협력, 저이자 장기차관 제공 및 국제기구를 통한 인도주의적 지원 등의 경제협력을 실시하며 또한 민간경제 활동을 지원하는 견지에서 일본 국제협력은행 등에 의한 융자, 신용대부 등이 실시되는 것이 이 선언의 정신에 부합된다는 기본 인식 밑에 국교 정상화 회담에서 경제협력의 구체적인 규모와 내용을 성실히 협의하기로 했다.
　쌍방은 국교 정상화를 실현하는 데 있어 1945년 8월 15일 이전에 발생한 과거사에 기초한 두 나라 및 두 나라 인민의 모든 재산 및 청구권을 서로 포기하는 기본원칙에 따라 국교 정상화 회담에서 이에 대해 구체적으로 협의키로 했다.

쌍방은 재일조선인들의 지위 문제와 문화재 문제에 대해 국교 정상화 회담에서 성실히 협의하기로 했다.

3. 쌍방은 국제법을 준수하며 서로의 안전을 위협하는 행동을 하지 않겠다는 것을 확인했다. 또한 일본 국민의 생명 및 안전과 관련된 현안 문제에 대하여 조선민주주의인민공화국 측은 조일 두 나라의 비정상적 관계 속에서 발생한 이러한 유감스러운 문제가 앞으로 다시 발생하지 않도록 적절한 조치를 취할 것을 확인했다.

4. 쌍방은 동북아시아 지역의 평화와 안정을 유지 강화하기 위하여 호상 협력해 나갈 것을 확인했다. 쌍방은 이 지역의 유관국들 사이에 상호 신뢰에 기초하는 협력관계 구축의 중요성을 확인하며 이 지역의 유관국들 사이의 관계가 정상화되는 데 따라 지역의 신뢰 조성을 도모하기 위한 틀거리를 준비해 나가는 것이 중요하다는 데 대해 인식을 같이 했다.

쌍방은 조선반도 핵 문제의 포괄적인 해결을 위하여 해당한 모든 국제적 합의들을 준수할 것을 확인했다. 또한 쌍방은 핵 및 미사일 문제를 포함한 안전보장상의 제반 문제와 관련해 유관국들 사이의 대화를 촉진하여 문제 해결을 도모해야 할 필요성을 확인했다. 조선민주주의인민공화국 측은 이 선언의 정신에 따라 미사일 발사의 보류를 2003년 이후 더 연장할 의향을 표명했다.


조선민주주의인민공화국 국방위원회 위원장 김정일
일본국 총리대신 고이즈미 준이치로

2002.9.17 평양

## Japan-DPRK Pyongyang Declaration

Japanese Prime Minister Junichiro Koizumi and Chairman Kim Jong-Il of the DPRK National Defense Commission met and had talks in Pyongyang on September 17, 2002. Both leaders confirmed the shared recognition that establishing a fruitful political, economic and cultural relationship between Japan and the DPRK through the settlement of unfortunate past between them and the outstanding issues of concern would be consistent with the fundamental interests of both sides, and would greatly contribute to the peace and stability of the region.

1. Both sides determined that, pursuant to the spirit and basic principles laid out in this Declaration, they would make every possible effort for an early normalization of the relations, and decided that they would resume the Japan DPRK normalization talks in October 2002.

   Both sides expressed their strong determination that they would sincerely tackle outstanding problems between Japan and the DPRK based upon their mutual trust in the course of achieving the normalization.

2. The Japanese side regards, in a spirit of humility, the facts of history that Japan caused tremendous damage and suffering to the people of Korea through its colonial rule in the past, and expressed deep remorse and heartfelt apology.

   Both sides shared the recognition that, providing economic co-operation after the normalization by the Japanese side to the DPRK side, including grant aids, long-term loans with low interest rates and such assistances as humanitarian assistance through international organizations, over a period of time deemed appropriate by both sides, and providing other loans and credits by such financial institutions as the Japan Bank for International Co-operation with a view to supporting private economic activities, would be consistent with the spirit of this Declaration, and decided that they would sincerely discuss the specific scales and contents of the economic co-operation in the normalization talks.

   Both sides, pursuant to the basic principle that when the bilateral relationship is normalized both Japan and the DPRK would mutually waive all their property and claims and those of their nationals that had arisen from causes which occurred before August 15, 1945, decided that they would discuss this issue of property and claims concretely in the normalization talks.

Both sides decided that they would sincerely discuss the issue of the status of Korean residents in Japan and the issue of cultural property.

3. Both sides confirmed that they would comply with international law and would not commit conducts threatening the security of the other side. With respect to the outstanding issues of concern related to the lives and security of Japanese nationals, the DPRK side confirmed that it would take appropriate measures so that these regrettable incidents, that took place under the abnormal bilateral relationship, would never happen in the future.

4. Both sides confirmed that they would co-operate with each other in order to maintain and strengthen the peace and stability of North East Asia.

Both sides confirmed the importance of establishing co-operative relationships based upon mutual trust among countries concerned in this region, and shared the recognition that it is important to have a framework in place in order for these regional countries to promote confidence-building, as the relationships among these countries are normalized.

Both sides confirmed that, for an overall resolution of the nuclear issues on the Korean Peninsula, they would comply with all related international agreements. Both sides also confirmed the necessity of resolving security problems including nuclear and missile issues by promoting dialogues among countries concerned.

The DPRK side expressed its intention that, pursuant to the spirit of this Declaration, it would further maintain the moratorium on missile launching in and after 2003.

Both sides decided that they would discuss issues relating to security.

Prime Minister of Japan, Junichiro Koizumi
Chairman of the DPRK National Defense Commission, Kim Jong-Il

September 17, 2002, Pyongyang

# 2차 6자회담 의장성명

— 2004년 2월 28일

1. 제 2차 6자회담이 베이징에서 중국, 북한, 일본, 한국, 러시아, 미국 사이에 2004년 2월 25부터 28일까지 개최됐다.

2. 각 대표단의 수석대표는 중국 왕이 외교부 부부장, 북한 김계관 외무성 부상, 일본 야부나카 미토지 아시아대양주 국장, 한국 이수혁 외교통상부 차관보, 러시아 알렉산드르 로슈코프 외무차관, 미국 제임스 켈리 국무부 동아태담당 차관보가 참석했다.

3. 6개국은 2차 6자회담에서 실질적인 문제에 관해 유익하고 긍정적인 협의가 개시됐고 또 모든 참가국들의 협의태도가 진지했다는 데 의견을 같이 했다. 회담을 통해 아직 차이점은 남아 있으나 참가국들은 상호입장에 대한 이해를 증진했다.

4. 6개국은 한반도와 이 지역 전체의 평화와 안정을 유지하기 위해 핵무기 없는 한반도에 대해 그리고 상호존중의 정신에 입각한 대화와 평등에 기초한 협의를 통한 핵 문제의 평화적 해결에 대해 의지를 표명했다.

5. 6개국은 평화적으로 공존하고자 하는 의지를 표명했다. 6개국은 핵 문제 및 관련된 관심사를 다루는 데 있어서 상호 조율된 조치를 취하기로 합의했다.

6. 6개국은 대화 과정을 계속하기로 합의했고 2004년도 2분기 내 베이징에서 제 3차 6자회담 전체회의를 개최하기로 원칙적으로 합의했다. 참가국들은 전체회의의 준비를 위한 실무그룹을 구성하기로 합의했다. 실무그룹의 임무 등은 외교적 경로를 통해 결정될 것이다.

7. 북한과 일본, 한국, 러시아, 미국 대표단은 중국 측이 두 번에 걸친 6자회담의 성공적인 개최를 위해 노력한데 대해 사의를 표명했다.

# 3차 6자회담 의장성명

- 2004년 6월 26일

1. 제3차 6자회담이 중화인민공화국, 조선민주주의인민공화국, 일본, 대한민국, 러시아연방, 미합중국 사이에 2004년 6월23~26일 중국 베이징(北京)에서 개최되었다.

2. 각 대표단의 수석대표는 중화인민공화국 왕 이 외교부 부부장, 조선민주주의인민공화국 김계관 외무성 부상, 일본 야부나카 미토지 외무성 아주국장, 대한민국 이수혁 외교통상부 차관보, 러시아연방 알렉산더 알렉세예프 외교부 특사, 미합중국 제임스 켈리 국무부 동아시아태평양 차관보이었다.

3. 제3차 6자회담을 준비하기 위하여 두 차례의 실무그룹회의가 5월 12~15일과 6월 21~22일 베이징에서 개최되었다. 참가국들은 실무그룹회의 운영에 관한 '개념 문건'(concept paper)을 승인했다.

4. 제3차 회담 중에 참가국들은 건설적·실용적·실질적인 토의를 가졌다. 제2차 회담 의장성명에 반영되어 있는 컨센서스에 기초하여 참가국들은 한반도 비핵화 목표에 대한 의지를 재확인했으며 그 목표를 향하여 가능한 한 조속히(as soon as possible) 초기 조치들(first steps)의 필요성을 강조했다.

5. 참가국들은 핵 문제의 평화적 해결을 위하여 '말 대 말'과 '행동 대 행동'의 단계적인 과정에 대한 필요성을 강조했다.

6. 이러한 맥락에서 제안, 의견, 건의들이 모든 참가국들에 의해 제의되었다. 참가국들은 이러한 제안, 의견, 건의들의 제출을 환영하고 향후 작업에 유용한 기초가 될 공통의 요소들이 있다는데 주목하면서, 참가국들 사이에 이견이 남아 있다는 데에도 유의했다. 참가국들은 공통의 기반을 확대하고 기존 차이점을 줄여 나가기 위해 추가 토의가 필요하다는 데 의견을 같이했다.

7. 참가국들은 제4차 6자회담을 9월 말 이전에 베이징에서 개최하자는
데 원칙적으로 합의하고 일자는 실무그룹의 진행을 고려하여 외교경
로를 통하여 결정하기로 했다. 참가국들은 실무그룹이 가능한 한 가
장 빠른 날짜에 개최되어 비핵화를 위한 초기 조치들로서, 범위와
기간, 검증, 상응조치를 정의하며(define) 적절한 대로 제4차 회담에
건의를 하기로 했다.

8. 조선민주주의인민공화국, 일본 대한민국, 러시아연방, 미합중국 대표
단들은 중국 측이 제3차 회담의 성공을 위하여 기울인 노력에 대하여
사의를 표명했다.

# 1단계 4차 6자회담 의장성명

- 2005년 8월 7일

제4차 6자회담의 첫 단계 회의가 7월26일부터 8월7일까지 베이징에서 개최됐다.

6자는 상호존중과 평등의 정신 하에 한반도 비핵화의 목표에 관해 진지하고 실질적이며 심도 있는 논의와 협의를 좋은 분위기에서 가졌으며, 이를 통해 상호 이해를 증진하고 공동인식의 폭을 넓혔으며 긍정적 진전을 이뤘다.

6자는 6자회담의 목표는 평화적 방법을 통한 한반도의 비핵화 실현임을 재확인하고, 이러한 목표를 지향하는 공동 문건을 발표하기로 합의했다.

6자는 공동 문건에 관하여 심도 있고 유용한 논의를 했으며, 많은 측면에 있어 합의에 도달했다.

6자는 각 대표단이 본국에 돌아가서 필요한 보고를 하고 상호 입장을 좀 더 연구하며 아직 남아 있는 차이점을 해결할 수 있도록 잠시 휴회를 갖기로 결정했다.

휴회기간 각 측은 상호 의사소통과 협의를 계속할 것이다.

제4차 6자회담은 2005년 8월29일 시작하는 주에 재개될 것이며, 일자는 합의하기로 했다.

6자는 6자회담 과정을 발전시켜 나가자는 의지를 재확인했다.

# 4차 6자회담 공동성명

- 2005년 9월 19일

제4차 6자회담이 베이징에서 중화인민공화국, 조선민주주의인민공화국, 일본, 대한민국, 러시아연방, 미합중국이 참석한 가운데 2005년 7월26일부터 8월7일까지 그리고 9월13일부터 19일까지 개최되었다.

우다웨이 중화인민공화국 외교부 부부장, 김계관 조선민주주의인민공화국 외무성 부상, 겐이치로 사사에 일본 외무성 아시아대양주국장, 송민순 대한민국 외교통상부 차관보, 알렉산드르 알렉세예프 러시아 외무부 차관, 그리고 크리스토퍼 힐 미합중국 국무부 동아태 차관보가 각 대표단의 수석대표로 동 회담에 참석했다.

우다웨이 부부장은 동 회담의 의장을 맡았다.

한반도와 동북아시아 전반의 평화와 안정이라는 대의를 위해, 6자는 상호 존중과 평등의 정신 하에, 지난 3회에 걸친 회담에서 이루어진 공동의 이해를 기반으로, 한반도의 비핵화에 대해 진지하면서도 실질적인 회담을 가졌으며 이러한 맥락에서 다음과 같이 합의했다.

1. 6자는 6자회담의 목표가 한반도의 검증 가능한 비핵화를 평화적인 방법으로 달성하는 것임을 만장일치로 재확인했다.
   조선민주주의인민공화국은 모든 핵무기와 현존하는 핵 계획을 포기할 것과, 조속한 시일 내에 핵무기비확산조약(NPT)과 국제원자력기구(IAEA)의 안전조치에 복귀할 것을 공약했다. 미합중국은 한반도에 핵무기를 갖고 있지 않으며 핵무기 또는 재래식 무기로 조선민주주의인민공화국을 공격 또는 침공할 의사가 없다는 것을 확인했다.

대한민국은 1992년 한반도 비핵화 공동선언에 따라 핵무기를 접수 및 배비하지 않는다는 약속을 재확인하고 자국 영토 내에 핵무기가 존재하지 않는다는 것을 확인했다.

1992년도 「한반도 비핵화에 관한 남북 공동선언」은 준수, 이행되어 야 한다.

조선민주주의인민공화국은 핵에너지의 평화적 이용에 관한 권리를 가지고 있다고 밝혔다. 여타 당사국들은 이에 대한 존중을 표명했고, 적절한 시기에 조선민주주의인민공화국에 관한 경수로 제공문제에 대해 논의하는데 동의했다.

2. 6자는 상호 관계에 있어 국제연합헌장의 목적과 원칙 및 국제관계에 서 인정된 규범을 준수할 것을 약속했다.

조선민주주의인민공화국과 미합중국은 상호 주권을 존중하고, 평화 적으로 공존하며 각자의 정책에 따라 관계정상화를 위한 조치를 취 할 것을 약속했다. 조선민주주의인민공화국과 일본은 평양선언에 따 라 불행했던 과거와 현안사항의 해결을 기초로 하여 관계 정상화를 위한 조치를 취할 것을 약속했다.

3. 6자는 에너지, 교역 및 투자 분야에서 경제협력을 양자 및 다자적으로 증진할 것을 약속했다. 중화인민공화국, 일본, 대한민국, 러시아연방 및 미합중국은 조선민주주의인민공화국에 대해 에너지 지원을 제공 할 용의를 표명했다. 대한민국은 조선민주주의인민공화국에 200만 킬로와트의 전력공급에 관한 2005.7.12자 제안을 재확인했다.

4. 6자는 동북아시아의 항구적인 평화와 안정을 위해 공동 노력할 것을 공약했다. 직접 관련 당사국들은 적절한 별도 포럼에서 한반도의 영 구적 평화체제에 관한 협상을 가질 것이다. 6자는 동북아시아에서의 안보 협력 증진을 위한 방안과 수단을 모색하기로 합의했다.

5. 6자는 '공약 대 공약', '행동 대 행동' 원칙에 입각하여 단계적 방식으 로 상기 합의의 이행을 위해 상호 조율된 조치를 취할 것을 합의했다.

6. 6자는 5차 6자회담을 오는 11월초 베이징에서 협의를 통해 결정되는 일자에 개최하기로 합의했다.

# Joint Statement of the Fourth Round of the Six-Party Talks

September 19, 2005

For the cause of peace and stability on the Korean Peninsula and in northeast Asia at large, the six parties held in a spirit of mutual respect and equality serious and practical talks concerning the denuclearization of the Korean Peninsula on the basis of the common understanding of the previous three rounds of talks and agreed in this context to the following:

1) The six parties unanimously reaffirmed that the goal of the six-party talks is the verifiable denuclearization of the Korean Peninsula in a peaceful manner.

The Democratic People's Republic of Korea (North Korea) committed to abandoning all nuclear weapons and existing nuclear programs and returning at an early date to the treaty on the nonproliferation of nuclear weapons (NPT) and to IAEA (International Atomic Energy Agency) safeguards.

The United States affirmed that is has no nuclear weapons on the Korean Peninsula and has no intention to attack or invade the DPRK with nuclear or conventional weapons.

The ROK (South Korea) reaffirmed its commitment not to receive or deploy nuclear weapons in accordance with the 1992 joint declaration of the Denuclearization of the Korean Peninsula, while affirming that there exist no nuclear weapons within its territory.

The 1992 joint declaration of the Denuclearization of the Korean Peninsula should be observed and implemented.

The DPRK stated that it has the right to peaceful uses of nuclear energy.

The other parties expressed their respect and agreed to discuss at an appropriate time the subject of the provision of light-water reactor to the DPRK.

2) The six parties undertook, in their relations, to abide by the purposes and principles of the Charter of the United Nations and recognized norms of international relations. The DPRK and the United States undertook to respect each other's sovereignty, exist peacefully together and take steps to normalize their relations subject to their respective bilateral policies.

   The DPRK and Japan undertook to take steps to normalize their relations in accordance with the (2002) Pyongyang Declaration, on the basis of the settlement of unfortunate past and the outstanding issues of concern.

3) The six parties undertook to promote economic cooperation in the fields of energy, trade and investment, bilaterally and/or multi-laterally.

   China, Japan, the Republic of Korea (ROK), Russia and the U.S. stated their willingness to provide energy assistance to the DPRK. The ROK reaffirmed its proposal of July 12, 2005, concerning the provision of 2 million kilowatts of electric power to the DPRK.

4) Committed to joint efforts for lasting peace and stability in northeast Asia. The directly related parties will negotiate a permanent peace regime on the Korean Peninsula at an appropriate separate forum.

   The six parties agreed to explore ways and means for promoting security cooperation in northeast Asia.

5) The six parties agreed to take coordinated steps to implement the aforementioned consensus in a phased manner in line with the principle of "commitment for commitment, action for action."

6) The six parties agreed to hold the fifth round of the six party talks in Beijing in early November 2005 at a date to be determined through consultations.

# 1단계 5차 6자회담 의장성명

－2005년 11월 11일

제5차 6자회담 1단계회의가 2005년 11월 9~11일간 베이징에서 개최되었다. 관련국들은 진지하고 실용적이며 건설적인 토의를 가졌으며, 제4차 6자회담 공동성명 이행 방안에 관한 제안들을 제시했다.

관련국들은 검증 가능한 한반도 비핵화를 조속히 실현하고 한반도 및 동북아의 항구적인 평화와 안정에 기여하기 위하여 '공약 대 공약,' '행동 대 행동' 원칙에 따라 공동성명을 전면적으로 이행할 것임을 재확인했다.

관련국들은 신뢰 구축을 통해 공동성명을 포괄적으로 이행하고, 다양한 분야에서의 모든 공약들을 실천하고, 시의적절하고 조율된 방식에 따라 이행과정을 개시하고 완결지으며, 협력을 통해 균형된 이익과 모두가 승자가 되는 결과를 성취할 의지가 있음을 강조했다.

관련국들은 상기 언급된 정신에 따라 공동성명 이행을 위한 구체적인 계획, 조치 및 순서들을 만들기로 합의했다.

관련국들은 제5차 6자회담 2단계 회의를 가능한 가장 빠른 일자에 개최키로 합의했다.

# 2단계 5차 6자회담 의장성명

—2006년 12월 22일

제5차 6자회담 2단계 회의가 2006년 12월 18~22일간 베이징에서 개최되었음.

각 측은 6자회담 관련 상황의 변화와 진전사항을 재검토하고 대화를 통한 평화적인 한반도 비핵화 달성의 공동목표와 의지를 재확인했음. 각 측은 2005년 9·19 공동성명상 의무를 성실하게 이행해 나갈 것임을 재확인했으며, 행동 대 행동 원칙에 따라 단계적인 방식으로 가능한 한 조속히 공동성명 이행을 위한 조율된 조치를 취해 나가기로 합의했음.

각 측은 공동성명 이행을 위한 조치들과 초기단계에서 각 측이 취할 행동에 관해 유익한 논의를 가졌으며, 몇 가지 새로운 방안들을 제시했음. 각 측은 집중적인 양자접촉을 통해 각 측의 관심사항에 관해 솔직하고 심도 있는 의견을 교환했음.

각 측은 휴회하고 본국 정부에 보고하기로 했으며, 가장 빠른 기회에 회의를 속개하기로 합의했음.

# 9·19 공동성명 이행을 위한 초기 조치

- 2007년 2월 13일

제5차 6자회담 3단계 회의가 베이징에서 중화인민공화국, 조선민주주의인민공화국, 일본, 대한민국, 러시아연방, 미합중국이 참석한 가운데, 2007년 2월 8일부터 13일까지 개최되었다.

우다웨이 중화인민공화국 외교부 부부장, 김계관 조선민주주의인민공화국 외무성 부부장, 사사에 켄이치로 일본 외무성 아시아대양주 국장, 천영우 대한민국 외교통상부 한반도평화교섭본부장, 알렉산더 로슈코프 러시아 외무부 차관, 그리고 크리스토퍼 힐 미합중국 국무부 동아태 차관보가 각 대표단의 수석대표로 동 회담에 참석했다.

우다웨이 부부장은 동 회담의 의장을 맡았다.

I. 참가국들은 2005년 9월19일 공동성명의 이행을 위해 초기단계에서 각국이 취해야 할 조치에 관하여 진지하고 생산적인 협의를 했다. 참가국들은 한반도 비핵화를 조기에 평화적으로 달성하기 위한 공동의 목표와 의지를 재확인했으며, 공동성명상의 공약을 성실히 이행할 것이라는 점을 재확인했다. 참가국들은 '행동 대 행동'의 원칙에 따라 단계적으로 공동성명을 이행하기 위해 상호 조율된 조치를 취하기로 합의했다.

II. 참가국들은 초기단계에서 다음과 같은 조치를 병렬적으로 취하기로 합의했다

  1. 조선민주주의인민공화국은 궁극적인 포기를 목적으로 재처리 시설을 포함한 영변 핵 시설을 폐쇄·봉인하고 IAEA와의 합의에 따라 모든 필요한 감시 및 검증 활동을 수행하기 위해 IAEA 요원을 복귀

토록 초청한다.

2. 조선민주주의인민공화국은 9·19 공동성명에 따라 포기하도록 되어 있는, 사용후 연료봉으로부터 추출된 플루토늄을 포함한 공동성명에 명기된 모든 핵 프로그램의 목록을 여타 참가국들과 협의한다.

3. 조선민주주의인민공화국과 미합중국은 양자 간 현안을 해결하고 전면적인 외교관계로 나아가기 위한 양자대화를 개시한다. 미합중국은 조선민주주의인민공화국을 테러 지원국 지정으로부터 해제하기 위한 과정을 개시하고, 조선민주주의인민공화국에 대한 대적성국 교역법 적용을 종료시키기 위한 과정을 진전시켜 나간다.

4. 조선민주주의인민공화국과 일본은 불행한 과거와 미결 관심 사안의 해결을 기반으로, 평양선언에 따라 양국관계 정상화를 취해 나가는 것을 목표로 양자대화를 개시한다.

5. 참가국들은 2005년 9월 19일 공동성명의 1조와 3조를 상기하면서, 조선민주주의인민공화국에 대한 경제·에너지·인도적 지원에 협력하기로 했다. 이와 관련, 참가국들은 초기단계에서 조선민주주의인민공화국에 긴급 에너지 지원을 제공하기로 합의했다. 중유 5만 톤 상당의 긴급 에너지 지원의 최초 운송은 60일 이내에 개신된다. 참가국들은 상기 초기 조치들이 향후 60일 이내에 이행되며, 이러한 목표를 향하여 상호 조율된 조치를 취한다는데 합의했다.

Ⅲ. 참가국들은 초기 조치를 이행하고 공동성명의 완전한 이행을 목표로 다음과 같은 실무그룹(W/G)을 설치하는 데 합의했다.

1. 한반도 비핵화

2. 미북 관계정상화

3. 일북 관계정상화

4. 경제 및 에너지 협력

5. 동북아 평화·안보 체제

실무그룹들은 각자의 분야에서 9·19 공동성명의 이행을 위한 구체적 계획을 협의하고 수립한다. 실무그룹들은 각각의 작업 진전에 관해 6자회담 수석대표 회의에 보고한다. 원칙적으로 한 실무그룹의 진전은 다른 실무그룹의 진전에 영향을 주지 않는다. 5개 실무그룹에서 만든 계획은 상호 조율된 방식으로 전체적으로 이행될 것이다.

참가국들은 모든 실무그룹 회의를 향후 30일 이내에 개최하는 데 합의했다.

Ⅳ. 초기 조치 기간 및 조선민주주의인민공화국의 모든 핵 프로그램에 대한 완전한 신고와 흑연감속로 및 재처리 시설을 포함하는 모든 현존하는 핵 시설의 불능화를 포함하는 다음 단계 기간 중, 조선민주주의인민공화국에 최초 선적분인 중유 5만 톤 상당의 지원을 포함한 중유 100만 톤 상당의 경제·에너지·인도적 지원이 제공된다.

상기 지원에 대한 세부 사항은 경제 및 에너지 협력 실무그룹의 협의와 적절한 평가를 통해 결정된다.

Ⅴ. 초기 조치가 이해되는 대로 6자는 9·19 공동성명의 이행을 확인하고 동북아 안보협력 증진방안 모색을 위한 장관급 회담을 신속하게 개최한다.

Ⅵ. 참가국들은 상호신뢰를 증진시키기 위한 긍정적인 조치를 취하고 동북아에서의 지속적인 평화와 안정을 위한 공동노력을 할 것을 재확인했다. 직접 관련 당사국들은 적절한 별도 포럼에서 한반도의 항구적 평화체제에 관한 협상을 갖는다.

Ⅶ. 참가국들은 실무그룹의 보고를 청취하고 다음단계 행동에 관한 협의를 위해 제6차 6자회담을 2007년 3월 19일에 개최하기로 합의했다.


**「대북 지원부담의 분담에 관한 합의의사록」**

중국, 미국, 러시아, 한국은 각국 정부의 결정에 따라 Ⅱ조 5항 및 Ⅳ조에 규정된 조선민주주의인민공화국에 대한 지원 부담을 평등과 형평의 원칙에 기초하여 분담할 것에 합의하고, 일본이 자국의 우려 사항이 다뤄지는 대로 동일한 원칙에 따라 참여하기를 기대하며 또 이 과정에서 국제사회의 참여를 환영한다.

Initial Actions for the Implementation of the Joint Statement

February 13, 2007

The Third Session of the Fifth Round of the Six-Party Talks was held in Beijing among the People's Republic of China, the Democratic People's Republic of Korea, Japan, the Republic of Korea, the Russian Federation and the United States of America from 8 to 13 February 2007.

Mr. Wu Dawei, Vice Minister of Foreign Affairs of the PRC, Mr. Kim Gye Gwan, Vice Minister of Foreign Affairs of the DPRK; Mr. Kenichiro Sasae, Director-General for Asian and Oceanian Affairs, Ministry of Foreign Affairs of Japan; Mr. Chun Yung-woo, Special Representative for Korean Peninsula Peace and Security Affairs of the ROK Ministry of Foreign Affairs and Trade; Mr. Alexander Losyukov, Deputy Minister of Foreign Affairs of the Russian Federation; and Mr. Christopher Hill, Assistant Secretary for East Asian and Pacific Affairs of the Department of State of the United States attended the talks as heads of their respective delegations.

Vice Foreign Minister Wu Dawei chaired the talks.

I. The Parties held serious and productive discussions on the actions each party will take in the initial phase for the implementation of the Joint Statement of 19 September 2005. The Parties reaffirmed their common goal and will to achieve early denuclearization of the Korean Peninsula in a peaceful manner and reiterated that they would earnestly fulfill their commitments in the Joint Statement. The Parties agreed to take coordinated steps to implement the Joint Statement in a phased manner in line with the principle of 'action for action.'

II. The Parties agreed to take the following actions in parallel in the initial phase:

1. The DPRK will shut down and seal for the purpose of eventual abandonment the Yongbyon nuclear facility, including the reprocessing facility and invite back IAEA personnel to conduct all necessary monitoring and verifications as agreed between IAEA and the DPRK.

2. The DPRK will discuss with other parties a list of all its nuclear programs as described in the Joint Statement, including plutonium extracted from used fuel rods, that would be abandoned pursuant to the Joint Statement.

3. The DPRK and the US will start bilateral talks aimed at resolving pending bilateral issues and moving toward full diplomatic relations. The US will begin the process of removing the designation of the DPRK as a state-sponsor of terrorism and advance the process of terminating the application of the Trading with the Enemy Act with respect to the DPRK.

4. The DPRK and Japan will start bilateral talks aimed at taking steps to normalize their relations in accordance with the Pyongyang Declaration, on the basis of the settlement of unfortunate past and the outstanding issues of concern.

5. Recalling Section 1 and 3 of the Joint Statement of 19 September 2005, the Parties agreed to cooperate in economic, energy and humanitarian assistance to the DPRK. In this regard, the Parties agreed to the provision of emergency energy assistance to the DPRK in the initial phase. The initial shipment of emergency energy assistance equivalent to 50,000 tons of heavy fuel oil (HFO) will commence within next 60 days.

The Parties agreed that the above-mentioned initial actions will be implemented within next 60 days and that they will take coordinated steps toward this goal.

III. The Parties agreed on the establishment of the following Working Groups (WG) in order to carry out the initial actions and for the purpose of full implementation of the Joint Statement:

1. Denuclearization of the Korean Peninsula

2. Normalization of DPRK-US relations

3. Normalization of DPRK-Japan relations

4. Economy and Energy Cooperation

5. Northeast Asia Peace and Security Mechanism

The WGs will discuss and formulate specific plans for the implementation of the Joint Statement in their respective areas. The WGs shall report to the Six-Party Heads of Delegation Meeting on the progress of their work. In principle, progress in one WG shall not affect progress in other WGs. Plans made by the five WGs will be implemented as a whole in a coordinated manner.

The Parties agreed that all WGs will meet within next 30 days.

IV. During the period of the Initial Actions phase and the next phase ? which includes provision by the DPRK of a complete declaration of all nuclear programs and disablement of all existing nuclear facilities, including graphite-moderated reactors and reprocessing plant ? economic, energy and humanitarian assistance up to the equivalent of 1 million tons of heavy fuel oil (HFO), including the initial shipment equivalent to 50,000 tons of HFO, will be provided to the DPRK.

The detailed modalities of the said assistance will be determined through consultations and appropriate assessments in the Working Group on Economic and Energy Cooperation.

V. Once the initial actions are implemented, the Six Parties will promptly hold a ministerial meeting to confirm implementation of the Joint Statement and explore ways and means for promoting security cooperation in Northeast Asia.

VI. The Parties reaffirmed that they will take positive steps to increase mutual trust, and will make joint efforts for lasting peace and stability in Northeast Asia. The directly related parties will negotiate a permanent peace regime on the Korean Peninsula at an appropriate separate forum.

VII. The Parties agreed to hold the Sixth Round of the Six-Party Talks on 19 March 2007 to hear reports of WGs and discuss on actions for the next phase.

# 1단계 6차 6자회담 의장성명

— 2007년 3월 22일

제6차 6자회담 1단계회의가 2007년 3월 19일에서 22일까지 베이징에서 개최되었다.

각 측은 5개 실무그룹의 보고를 청취하고, 초기 조치 이행 및 다음단계 행동계획에 대한 논의를 진행했다.

각 측은 6자회담 과정을 계속 진전시켜 나가기로 합의했다. 각측은 2005년 9·19 공동성명 및 2007년 2·13 「공동성명 이행을 위한 초기 조치」상의 공약을 성실히 이행할 것임을 재확인했다.

각 측은 휴회에 합의했으며, 다음 단계 행동계획을 지속적으로 논의하고 수립해 나가기 위해 가능한 가장 빠른 기회에 회담을 재개할 것이다.